Homenagem à Catalunha

Título original: *Homage to Catalonia*
copyright © Editora Lafonte Ltda. 2022

Todos os direitos reservados.
Nenhuma parte deste livro pode ser reproduzida por quaisquer meios existentes sem autorização por escrito dos editores.

Direção Editorial *Ethel Santaella*

REALIZAÇÃO

GrandeUrsa Comunicação

Direção	*Denise Gianoglio*
Tradução	*Otavio Albano*
Revisão	*Valéria Thomé*
Capa, Projeto Gráfico e Diagramação	*Idée Arte e Comunicação*

```
Dados Internacionais de Catalogação na Publicação (CIP)
       (Câmara Brasileira do Livro, SP, Brasil)

   Orwell, George, 1903-1950
      Homenagem à Catalunha / George Orwell ; tradução
   Otavio Albano. -- São Paulo : Lafonte, 2022.

      Título original: Homage to Catalonia
      ISBN 978-65-5870-284-9

      1. Catalunha (Espanha) - História - Século 20
   2. Espanha - História - Narrativas pessoais
   britânicas - Guerra civil, 1936-1939 3. Espanha -
   Política e governo - 1931-1939 4. Orwell, George,
   1903-1950 - Viagens - Espanha - Catalunha I. Título.

22-112728                             CDD-946.081
```

Índices para catálogo sistemático:

1. Espanha : História : Guerra Civil, 1936-1939
   946.081

Cibele Maria Dias - Bibliotecária - CRB-8/9427

Editora Lafonte

Av. Profª Ida Kolb, 551, Casa Verde, CEP 02518-000, São Paulo-SP, Brasil – Tel.: (+55) 11 3855-2100
Atendimento ao leitor (+55) 11 3855-2216 / 11 3855-2213 – atendimento@editoralafonte.com.br
Venda de livros avulsos (+55) 11 3855-2216 – vendas@editoralafonte.com.br
Venda de livros no atacado (+55) 11 3855-2275 – atacado@escala.com.br

George Orwell

Homenagem à Catalunha

Tradução

Otavio Albano

Brasil, 2022

Lafonte

*Não respondas ao insensato
segundo sua insensatez, pois
te tornarás seu semelhante.
Responde ao insensato
segundo sua insensatez, para
que ele não se considere
um sábio.*

Provérbios 26; 5-6

1

No Quartel Lênin, em Barcelona, um dia antes de aderir às tropas, vi um miliciano italiano diante da mesa dos oficiais.

Era um jovem robusto, de uns 25 ou 26 anos de idade, com cabelos loiro-avermelhados e ombros largos. Seu quepe de couro pontudo estava impetuosamente caído sobre um dos olhos. Ele estava virado de perfil para mim, com o queixo encostado no peito, olhando perplexo para o mapa que um dos oficiais abrira sobre a mesa. Algo em seu rosto me tocou profundamente. Era o semblante de um homem que cometeria assassinato e que daria sua própria vida por um amigo – o tipo de expressão que se esperaria de um anarquista, embora muito provavelmente ele fosse comunista. Via-se nele tanto candura quanto ferocidade; e também a patética reverência que os analfabetos têm por seus supostos superiores. Obviamente, ele não era capaz de entender nada daquele mapa e considerava sua interpretação uma estupenda façanha intelectual. Não sei o porquê, mas raramente vira alguém – um homem, quero dizer – com quem tenha simpatizado tão rapidamente. Enquanto conversavam em torno da mesa, algum comentário deixou claro que eu era estrangeiro. O italiano levantou a cabeça e perguntou-me de imediato:

— *Italiano?*

Respondi, no meu espanhol sofrível:

— *No, inglés. ¿Y tú?*

— *Italiano.*

Ao sairmos, ele atravessou a sala e agarrou minha mão com força. Como é insólita a afeição que se pode sentir por um desconhecido! Era como se o espírito dele e o meu tivessem transposto, em um único instante, o abismo do idioma e das tradições rumo a uma completa intimidade. Eu esperava que ele gostasse de mim tanto quanto eu gostava dele. Mas também sabia que, para conservar a primeira impressão que tivera dele, não poderia vê-lo novamente; e é desnecessário dizer que foi o que aconteceu. Na Espanha, contatos desse tipo aconteciam a todo momento.

Menciono esse miliciano italiano porque ele permaneceu vivo em minha memória. Com seu uniforme surrado e sua expressão patética e feroz, ele tornou-se o exemplo típico da atmosfera excepcional daquela época. Ele está ligado a todas as minhas lembranças daquele período da guerra, às bandeiras vermelhas em Barcelona, aos lúgubres trens lotados de soldados maltrapilhos arrastando-se para a frente de batalha, às cidades acinzentadas assoladas pela guerra, às lamacentas e geladas trincheiras nas montanhas.

Eu o vira no final de dezembro de 1936, menos de sete meses antes de começar este relato e, no entanto, trata-se de um período que parece ter ficado muito longe no passado. Os acontecimentos posteriores apagariam tudo que aconteceu de forma muito mais avassaladora do que o que se passara em 1935, ou até mesmo 1905, para ser sincero. Eu tinha vindo para a Espanha com a ideia de escrever artigos para jornais, mas me alistei na milícia quase que imediatamente, pois naquela época – e naquela atmosfera – pareceu-me a única coisa a ser feita. Em teoria, os anarquistas ainda estavam no controle da Catalunha, e a revolução encontrava-se a todo vapor. Provavelmente, para quem se encontrava ali desde o início – mesmo em dezembro ou janeiro – a revolução parecia estar terminando; mas, para alguém que acabara de chegar da Inglaterra, Barcelona se apresentava de modo surpreendente e arrebatador. Foi a primeira vez em que me vi em uma cidade cujo poder fora tomado pela classe trabalhadora.

Praticamente todos os prédios, não importando seu tamanho, haviam sido invadidos pelos trabalhadores e cobertos com bandeiras vermelhas ou com a bandeira vermelha e preta dos anarquistas; todas as paredes foram pixadas com o martelo e a foice, além das iniciais dos partidos revolucionários; quase todas as igrejas sofreram saques e tiveram suas imagens queimadas. Por todo lado, bandos de trabalhadores demoliam igrejas. Todas as casas comerciais e os cafés continham uma inscrição dizendo que haviam sido coletivizadas; até mesmo os caixotes dos engraxates foram pintados de vermelho e preto. Garçons e comerciantes olhavam-se no rosto e tratavam-se de igual para igual. As formas de tratamento servis e cerimoniosas desapareceram temporariamente. Ninguém mais dizia *Señor*, *Don* ou *Usted* – todos se chamavam de *Camarada* ou *Tu*, usando *¡Salud!* no lugar de *Buenos días*. As gorjetas eram proibidas por lei desde os tempos de Primo de Rivera[1]: uma de minhas primeiras experiências na Espanha foi ser repreendido por um gerente de hotel ao tentar dar uma gorjeta ao ascensorista. Não existiam mais automóveis particulares, pois todos tinham sido requisitados pelo governo, e todos os bondes, táxis e grande parte dos demais meios de transporte foram pintados de vermelho e preto. Os cartazes revolucionários estavam por toda parte, fulgurando nas paredes em tons de vermelho e azul, fazendo os poucos anúncios que restavam parecerem pequenos borrões de lama. Ao longo das Ramblas, a larga artéria central da cidade, por onde multidões andavam constantemente de um lado para o outro, os alto-falantes berravam canções revolucionárias durante todo o dia e noite adentro. E o aspecto das multidões era o que havia de mais estranho. Exteriormente, tratava-se de uma cidade em que as classes ricas praticamente deixaram de existir. A não ser por um pequeno número de mulheres e estrangeiros, não se viam mais pessoas "bem-vestidas". Praticamente todo mundo usava as roupas rústicas da classe trabalhadora ou macacões azuis, ou mesmo alguma variação do uniforme da milícia. Tudo aquilo era estranho e comovente. Havia muita coisa que escapava à minha compreensão e que, de certa forma, não me agradava, mas reconheci imediatamente aquela situação como algo por que valia a pena lutar. Também acreditava que as coisas eram exatamente como pareciam, que aquele era realmente um Estado operário e que toda a burguesia havia fugido, sido assassinada ou passara voluntariamente para o lado dos trabalhadores; não percebera que um grande número de burgueses abastados estava simplesmente se escondendo, temporariamente se disfarçando de proletários.

Somando-se a tudo isso, havia no ar a atmosfera maligna típica da guerra. A cidade adquirira um aspecto sombrio e caótico, as estradas e os prédios encontravam-se em um péssimo estado de conservação, à noite as ruas eram mal iluminadas por medo de ataques aéreos e as lojas, na maior parte, permaneciam praticamente vazias, sem cuidado algum. A carne era escassa e praticamente não se encontrava leite, faltando também carvão, açúcar e combustível, além de existir um sério racionamento de pão.

---

1   Miguel Primo de Rivera (1870-1930) foi um militar e ditador espanhol, fundador da organização revolucionária União Patriótica. (N. do T.)

Mesmo naquela época, as filas de pão costumavam estender-se por centenas de metros. No entanto, até onde eu podia perceber, as pessoas estavam contentes e esperançosas. Não havia desemprego, e o custo de vida ainda era extremamente baixo; viam-se pouquíssimas pessoas claramente na miséria e nenhum mendigo, à exceção dos ciganos. Acima de tudo, prevalecia a crença na revolução e no futuro, um sentimento de ter-se subitamente adentrado uma era de igualdade e liberdade. Os seres humanos tentavam comportar-se como seres humanos e não como engrenagens da máquina capitalista. Nas barbearias havia placas anarquistas (os barbeiros eram, em sua maioria, anarquistas) explicando solenemente que os barbeiros não eram mais escravos. Nas ruas, viam-se cartazes coloridos apelando às prostitutas que abandonassem seu ofício. Para qualquer um vindo da civilização rígida e irônica das raças de língua inglesa, havia algo bastante patético no caráter literal com que aqueles espanhóis idealistas interpretavam as frases corriqueiras da revolução. Naquela época, as letras das canções revolucionárias mais ingênuas, que versavam sobre a fraternidade proletária e a perversidade de Mussolini, eram vendidas nas ruas por alguns centavos. Muitas vezes vi milicianos analfabetos comprarem uma dessas canções, soletrando com esforço as palavras, e depois, tendo entendido seu sentido, começarem a cantar com uma melodia condizente.

Por todo esse tempo, continuei no Quartel Lênin, treinando ostensivamente para a frente de batalha. Quando me juntei à milícia, disseram-me que deveria ser enviado para o front no dia seguinte, mas, na verdade, tive de esperar o treinamento de uma nova *centúria*[2]. As milícias operárias, formadas às pressas pelos sindicatos no início da guerra, ainda não tinham sido organizadas em bases militares comuns. As unidades de comando eram chamadas de *seção*, com cerca de trinta homens, *centúria*, com cem homens, e *coluna*, que, na prática, agrupava qualquer número maior de homens. O Quartel Lênin era um bloco de imponentes edifícios de pedra, com uma escola de equitação e enormes pátios pavimentados com paralelepípedos. Anteriormente um quartel de cavalaria, fora capturado durante os combates de julho. Minha *centúria* dormia em um dos estábulos, debaixo dos cochos

---

2 Companhia de 100 homens. Termo romano utilizado pelas tropas revolucionárias espanholas durante a Guerra Civil. (N. do T.)

de pedra, onde ainda constavam os nomes dos cavalos. Os animais foram apreendidos e enviados para o front, mas todo aquele lugar ainda cheirava a mijo de cavalo e a aveia estragada. Fiquei no quartel por cerca de uma semana. Minha maior lembrança é do cheiro dos cavalos, do tocar trêmulo da corneta (todos os nossos corneteiros eram amadores – aprendi os toques de corneta espanhóis fora das fileiras fascistas), do trote das botas com ferro no pátio do quartel, dos longos desfiles matinais sob o sol de inverno, das confusas partidas de futebol com cinquenta soldados de cada lado, do cascalho da pista de equitação. Havia provavelmente cerca de mil homens no quartel e umas 20 mulheres, sem contar as esposas dos milicianos, que cuidavam das refeições. Também havia mulheres que serviam nas milícias, apesar de não serem muitas. Nas primeiras lutas, elas lutaram lado a lado com os homens, como algo muito natural – o que sempre acontece em tempos de revolução. No entanto, tais ideias já começavam a mudar. Os milicianos tinham de ser mantidos longe da pista de equitação quando as mulheres estavam em treinamento, pois riam delas, deixando-as desconcertadas. Alguns meses antes, ninguém teria achado graça em uma mulher manuseando uma arma.

Todo o quartel encontrava-se em estado de sujeira e caos resultante da ação da milícia em todos os prédios que ocupava e que parecia ser um dos subprodutos da revolução. Em todos os cantos podiam-se ver pilhas de móveis despedaçados, selas quebradas, capacetes metálicos da cavalaria, bainhas de sabre vazias e restos de comida em decomposição. Havia um terrível desperdício de cozinha, especialmente de pão. Só em meu alojamento, jogava-se fora uma cesta inteira de pão a cada refeição – algo vergonhoso, já que a população sofria com sua falta. Comíamos em longas mesas sobre cavaletes, usando pratos de latão permanentemente engordurados e um utensílio horrível, chamado *porrón*, para beber. Um *porrón* é uma espécie de garrafa, com um bico pontiagudo, de onde jorrava um fino jato de vinho sempre que o virávamos; assim, podia-se beber sem tocar os lábios, passando-o de mão em mão. Entrei em greve e exigi um copo assim que vi o tal *porrón* em uso. A meu ver, aquilo era muito parecido com uma comadre de hospital, especialmente quando estava cheio de vinho branco.

Aos poucos, distribuíam os uniformes aos recrutas e, como estávamos na Espanha, tudo era feito sem a mínima ordem, de forma que nunca sabíamos quem recebera o quê. E vários dos itens que eram mais necessários, como cintos e cartuchos, não nos eram entregues até o último momento, quando o trem já estava nos esperando para nos levar para o front. Falei de "uniformes" da milícia, o que provavelmente passará uma impressão errada. Não se tratava exatamente de um uniforme. Talvez "multiforme" fosse o nome adequado. As roupas de todos seguiam o mesmo plano geral, mas nunca havia duas exatamente iguais. Praticamente todos no exército usavam calças de veludo, só que a uniformidade parava por aí. Alguns vestiam perneiras, outros polainas de veludo ou de couro e havia ainda quem simplesmente calçasse botas de cano alto. Todos tinham jaquetas com zíper, mas algumas eram de couro e outras de lã, de todas as cores imagináveis. Os tipos de quepe eram quase tão variados quanto o número de soldados. Era comum enfeitar a frente do quepe com um distintivo do partido e, além disso, quase todos usavam um lenço vermelho, ou vermelho e preto, ao redor do pescoço. Naquela época, uma coluna da milícia era um bando de gente com aparência das mais extraordinárias. Mas era preciso fornecer-lhes roupas assim que uma ou outra fábrica as enviasse e, afinal, não eram roupas de má qualidade, dadas as circunstâncias. As camisas e meias, no entanto, eram feitas com um algodão deplorável, completamente inútil para o frio. Detesto imaginar tudo pelo que os milicianos devem ter passado nos primeiros meses antes que se pudesse organizar qualquer coisa. Lembro-me de ter encontrado um jornal de apenas dois meses antes, em que um dos líderes do Poum[3], depois de uma visita ao front, declarara que faria o possível para que "cada miliciano tivesse um cobertor". Essa frase é capaz de fazer estremecer qualquer um que já tenha dormido em uma trincheira.

No meu segundo dia no quartel, começou o que chamaram ironicamente de "instrução". No início, viam-se cenas assustadoras de tão caóticas. Os recrutas eram, na maioria, garotos de 16 ou 17 anos das ruas mais pobres de Barcelona, cheios de um ardor revolucionário, mas completamente ignorantes quanto ao que significava uma guerra. Era impossível até mesmo fazer com que formassem uma fileira. Não havia disciplina alguma: se um homem não gostasse de uma ordem, saía de sua fileira e discutia violentamente com o oficial. O tenente que nos instruiu era um jovem forte com uma expressão jovial e simpática, que já tinha sido oficial do exército regular e mantinha

---

3 O Poum (Partido Operário de Unificação Marxista) foi um partido espanhol revolucionário fundado em 1935 e extinto em 1980. (N. do T.)

a mesma aparência, com sua postura elegante e seu uniforme impecável. Curiosamente, era um socialista sincero e ardoroso. Ainda mais do que os próprios homens, insistia na completa igualdade social entre todas as patentes. Lembro-me de sua dolorosa surpresa quando um recruta ignorante dirigiu-se a ele tratando-o por *señor*. "O quê? *Señor*? Quem está chamando de *señor*? Não somos todos camaradas?" Duvido que tal atitude tenha lhe facilitado o trabalho. Enquanto isso, os recrutas inexperientes não recebiam nenhum treinamento militar que pudesse ter qualquer utilidade. Disseram-me que os estrangeiros não eram obrigados a passar pelas "instruções" (acabei notando que os espanhóis nutriam a crença ridícula de que todos os estrangeiros sabiam mais de assuntos militares do que eles próprios), mas, naturalmente, apresentei-me junto com os demais. Estava muito ansioso para aprender a usar uma metralhadora, pois era uma arma que eu nunca tivera a chance de manejar. Para minha frustração, descobri que não nos ensinariam nada sobre o uso de armas. A chamada instrução era simplesmente uma prática das ordens mais antiquadas e estúpidas: direita-volver, esquerda-volver, meia--volta-volver, posição de sentido em colunas triplas e todas aquelas tolices inúteis que já havia aprendido com 15 anos de idade. Era um treinamento realmente extraordinário para um exército guerrilheiro. Certamente, com apenas alguns dias para treinar um soldado, deveriam ensiná-lo as coisas de que mais precisaria: como se proteger, como avançar em campo aberto, como montar guarda e cavar uma trincheira e, acima de tudo, como manejar suas armas. No entanto, aquela multidão de crianças ansiosas seria jogada na linha de frente dentro de alguns dias sem aprender a disparar um fuzil ou puxar o pino de uma bomba. Naquela época, eu não compreendera que isso acontecia porque não havia armas. No Poum, a escassez de fuzis era tão desesperadora que as tropas que acabavam de chegar ao front sempre tinham de pegar as armas dos homens que iriam substituir. Acredito que, em todo o Quartel Lênin, não havia nenhum fuzil além dos usados pelas sentinelas.

Depois de alguns dias, embora ainda fôssemos a pior das ralés para qualquer padrão comum, fomos considerados aptos para aparecer em público e, pelas manhãs, éramos levados para os jardins da cidade, na colina do outro lado da Plaza de España. Era ali o campo de treinamento usual de todas as milícias do partido, dos *carabineros*[4] e dos primeiros contingentes

---

4 Policiais. (N. do T.)

do recém-formado Exército Popular. Lá do alto, a vista era estranha e animadora ao mesmo tempo. Por todas as suas trilhas e becos, entre os canteiros de flores, os esquadrões e companhias de homens marchavam com rigidez para todo lado, estufando o peito, tentando desesperadamente parecer-se com soldados. Estavam todos desarmados e nenhum deles tinha o uniforme completo, com muitos apresentando parte de suas roupas rasgando em um ou outro lugar. As manobras eram sempre as mesmas. Durante três horas, marchávamos de um lado para o outro (o passo da marcha espanhola é muito curto e rápido), depois parávamos, saíamos de formação e, morrendo de sede, nos reuníamos em uma pequena mercearia, que ficava no meio da colina e que prosperava a olhos vistos vendendo vinho barato. Todos eram muito simpáticos comigo. Sendo inglês, eu era alvo de uma espécie de curiosidade, e os oficiais *carabineros* prestavam muita atenção em mim, pagando-me bebidas. Enquanto isso, sempre que conseguia encurralar nosso tenente em um canto, implorava-lhe que me ensinasse a usar uma metralhadora. Tirava meu Hugo[5] do bolso e começava a falar-lhe em um espanhol dos mais vis:

— *Yo sé manejar fusil. No sé manejar ametralladora. Quiero aprender ametralladora. ¿Quándo vamos aprender ametralladora?*

A resposta era sempre um sorriso aflito e a promessa de que deveria haver treinamento de metralhadoras *mañana*. Desnecessário dizer que a tal *mañana* nunca chegou. Passaram-se vários dias e os recrutas aprenderam a marchar no mesmo passo e ficar em posição com certa agilidade, mas no máximo sabiam de que lado do fuzil saía a bala, se tanto. Certo dia, um *carabinero* armado aproximou-se de nós quando estávamos descansando e deixou que examinássemos seu rifle. Foi então que percebemos que, em toda a minha seção, ninguém além de mim sabia como carregar a arma e menos ainda como mirá-la.

Durante todo esse tempo, eu tinha minhas batalhas usuais com a língua espanhola. Além de mim, havia apenas outro inglês no quartel, e nenhum dos oficiais falava nem uma palavra em francês. As coisas tornavam-se ainda mais difíceis para mim, pois meus companheiros geralmente conversavam entre si em catalão. A única forma de me virar era levar um pequeno dicionário para todo lugar, tirando-o do bolso nos momentos de crise. Mas era muito melhor ser um estrangeiro na Espanha do que na maioria dos outros países. Como é

---

5 Marca inglesa de dicionários bilíngues. (N. do T.)

fácil fazer amigos na Espanha! Dentro de um ou dois dias, havia cerca de 20 milicianos que me chamavam pelo meu primeiro nome, orientando-me nas dificuldades e mostrando-se extremamente hospitaleiros. Não estou fazendo propaganda nem sequer quero idealizar o Poum. Todo o sistema das milícias apresentava falhas graves, e os próprios homens formavam um grupo bastante heterogêneo, já que, a essa altura, o recrutamento estava diminuindo e muitos dos melhores homens já estavam no front ou tinham sido mortos. Sempre havia entre nós uma certa percentagem de gente completamente inútil. Rapazes de 15 anos eram levados a se alistar pelos pais, claramente graças às dez pesetas diárias que representavam seu salário, além do pão que cada miliciano recebia em abundância – e que podia contrabandear para a casa de seus pais. Mas eu desafio qualquer um que fosse jogado, como eu fui, no meio da classe trabalhadora espanhola – ou talvez devesse dizer a classe trabalhadora catalã, pois, além de uns ou outros aragoneses e andaluzes, só andava com catalães – a não se impressionar com sua decência intrínseca e, acima de tudo, com sua franqueza e generosidade. A generosidade de um espanhol, no sentido mais comum da palavra, é às vezes quase embaraçosa. Se você lhe pedir um cigarro, ele o forçará a aceitar o maço inteiro. Além disso, eles demonstram uma generosidade com um sentido mais profundo, uma real grandeza de espírito, algo que encontrei repetidas vezes nas circunstâncias menos promissoras. Alguns dos jornalistas e outros estrangeiros que viajaram pela Espanha durante a guerra declararam que, entre eles, os espanhóis sentiam-se amargamente ressentidos com o auxílio recebido do exterior. Tudo que tenho a dizer é que nunca presenciei nada do gênero. Lembro-me de que, alguns dias antes de deixar o quartel, um grupo de homens voltou de licença do front. Falavam animadamente sobre suas experiências e mostravam-se muito entusiasmados com algumas tropas francesas que lutaram a seu lado em Huesca. Diziam que os franceses eram muito valentes, acrescentando com euforia: "*Más valientes que nosotros*". Claramente duvidei, ao que me explicaram que os franceses tinham mais conhecimento da arte da guerra, sendo mais experientes no manuseio das bombas, das metralhadoras e assim por diante. Tal comentário era bastante significativo. Um inglês cortaria a própria mão antes de admitir uma coisa dessas.

Todo estrangeiro que servia na milícia passava suas primeiras semanas aprendendo a amar os espanhóis e, ao mesmo tempo, a irritar-se com algumas de suas características. Na linha de frente, minha própria irritação chegava, às vezes, às raias da fúria. Os espanhóis são bons em muitas coisas, mas não na guerra. Todos os estrangeiros ficavam horrorizados com sua ineficiência, sobretudo com sua enlouquecedora falta de pontualidade. A única palavra em espanhol que nenhum estrangeiro deixa de aprender é *mañana*, "amanhã" (literalmente, "manhã"). Sempre que possível, o que há para se fazer hoje é adiado até *mañana*. Trata-se de uma atitude tão conhecida que até mesmo os próprios espanhóis fazem piadas a respeito. Nada na Espanha, seja uma refeição, seja uma batalha, acontece na hora marcada. Como regra geral, as coisas acontecem tarde demais, ocasionalmente – simplesmente para que não se possa nem sequer contar com seu atraso – acontecem cedo demais. Um trem, que deveria partir normalmente às oito, sairá a qualquer hora entre nove e dez; entretanto, uma vez por semana, graças a algum capricho pessoal do maquinista, talvez ele parta às sete e meia. Essas coisas tornam tudo um pouco cansativo demais. Em teoria, admiro bastante os espanhóis por não compartilharem de nossa setentrional neurose com o tempo; mas, infelizmente, também sofro da mesma neurose.

Depois de rumores intermináveis, *mañanas* e atrasos, subitamente recebemos ordens de ir ao front em duas horas, quando grande parte do nosso equipamento ainda não havia sido enviada. Houve terríveis tumultos no depósito do intendente; por fim, muitos homens tiveram de partir sem o equipamento completo. O quartel logo se encheu de mulheres que pareciam ter brotado do chão, ajudando seus homens a enrolar os cobertores e fazer as malas. Foi bastante humilhante para mim ser obrigado a aprender como carregar minhas cartucheiras de couro com uma garota espanhola, a esposa de Williams, o outro miliciano inglês. Ela era uma criatura gentil, de olhos escuros e intensamente feminina, que fazia parecer que o único trabalho de sua vida era balançar um berço, mas na verdade havia lutado bravamente nos combates de rua de julho. A essa altura, já carregava um bebê, que nascera apenas dez meses depois de iniciada a guerra e que provavelmente havia sido gerado atrás de uma barricada.

O trem deveria partir às 8 horas, e já era cerca de 8 e 10 quando os oficiais, aflitos e suados, conseguiram nos reunir na praça do quartel. Lembro-me muito bem da cena, iluminada por tochas – todo o alvoroço e a excitação, as bandeiras vermelhas tremulando à luz dos archotes, as fileiras de milicianos com suas mochilas nas costas e seus cobertores enrolados, usados como bandoleiras por sobre o ombro, os gritos e o bater de botas e panelas de lata e, por fim, o assobiar pedindo silêncio com sucesso; então, algum comissário político, em pé sob uma imensa bandeira vermelha tremulando, fez seu discurso em catalão. Finalmente nos levaram para a estação, tomando o caminho mais longo, que se estendia por cinco ou seis quilômetros, para nos mostrar para toda a cidade. Nas Ramblas, fizeram-nos parar enquanto uma banda emprestada sabe-se lá de onde tocava algumas canções revolucionárias. Uma vez mais, a velha rotina dos heróis conquistadores – gritos de entusiasmo, bandeiras vermelhas ou vermelhas e pretas por toda parte, multidões amigáveis aglomerando-se na calçada para dar uma última olhadela nas tropas, mulheres acenando das janelas. Como tudo parecia tão natural naquela época e como parece distante e improvável agora! O trem estava tão abarrotado de homens que mal havia espaço no chão, quanto mais nos bancos. No último instante, a esposa de Williams desceu correndo pela plataforma e nos deu uma garrafa de vinho e um pedaço de uma linguiça vermelho-vivo que tem gosto de sabão e causa diarreia. O trem arrastou-se pela Catalunha e chegou ao planalto de Aragón com a velocidade normal em épocas de guerra, algo abaixo de vinte quilômetros por hora.

2

Barbastro[6], embora longe da linha de frente, parecia sombria e desolada. Enxames de milicianos em uniformes surrados perambulavam pelas ruas, tentando se aquecer. Em um muro em ruínas, deparei-me com um cartaz, datado do ano anterior, que anunciava que "seis belos touros" seriam mortos na arena, nas datas tal e tal. Em que estado lastimável suas cores desbotadas estavam! Onde estariam agora os belos touros e toureiros? Parecia que até

---

6 Município localizado no nordeste da Espanha. (N. do T.)

mesmo em Barcelona quase não havia touradas mais; por alguma razão, os melhores *matadores* eram fascistas.

Mandaram minha companhia para Sietamo de caminhão, depois rumo ao oeste até Alcubierre, que ficava logo atrás da linha de frente de Saragoça. Sietamo fora alvo de combates por três vezes até que os anarquistas finalmente a conquistassem em outubro, e partes da cidade foram destroçadas pelo fogo da artilharia, com a maioria das casas esburacadas pelas balas de fuzil. Estávamos a 450 metros acima do mar agora. Fazia um frio terrível, com um nevoeiro denso que aparecia do nada. Entre Sietamo e Alcubierre, o motorista do caminhão se perdeu (uma das características mais habituais da guerra) e ficamos rodando por horas em meio à neblina. Já era tarde da noite quando chegamos a Alcubierre. Alguém nos conduziu por pântanos de lama até um estábulo de mulas, onde nos deitamos no joio e adormecemos imediatamente. O joio não é ruim para dormir quando está limpo; não é tão bom quanto o feno, mas melhor do que a palha. Mas foi só de manhã, com a luz do dia, que descobri que o joio estava repleto de pedaços de pão, jornais rasgados, ossos, ratos mortos e latas de leite amassadas.

Agora nos encontrávamos próximo à linha de frente, perto o suficiente para sentir o cheiro característico da guerra – na minha experiência, um cheiro de excremento e comida em decomposição. Alcubierre nunca fora bombardeada e estava em melhor estado do que a maioria das aldeias logo atrás do front. No entanto, acredito que, mesmo em tempos de paz, é impossível viajar pela Espanha e não se impressionar com a miséria típica das aldeias aragonesas. Elas são construídas como fortalezas, um amontoado de casinhas de barro e pedra ao redor da igreja e, mesmo na primavera, não se vê uma flor sequer; as casas não têm jardim, apenas quintais com aves domésticas depenadas ciscando em meio a montes de estrume de mula. O tempo estava terrível, alternando-se entre chuva e nevoeiro. As estreitas trilhas de terra haviam se transformado em um mar de lama, com buracos de dois palmos de profundidade em alguns lugares, por onde os caminhões lutavam com suas rodas atoladas, enquanto os camponeses conduziam suas carroças desajeitadas puxadas por fileiras de mulas – às vezes chegando a seis animais, sempre um atrás do outro. O constante ir e vir das tropas havia reduzido a aldeia a um estado de imundície indescritível. Não havia ali – nunca houve – nada parecido com banheiros ou redes de esgoto, e não existia nem sequer um pedacinho de um metro quadrado onde não fosse necessário prestar muita atenção antes de pisar. A igreja estava sendo usada como latrina havia muito tempo, assim como todo o campo por uns quinhentos metros ao redor. Nunca consigo pensar nos meus dois primeiros meses de guerra sem me lembrar dos campos de palha com as beiradas incrustadas de esterco.

Dois dias se passaram e nada de nos entregarem fuzis. Depois de ter passado pelo Comitê de Guerra e inspecionado as fileiras de buracos nas paredes feitas pelas rajadas das metralhadoras – vários fascistas haviam sido executados ali –, não havia mais nada para se ver em Alcubierre. Certamente as coisas estavam quietas na linha de frente, pois de lá vinham pouquíssimos feridos. A principal novidade foi a chegada de desertores fascistas, trazidos sob custódia do front. Muitos dos homens que se opunham à nossa milícia não eram realmente fascistas, mas simplesmente recrutas pobres que prestavam o serviço militar no momento em que a guerra estourara, extremamente ansiosos por fugir. Ocasionalmente, pequenos grupos deles se arriscavam a atravessar nossas linhas. Sem dúvida, muitos outros teriam tentado, se seus pais não estivessem em território fascista. Esses desertores foram os primeiros fascistas "de verdade" que eu já vira. Logo percebi que não eram em nada diferentes de nós, a não ser pelo fato de usarem macacões cáqui. Chegavam sempre famintos – o que era natural depois de um ou dois dias esquivando-se em meio àquela terra de ninguém –, mas sua situação era sempre anunciada como prova de que as tropas do inimigo estavam morrendo de fome. Observei um dos soldados sendo alimentado na casa de um camponês. De certa forma, era um espetáculo lamentável. Um rapaz alto, de 20 e poucos anos, o rosto profundamente ressequido pelo vento frio, com as roupas esfarrapadas, agachou-se diante do fogo, enfiando goela abaixo todo o ensopado de uma panela a uma velocidade desesperadora e, durante todo o tempo, seus olhos examinavam com ansiedade o círculo de milicianos que o observava. Acho que ele continuava a acreditar que éramos "vermelhos" sedentos de sangue, a ponto de matá-lo assim que terminasse sua refeição. O homem armado que o vigiava continuava a afagar seu ombro, emitindo ruídos reconfortantes. Certo dia, bastante memorável, quinze desertores chegaram de uma só vez. Foram conduzidos em triunfo pela aldeia, com um homem cavalgando diante deles em um cavalo branco. Consegui tirar uma fotografia meio borrada dessa cena, mas ela foi roubada mais tarde.

Em nossa terceira manhã em Alcubierre, chegaram os fuzis. Um sargento com um rosto bruto amarelo-escuro os distribuía no estábulo das mulas. Tive um choque de decepção quando vi o que me entregaram. Era um Mauser alemão, datado de 1896 – uma arma com mais de 40 anos de uso! Estava enferrujado, com o ferrolho duro e a armação de madeira do cano rachada. Bastava olhar dentro do cano para ver que estava corroído além de qualquer esperança de recuperação. A maioria dos fuzis era igualmente ruim, alguns ainda piores, e não houve nenhuma tentativa de entregar as melhores armas aos homens que sabiam efetivamente como usá-las. A melhor arma do lote, com apenas dez anos de fabricação, foi dada a um moleque estúpido de 15 anos, chamado por todos de *maricón* ("afeminado"). O sargento nos passou uma "instrução" de cinco minutos, que consistiu em explicar como carregar o fuzil e desmontar o ferrolho. Muitos dos milicianos nunca tinham manuseado uma arma antes e imagino que pouquíssimos sabiam para que servia a alça de mira. Distribuíram cartuchos – 50 para cada homem – e, então, formaram-se as fileiras, colocamos nossas mochilas nas costas e partimos para o front, a cerca de 5 quilômetros de distância.

A *centúria*, com 80 homens e vários cães, serpenteava vagarosamente pela estrada. Cada coluna da milícia tinha pelo menos um cachorro como mascote. O pobre animal que marchava conosco tinha a sigla Poum marcada com letras enormes a fogo no pelo e se esgueirava pelo caminho como se tivesse consciência de que havia algo errado com sua aparência. À frente da coluna, ao lado da bandeira vermelha, ia Georges Kopp, o robusto *commandante* belga, montado em um cavalo preto; um pouco mais adiante, um jovem da cavalaria da milícia – que parecia um grupo de bandoleiros – saltitava de um lado para o outro, galopando até as partes mais altas do terreno e fazendo poses inusitadas no topo. Os esplêndidos animais da cavalaria espanhola foram capturados aos montes durante a revolução e entregues à milícia, que, naturalmente, tratava de montá-los até a morte.

A estrada se contorcia em meio a campos amarelados e estéreis, intocados desde a colheita do ano anterior. À nossa frente, ficava a *sierra* que se estende entre Alcubierre e Saragoça. Estávamos chegando perto do front agora, perto das bombas, das metralhadoras e da lama. Secretamente, eu estava morrendo de medo. Sabia que a linha estava em silêncio naquele instante, mas, ao contrário da maioria dos homens ao meu redor, eu tinha idade suficiente para me lembrar da Grande Guerra, embora não tivesse lutado nela. A guerra, para mim, era sinônimo de projéteis estrondosos e fragmentos de aço espalhando-se para todo lado; e, acima de tudo, significava lama, piolhos, fome e frio. É curioso, mas eu temia o frio mais do que temia o inimigo. Tal pensamento me perseguiu durante todo o tempo em que estive em Barcelona, chegando até mesmo a ficar acordado à noite pensando no frio nas trincheiras, nas vigílias nas madrugadas geladas, nas longas horas de sentinela com um fuzil congelante, na lama fria entrando pelo cano das minhas botas. Admito que também sentia um certo horror ao ver as pessoas que marchavam comigo. Ninguém faz ideia de como parecíamos a pior das ralés. Avançávamos com muito menos coesão do que um rebanho de ovelhas; antes de termos percorrido apenas 3 quilômetros, a retaguarda da coluna já se perdera de vista. E praticamente a metade dos homens era de crianças – quero dizer, crianças de verdade, com 16 anos de idade no máximo. Ainda assim, todos estavam felizes e empolgados com a perspectiva de finalmente chegar ao front. Ao nos aproximarmos da linha de combate, os garotos ao redor da bandeira vermelha à frente do batalhão começaram a gritar *"¡visca POUM!"*[7], *"¡fascistas maricones!"*[8] e assim por diante – gritos que pretendiam soar belicosos e ameaçadores, mas que, saídos daquelas gargantas infantis, pareciam tão patéticos quanto um miar de gatinhos. Era terrível que os defensores da República fossem aquela turba de crianças esfarrapadas carregando fuzis gastos, que nem sequer sabiam usar. Lembro-me de ter imaginado o que aconteceria se um avião fascista passasse sobre nós – se o piloto se daria o trabalho de mergulhar para nos saraivar de balas com sua metralhadora. Certamente, mesmo do alto, ele veria que não éramos soldados de verdade.

Quando a estrada chegou à *sierra*, tomamos a direita e subimos por uma trilha de mulas estreita que contornava a encosta da montanha. As colinas daquela parte da Espanha têm um formato estranho, em forma de ferraduras com os topos achatados e as laterais íngremes, descendo por imensas ravinas. Nas encostas mais altas não cresce nada além de arbustos mirrados e mato, com as pontas brancas das pedras calcárias despontando para todo lado.

---

7 "Viva o Poum!", em catalão. (N. do T.)
8 "Fascistas afeminados!", em espanhol. (N. do T.)

Naquele lugar, o front não era uma linha contínua de trincheiras, o que seria impossível em uma região tão montanhosa; tratava-se simplesmente de uma cadeia de postos fortificados, conhecidos como "posições", empoleirados no alto de cada encosta. Ao longe, podia-se ver nossa "posição" no ângulo da ferradura; uma barricada irregular de sacos de areia, uma bandeira vermelha tremulando, a fumaça das fogueiras escavadas no chão. Chegando um pouco mais perto, podia-se sentir um fedor levemente adocicado que permaneceu em minhas narinas por semanas a fio. Haviam despejado na fenda formada logo atrás da posição todo o lixo dos meses anteriores, formando um leito profundo e pútrido de pedaços de pão, excremento e latas enferrujadas.

A companhia que íamos substituir reunia seus pertences. Eles estavam havia três meses na linha de frente: seus uniformes cobertos de lama, as botas caindo aos pedaços, os rostos ocultos pela barba. O capitão que comandava a posição chamava-se Levinski, mas era conhecido por todos como Benjamin, um judeu polonês de nascimento que falava francês como se fosse sua língua nativa, que saiu de seu abrigo na trincheira para nos cumprimentar. Era um jovem baixo, com cerca de 25 anos, cabelos pretos e volumosos e um rosto pálido e ansioso, que, a essa altura da guerra, estava sempre muito sujo. Algumas balas perdidas disparavam acima de nós. A posição era um cercado semicircular com cerca de cinquenta metros de diâmetro, com um parapeito formado igualmente por sacos de areia e pedaços de pedra calcária. Havia cerca de 30 ou 40 buracos no chão, parecidos com tocas de ratos. Williams, seu cunhado espanhol, e eu rapidamente nos apossamos do buraco desocupado mais próximo que parecia minimamente habitável. Em algum lugar diante de nós um fuzil disparava ocasionalmente, ecoando de forma estranha nas encostas de pedras. Tínhamos acabado de descarregar nossas mochilas e rastejar para fora do abrigo quando ouvimos outro estrondo, e um dos garotos de nossa companhia voltou correndo do parapeito com o rosto ensanguentado. Ele tinha disparado seu fuzil e, de alguma forma, conseguira estourar o ferrolho, retalhando seu couro cabeludo com os estilhaços do cartucho que explodira. Foi nossa primeira baixa e, muito peculiar, autoinfligida.

À tarde fizemos nossa primeira ronda e Benjamin nos mostrou a posição. Em frente ao parapeito corria um sistema de trincheiras estreitas escavadas na rocha, com aberturas extremamente primitivas, feitas com pilhas de pedras calcárias. Havia doze postos de vigia, localizados em vários pontos atrás do parapeito interno. Diante da trincheira ficava o arame farpado e, logo adiante, a encosta descia por uma ravina aparentemente sem fundo. Do outro lado, viam-se morros sem vegetação, meros penhascos em alguns pontos, tudo muito acinzentado e desolador, sem o menor sinal de vida, nem mesmo um pássaro. Espiei com cautela através de uma abertura, tentando encontrar a trincheira fascista.

— Onde está o inimigo?

Benjamin acenou com a mão, em um gesto expansivo.

— Lá. – Benjamin falava inglês, um inglês sofrível.

— Mas onde?

De acordo com minhas ideias acerca de guerras de trincheiras, os fascistas deviam estar a 50 ou 100 metros de distância. Eu não conseguia ver nada – aparentemente suas trincheiras deviam estar muito bem escondidas. Então, com um choque de frustração, percebi para onde Benjamin apontara: no topo da colina oposta, do outro lado da ravina, a pelo menos setecentos metros de distância, o contorno diminuto de um parapeito e uma bandeira vermelha e amarela – a posição fascista. Minha decepção era indescritível. Não estávamos nem perto deles! A essa distância, nossos fuzis eram completamente inúteis. Mas, naquele instante, ouviu-se um grito de satisfação. Dois fascistas, umas figuras cinzentas ao longe, escalavam a encosta nua da colina oposta. Benjamin agarrou o fuzil do homem mais próximo, mirou e puxou o gatilho. Clique! O cartucho não detonou, e tomei aquilo como um mau presságio.

Assim que as novas sentinelas chegaram à trincheira, começaram a disparar sem limites, contra nenhum alvo em particular. Eu podia ver os fascistas, pequeninos como formigas, esquivando-se para lá e para cá atrás do parapeito e, às vezes, um pontinho preto – a cabeça de um deles – parando por um instante, expondo-se descaradamente. Era óbvio que não adiantava atirar. Mas logo depois, a sentinela à minha esquerda, deixando seu posto de uma maneira tipicamente espanhola, aproximou-se de mim e começou a insistir que eu atirasse. Tentei explicar que àquela distância, e com aqueles fuzis, não conseguiria atingir homem nenhum, a não ser por acidente. Mas ele era apenas uma criança e continuou a gesticular apontando sua arma na direção de um pontinho, sorrindo com a mesma ansiedade de um cão que espera seu dono lançar uma pedra. Por fim, ajustei minha alça de mira em 700 metros e mandei fogo. O pontinho desapareceu. Espero que tenha chegado perto o suficiente para fazer o inimigo pular. Foi a primeira vez na minha vida que atirei contra um ser humano.

Agora que eu vira o front, estava profundamente desgostoso. Era isso que chamavam de guerra? Mal tínhamos contato com o inimigo! Eu não fazia nenhuma tentativa de manter minha cabeça abaixo do nível da trincheira. Pouco depois, no entanto, uma bala passou raspando pela minha orelha, fazendo um estrondo violento e acertando o anteparo atrás de mim. Caramba! Abaixei-me. Durante toda a minha vida, jurara a mim mesmo que não me abaixaria na primeira vez em que uma bala passasse por mim, mas a reação pareceu ser instintiva, e quase todo mundo vai acabar fazendo o mesmo ao menos uma vez.

3

Em uma guerra de trincheiras, cinco coisas são extremamente importantes: lenha, comida, fumo, velas e o inimigo. No inverno, no front de Saragoça, elas eram importantes exatamente nessa ordem, com o inimigo por último, de longe. A não ser à noite, quando um ataque-surpresa era sempre algo a se considerar, ninguém se preocupava com o inimigo. Eles eram simples pontinhos pretos, que, às vezes, podíamos ver pulando de um lado para o outro. A verdadeira preocupação de ambos os exércitos era tentar manter-se aquecido.

Devo dizer, mesmo de passagem, que durante todo o tempo em que estive na Espanha vi pouquíssimos combates. Estive no front de Aragão de janeiro a maio e, entre janeiro e o fim de março, pouco ou nada aconteceu por ali, exceto na cidade de Teruel. Em março, houve combates pesados ao redor de Huesca, mas eu tive pouca participação neles. Mais tarde, em junho, ocorreu o desastroso ataque a Huesca, no qual milhares de homens foram mortos em um único dia, mas eu fora ferido e afastado antes que tudo isso acontecesse. Raríssimas vezes presenciei as coisas consideradas como os horrores da guerra. Nenhum avião jogou uma bomba em algum lugar perto de onde estava, não houve um só projétil que tenha explodido a menos de 50 metros de mim, e só lutei corpo a corpo com alguém uma única vez (e posso dizer que uma já é o bastante). Claro que muitas vezes estive sob fogo pesado de metralhadoras, mas geralmente os disparos vinham de longe. Mesmo em Huesca, estávamos razoavelmente seguros se tomássemos algumas precauções.

Aqui, do alto das colinas ao redor de Saragoça, havia apenas a mistura de tédio e desconforto da guerra estagnada. Uma vida tão monótona quanto a de um funcionário público da cidade e quase tão ordinária. Vigiar, patrulhar, cavar; cavar, patrulhar, vigiar. No topo de cada uma das colinas, fascista ou legalista, um grupo de homens esfarrapados e sujos tremendo de frio ao redor de sua bandeira, tentando manter-se aquecidos. E, durante dia e noite, balas atiradas em vão voando pelos vales vazios, atingindo um corpo humano somente em raras e improváveis vezes.

Com bastante frequência, eu costumava olhar ao redor, em meio àquela paisagem de inverno, e me maravilhava com a futilidade de tudo aquilo. Que falta de lógica nesse tipo de guerra! Anteriormente, por volta de outubro, combates selvagens haviam sido travados nessas mesmas colinas; e então, já que a falta de homens e de armas – sobretudo de armas – impossibilitava qualquer operação de grande envergadura, cada exército se entrincheirou nos cumes das colinas que conquistara, ali se estabelecendo. À nossa direita havia um pequeno posto avançado, também do Poum e, no sulco à nossa esquerda, pouco atrás de nós, uma posição do PSUC[9], em meio a vários outros pontinhos fascistas instalados nos picos que o circundavam. O que chamavam de linha de frente ziguezagueava para todos os lados em um padrão que seria completamente ininteligível se cada posição não tivesse hasteado sua própria bandeira. As bandeiras do Poum e do PSUC eram vermelhas e as dos anarquistas eram rubro-negras; geralmente os fascistas hasteavam a bandeira monarquista (nas cores vermelha, amarela e vermelha), mas, ocasionalmente, hasteavam a bandeira republicana (vermelho,

---

9 Partido Socialista Unificado da Catalunha, partido comunista ativo na região de mesmo nome entre 1936 e 1997. (N. do T.)

amarelo e roxo)[10]. A paisagem seria extraordinária, se fosse possível esquecer que cada pico estava ocupado por tropas e, portanto, entulhado de latas e incrustado de esterco. À nossa direita, a serra se inclinava para o sudeste, dando lugar ao amplo vale repleto de veios que se estendia até Huesca. No meio da planície, uns minúsculos cubículos dispersos como dados lançados: era a cidade de Robres, que se encontrava em poder dos legalistas. Muitas vezes, de manhã, o vale ficava oculto sob mares de nuvens, em meio aos quais emergiam as colinas, lisas e azuis, transmitindo à paisagem enorme semelhança com negativos de fotografia. Além de Huesca, viam-se mais colinas com formação idêntica à nossa, entremeadas por faixas de neve que se alteravam diariamente. Ao longe, os monstruosos picos dos Pirineus, onde a neve jamais derrete, pareciam flutuar sobre o nada. Mesmo lá embaixo, na planície, tudo parecia morto e destituído. As colinas à nossa frente eram cinzentas e enrugadas, como a pele dos elefantes. Quase nunca tinha pássaros no céu. Acho que nunca conheci um país com tão poucos pássaros. As únicas aves que víamos a todo momento eram uma espécie de pega, os bandos de perdizes que nos assustavam à noite com seu zumbido repentino e, muito raramente, as águias, com seus voos que pareciam um lento flutuar, geralmente seguidos de tiros de fuzil, que elas nem sequer chegavam a notar.

À noite, com o tempo enevoado, patrulhas eram enviadas ao vale entre nós e os fascistas. Não era uma missão popular, já que fazia um frio terrível e era muito fácil se perder no caminho. Logo descobri que poderia obter licença para sair em patrulha sempre que quisesse. Nas imensas ravinas entrecortadas, não havia trilhas ou caminhos de nenhuma espécie, e só era possível manter-se no caminho fazendo sucessivas viagens, tomando nota de pontos de referência em cada uma delas. Em linha reta, o posto fascista mais próximo ficava a 700 metros do nosso, mas essa distância se estendia a quase dois quilômetros e meio pela única rota acessível. Era até que divertido vagar pelos vales escuros com as balas perdidas voando lá no alto, como maçaricos piando. Melhor do que percorrê-los à noite era fazê-lo em meio aos nevoeiros pesados, que, muitas vezes, duravam o dia todo, ficando

---

10 Foi encontrada uma errata nos documentos de Orwell após sua morte: "Agora, não tenho total certeza de que vira fascistas hasteando a bandeira republicana, embora achasse que, às vezes, a tivessem hasteado com uma pequena suástica superposta". (Nota do editor da versão original.)

regularmente presos ao redor dos topos das colinas e deixando os vales relativamente claros. Quando se estava em qualquer lugar perto das linhas fascistas, era preciso rastejar a passos de tartaruga; era muito difícil mover-se com tranquilidade por aquelas encostas, entre os arbustos quebradiços e as ruidosas pedras calcárias. Foi apenas na terceira ou quarta tentativa que consegui encontrar o caminho para as linhas fascistas. A névoa estava muito espessa e rastejei até o arame farpado para escutar alguma coisa. Pude ouvir os fascistas conversando e cantando lá dentro. Então, descobri assustado que vários deles desciam a colina em minha direção. Encolhi-me atrás de um arbusto, que subitamente pareceu pequeno demais, e tentei engatilhar meu fuzil sem fazer barulho. No entanto, eles se dispersaram e não chegaram a me ver. Atrás do arbusto onde estava escondido, achei várias relíquias do combate anterior – uma pilha de cartuchos vazios, um quepe de couro com um buraco de bala e uma bandeira vermelha, obviamente uma das nossas. Levei-a de volta à nossa posição, onde, sem nenhum sentimentalismo, foi rasgada e transformada em panos de limpeza.

Fui promovido a cabo assim que chegamos ao front e fiquei no comando de uma guarda de doze homens. Não se tratava de um trabalho inútil, especialmente no início. A centúria era uma multidão sem treinamento, composta principalmente de adolescentes. Na milícia, por todo lado, encontravam-se crianças de 11 ou 12 anos, geralmente refugiados do território fascista que haviam sido alistados como milicianos, por ser a maneira mais fácil de achar uma forma de sustento. Em geral, eram empregados em trabalhos leves na retaguarda, mas, às vezes, conseguiam chegar à linha de frente, onde se tornavam uma ameaça pública. Lembro-me de um moleque que atirou uma granada de mão na fogueira "de brincadeira". Em Monte Pocero acho que não havia ninguém com menos de 15 anos, mas a média de idade devia estar bem abaixo dos 20. Os meninos dessa idade não deveriam nunca ser usados na linha de frente, pois não suportam a falta de sono, que é parte inerente da guerra de trincheiras. No início, era quase impossível manter nossa posição devidamente vigiada à noite. Só era possível despertar as malditas crianças da minha seção arrastando-as para fora de suas trincheiras e, assim que se virava as costas, elas deixavam seus postos e se abrigavam novamente. Mesmo com o frio terrível, elas chegavam até a adormecer profundamente encostadas às paredes da trincheira. Felizmente, o inimigo não era muito diligente. Havia noites em que me parecia que nossa posição poderia ser invadida por vinte escoteiros armados com espingardas de ar comprimido ou mesmo vinte bandeirantes armadas com raquetes.

Àquela altura, e até muito mais tarde, as milícias catalãs ainda mantinham a mesma base do início da guerra. Nos primeiros dias da revolta contra Franco, as milícias foram formadas às pressas pelos vários sindicatos e partidos políticos. Cada uma era essencialmente uma organização política, devendo fidelidade tanto ao seu partido quanto ao governo central. Quando o Exército Popular – que era um exército "apolítico" organizado em linhas mais ou menos comuns – foi criado no início de 1937, as milícias partidárias foram teoricamente incorporadas a ele. Mas por muito tempo as únicas mudanças ocorreram apenas no papel: nenhum soldado das novas tropas do Exército Popular chegou à frente de Aragão antes de junho e, até então, o sistema de milícias permaneceu inalterado. O ponto essencial do sistema era a igualdade social entre oficiais e soldados. Todos, do general ao soldado raso, recebiam o mesmo salário, comiam a mesma comida, usavam as mesmas roupas e socializavam em termos de completa igualdade. Se você quisesse dar um tapinha nas costas do general no comando da divisão e pedir-lhe um cigarro, podia fazê-lo, e ninguém acharia isso inusitado. Em teoria, de qualquer forma, cada milícia era uma democracia e não uma hierarquia. Todos entendiam que as ordens tinham de ser obedecidas, mas também entendiam que, quando se dava uma ordem, era de um camarada a outro, não de um superior a um inferior. Havia oficiais e subalternos, mas não patentes militares no sentido mais comum, nem títulos, distintivos, bater de calcanhares ou continências. Tentava-se criar, dentro das milícias, uma espécie de modelo temporário de trabalho da sociedade sem classes. É claro que não havia uma igualdade perfeita, e sim uma tentativa de aproximação, a maior que eu jamais vira ou teria pensado concebível em tempos de guerra.

Mas admito que, à primeira vista, o estado das coisas no front me aterrorizou. Como diabos a guerra poderia ser vencida por um exército desse tipo? Era o que todo mundo dizia à época e, embora fosse verdade, também não era razoável. Pois, dadas as circunstâncias, as milícias não poderiam ser muito melhores do que eram. Um exército moderno e mecanizado não surge do nada, e se o governo tivesse esperado até que houvesse tropas treinadas à sua disposição, nunca teria havido qualquer resistência a Franco. Mais tarde, ficou na moda difamar as milícias, fingindo, portanto, que os erros resultantes da falta de treinamento e de armas eram consequência do sistema igualitário. Na verdade, os novos recrutamentos de milícias não eram grupos indisciplinados porque os oficiais chamavam os soldados de "camarada", mas porque as tropas sem treinamento são sempre grupos indisciplinados. Na prática, a tal disciplina democrática "revolucionária" é mais confiável do que se poderia esperar. Em um exército operário, a disciplina é, em teoria, voluntária. Baseia-se na lealdade à classe, ao passo que a disciplina de um exército burguês de alistados baseia-se, em última instância, no medo. (O Exército Popular que substituiu as milícias situava-se em algum ponto a meio caminho entre os dois tipos.) Nas milícias, as intimidações e os abusos que ocorrem em um exército comum nunca seriam tolerados, nem por um momento. As punições militares normais existiam, mas eram aplicadas apenas em caso de delitos muito graves. Quando um homem se recusava a obedecer a uma ordem, não era punido imediatamente; primeiro apelava-se a seu senso de camaradagem. Pessoas cínicas, sem nenhuma experiência no trato com outros homens, logo afirmarão que tal coisa nunca "funciona", mas, na verdade, "funciona" a longo prazo. A disciplina até mesmo dos piores recrutas da milícia melhorou visivelmente com o passar do tempo. Em janeiro, a missão de manter na linha uma dúzia de recrutas inexperientes quase me deixou de cabelos brancos. Em maio, por um tempo curto, fui tenente interino, no comando de cerca de trinta homens, ingleses e espanhóis. Estávamos sob fogo havia meses, e não tive nenhuma dificuldade em fazer cumprir uma ordem ou em conseguir que meus homens se oferecessem para um trabalho perigoso. A disciplina "revolucionária" depende da consciência política – da compreensão dos motivos de ter-se de obedecer a uma ordem, o que leva tempo, mas também é preciso tempo para transformar um homem em um autômato em um quartel qualquer. Os jornalistas que zombavam do sistema de milícias raramente lembravam-se de que as milícias tinham de manter suas linhas de frente, ao passo que o Exército Popular treinava na retaguarda. E é um tributo à força da disciplina "revolucionária" que as milícias tenham permanecido em campo, pois, até junho de 1937, não havia nada que os mantivesse lá, a não ser lealdade à classe. Desertores individuais podiam ser fuzilados – e o eram, ocasionalmente –, mas, se mil homens decidissem sair do front ao mesmo tempo, não haveria força suficiente para detê-los. Um exército de alistados nas mesmas circunstâncias, com sua capacidade de combate removida, teria se dissolvido. No entanto, as milícias mantiveram a linha – embora seja sabido que obtiveram pouquíssimas vitórias – e mesmo deserções individuais não eram comuns. Em quatro ou cinco meses na milícia do Poum, só fiquei sabendo de quatro desertores, e dois deles eram certamente espiões que se alistaram para obter informações. No início, o caos aparente, a falta geral de treinamento, o fato de que muitas vezes era necessário discutir por cinco minutos antes de conseguir que uma ordem fosse obedecida, tudo isso me causava pavor e fúria. Eu trazia as ideias do Exército Britânico e, certamente, as milícias espanholas eram muito diferentes dele. Mas, considerando-se as circunstâncias, eram tropas melhores do que se poderia esperar.

E, nesse ínterim, a lenha – sempre a lenha. Durante todo esse período provavelmente não há registro em meu diário que não mencione a lenha, ou melhor, sua falta. Estávamos no meio do inverno entre seiscentos e novecentos metros acima do nível do mar, e o frio era indescritível. A temperatura não era excepcionalmente baixa – em muitas noites nem mesmo geava – e o sol invernal muitas vezes brilhava por uma hora no meio do dia; mas, mesmo que não fizesse realmente frio, garanto que parecia o contrário. Às vezes, ventos estridentes arrancavam-nos o quepe e despenteavam nossos cabelos em todas as direções; às vezes, a névoa se derramava na trincheira como um líquido e parecia penetrar nossos ossos; frequentemente chovia, e mesmo 15 minutos de chuva eram suficientes para tornar as condições intoleráveis. A fina camada de terra sobre as pedras rapidamente se transformava em uma graxa escorregadia e, como caminhávamos o tempo todo por ladeiras, era impossível manter o equilíbrio. Nas noites escuras, era comum cair meia dúzia de vezes em apenas 20 metros, o que era muito perigoso, já que significava que a trava do fuzil ficava entupida de lama. Por dias seguidos, roupas, botas, cobertores e fuzis mantinham-se quase sempre cobertos de lama. Eu trouxera tantas roupas grossas quantas pude carregar, mas muitos dos homens tinham pouco com que se agasalhar. Para toda a guarnição, cerca de cem homens, havia apenas 12 sobretudos, que deveriam ser passados de uma sentinela à outra, e a maioria dos homens dispunha de apenas um cobertor. Numa noite gelada, fiz uma lista em meu diário das roupas que estava vestindo. É bastante interessante, pois mostra a quantidade de roupas que o corpo humano pode carregar. Eu vestia um colete e calças grossas, uma camisa de flanela, dois suéteres, uma jaqueta de lã, uma jaqueta de couro de porco, ceroulas de veludo, polainas, meias grossas, botas, um casaco impermeável grosso, um cachecol, luvas forradas de couro e um gorro de lã. E, no entanto, eu ainda tremia como uma geleia. Mas admito que sou extraordinariamente sensível ao frio.

Lenha era a única coisa que realmente importava. A insistência na questão da lenha é porque ela praticamente inexistia no front. Nossa montanha miserável não tinha nem mesmo vegetação suficiente e, por meses, foi habitada por milicianos cheios de frio, fazendo com que qualquer planta mais grossa que um dedo já tivesse sido queimada há muito tempo. Quando não estávamos comendo, dormindo, de guarda ou descansando, percorríamos o vale em busca de combustível para o fogo. Tudo de que me lembro daquela época é de subir e descer as encostas quase perpendiculares, sobre o calcário recortado que despedaçava as botas, saltando ansioso sobre pequenos galhos de madeira. Três pessoas procurando lenha por duas horas conseguiam coletar o suficiente para manter o fogo aceso por cerca de uma hora. A angústia de nossa busca por lenha nos transformou em botânicos. Classificávamos, de acordo com suas qualidades de queima, todas as plantas que cresciam na encosta da montanha: os diversos matos e gramíneas, que eram bons para acender uma fogueira, mas que se extinguiam em poucos minutos; o alecrim bravo e os pequenos arbustos que ardiam quando o fogo estava bem aceso; os carvalhos retorcidos, menores que um arbusto de groselha, que eram impossíveis de queimar. Havia uma espécie de junco seco muito bom para iniciar o fogo, mas ele só crescia no topo do morro à esquerda da nossa posição, e era preciso colocar-se sob fogo inimigo para apanhá-lo. Se os metralhadores fascistas nos vissem, dedicavam-nos um tambor inteiro de munição. Geralmente miravam muito alto, e as balas cantavam no céu como pássaros, mas às vezes elas detonavam no calcário, a uma distância curta demais, fazendo com que nos jogássemos de cara no chão. No entanto, continuávamos colhendo os juncos, pois nada tinha tanta importância quanto a lenha.

Além do frio, qualquer outro desconforto parecia menor. Claro que estávamos o tempo todo sujos. Nossa água, assim como nossa comida, vinha em lombo de mula de Alcubierre, e a parte de cada homem era de cerca de um litro por dia. Era uma água repugnante, um pouco mais transparente do que o leite. Teoricamente era só para beber, mas eu sempre roubava uma panela cheia para me lavar de manhã. Costumava lavar-me em um dia e fazer a barba no dia seguinte; nunca havia água suficiente para fazer ambos. A posição fedia de forma abominável e, fora do pequeno cercado da barricada, havia excremento por toda parte. Alguns dos milicianos defecavam habitualmente na trincheira, algo extremamente nojento, já que tínhamos de andar por ali no escuro. Mas a sujeira nunca me preocupou. Acho que a sujeira é algo que incomoda as pessoas de forma demasiada. É impressionante a rapidez com que nos acostumamos a viver sem um lenço e a comer nas latas que usamos para nos lavar. E, depois de um ou dois dias, tampouco era difícil dormir com a roupa no corpo. É claro que era impossível tirar a roupa – e as botas, em especial – à noite: era preciso estar pronto para fugir instantaneamente em caso de ataque. Em 80 noites só tirei a roupa três vezes, embora de vez em quando conseguisse tirá-la durante o dia. Ainda estava frio demais para que os piolhos aparecessem, mas havia muitos ratos e camundongos. Costuma-se dizer que ratos e camundongos não aparecem no mesmo lugar, mas isso é mentira caso haja comida suficiente para os dois tipos de roedores.

Em outras questões, não estávamos nada mal. A comida era boa o suficiente e havia bastante vinho. Os cigarros continuavam a ser distribuídos à proporção de um maço por dia, os fósforos eram distribuídos em dias alternados, e recebíamos até mesmo velas. Eram velas muito finas, como as dos bolos de Natal, e todos imaginavam que tinham sido roubadas das igrejas. Cada abrigo recebia 7 centímetros de vela por dia, que queimavam em cerca de vinte minutos. Naquela época ainda era possível comprar velas, e eu havia trazido vários quilogramas delas comigo. Mais tarde, a falta de fósforos e de velas tornou a vida bastante difícil. Não percebemos a importância dessas coisas até que não as temos mais. Em um ataque-surpresa noturno, por exemplo, quando todos na trincheira estão lutando para pegar seu fuzil e pisando no rosto uns dos outros, ser capaz de acender uma vela pode fazer a diferença entre a vida e a morte. Cada miliciano possuía um isqueiro e vários metros de pavio. Ao lado do fuzil, era nosso bem mais importante. Os isqueiros de pavio tinham a grande vantagem de poder ser acesos contra o vento, mas eles apenas ardiam e não serviam para acender uma fogueira. Quando a falta de fósforos estava no auge, nossa única maneira de fazer fogo era tirando a bala de um cartucho e detonando a pólvora com nosso isqueiro.

Vivíamos uma vida extraordinária – uma forma extraordinária de estar em guerra, se é que podíamos chamar nossa situação de guerra. Toda a milícia se irritava com a falta de ação e estava constantemente pedindo explicações dos motivos de não podermos atacar. Mas era óbvio que ainda não travaríamos combates por um longo tempo, a menos que o inimigo os iniciasse. Georges Kopp[11], em suas visitas periódicas de inspeção, era bastante franco conosco.

— Isto não é uma guerra – ele costumava dizer –. é uma ópera cômica com uma ou outra morte ocasional. – De fato, a estagnação na frente de Aragão tinha causas políticas, a respeito das quais eu nada sabia naquele momento; mas as dificuldades puramente militares – independentemente da falta de homens – estavam claras para qualquer um.

Para começar, existia a geografia do local. A linha de frente, tanto a nossa quanto a dos fascistas, situava-se em posições de imensa força natural, que, via de regra, só podiam ser abordadas de um único lado. A partir do momento em que algumas trincheiras tenham sido cavadas, tais lugares não poderiam ser ocupados pela infantaria, a não ser em caso de uma superioridade numérica esmagadora. Em nossa própria posição – ou na maioria das que nos cercavam – uma dúzia de homens com duas metralhadoras poderia manter um batalhão inteiro a distância. Empoleirados no topo das colinas como estávamos, éramos alvos perfeitos para a artilharia; mas não havia artilharia. Às vezes, eu olhava a paisagem ao redor e ansiava – e com tanto fervor! – por qualquer tipo de ataque armado. Podia-se destruir as posições inimigas uma após a outra com tanta facilidade quanto se quebra nozes com um martelo. Mas, do nosso lado, simplesmente não havia armas. De vez em quando, os fascistas conseguiam trazer uma ou outra arma de Saragoça e disparar alguns projéteis, mas tão poucos que nem sequer alcançavam os alvos, mergulhando inofensivamente nas ravinas vazias. Contra metralhadoras e sem artilharia, há apenas três coisas que se pode fazer: enterrar-se em uma trincheira a uma distância segura – de 400 metros, digamos; avançar em campo aberto e ser massacrado; ou fazer ataques noturnos em pequena escala, que em nada alteram a situação geral. Na prática, as únicas alternativas são a estagnação ou o suicídio.

Além disso, havia uma completa falta de material bélico de todos os

---

11 Georges Kopp (1902-1951) foi um engenheiro e inventor russo que se ofereceu como voluntário na luta contra o nazismo. Ficou conhecido por sua amizade com o autor, a quem comandou na Guerra Civil Espanhola. (N. do T.)

tipos. É preciso esforçar-se para perceber quão mal armadas as milícias estavam naquele momento. Qualquer centro de preparação de oficiais na Inglaterra é muito mais parecido com um exército moderno do que nós éramos. A má qualidade de nossas armas era tão surpreendente que vale a pena registrar a situação em detalhes.

Para o setor do front em que eu estava, toda a artilharia consistia em quatro morteiros de trincheira com "quinze tiros" cada um. Claro que eram armas valiosas demais para serem usadas e, por isso, ficaram em Alcubierre. Havia metralhadoras à proporção de aproximadamente uma para cada 50 homens: eram armas antigas, mas bastante precisas até uma distância de trezentos ou quatrocentos metros. Para além dessa metragem, tínhamos apenas fuzis, e a maioria deles era velharia pura. Três tipos de fuzil estavam em uso. O primeiro era o Mauser de cano longo. Com raramente menos de vinte anos, suas miras eram tão úteis quanto um velocímetro quebrado e, na maioria deles, os canos estavam irremediavelmente enferrujados; no entanto, aproximadamente um em dez não era de todo ruim. Depois, havia o Mauser de cano curto, ou *mousqueton*, na verdade uma arma de cavalaria. Estes eram mais populares do que os outros, por serem mais leves de carregar e menos incômodos dentro da trincheira, mas também porque eram comparativamente novos e pareciam eficientes. De fato, eram praticamente inúteis e feitos de peças remontadas; nenhum parafuso pertencia ao fuzil original, e três em cada quatro emperravam depois de disparar cinco tiros. Havia também alguns rifles Winchester. Eram bons para atirar, mas extremamente imprecisos e, como seus cartuchos não tinham pentes, só permitiam disparar um tiro por vez. A munição era tão escassa que cada homem que chegava ao front recebia apenas 50 cartuchos – a maioria demasiadamente ruim. Os cartuchos de fabricação espanhola eram refis de cartuchos já usados e emperravam até nas melhores armas. Os mexicanos eram melhores e, por isso, ficavam reservados para as metralhadoras. A melhor munição era a fabricada na Alemanha, no entanto, como a conseguíamos apenas através de prisioneiros e desertores, não havia muita. Eu sempre mantinha um pente alemão ou mexicano no bolso para uso em uma emergência. Mas na prática, quando isso acontecia, raramente disparava meu fuzil: tinha medo de que aquela geringonça emperrasse e ficava ansioso demais para trocar por uma munição que funcionasse.

Não tínhamos capacetes de metal nem baionetas, quase nenhum revólver ou pistola, e havia apenas uma bomba para cada cinco ou dez homens. As bombas em uso naquela época eram um objeto assustador conhecido como "bomba da FAI[12]", produzida pelos anarquistas nos primeiros dias da guerra. Era manufaturada segundo o princípio de uma bomba de Mills[13], mas com uma alavanca que, em vez de ser mantida por um pino metálico, ficava segura por um pedaço de fita adesiva. Rasgava-se a fita e depois arremessava-se a bomba com a maior velocidade possível. Costumava-se dizer que essas bombas eram "imparciais": matavam tanto o homem em quem fora atirada quanto o que a lançou. Havia vários outros tipos, ainda mais primitivos, mas provavelmente um pouco menos perigosos – para o lançador, quero dizer. Foi só no final de março que vi uma bomba que valia a pena usar.

Além das armas, existia escassez de todas as necessidades secundárias da guerra. Não tínhamos mapas, por exemplo. A Espanha não havia sido totalmente cartografada, e os únicos desenhos detalhados da área eram mapas militares antigos, quase todos em poder dos fascistas. Não havia telêmetros, telescópios, periscópios, binóculos – à exceção de alguns pertencentes a um ou outro soldado – nem sinalizadores ou lanternas, nem alicates de fio ou ferramentas para os armeiros e praticamente nenhum material de limpeza. Os espanhóis pareciam nunca ter ouvido falar de um cordão de limpeza[14] e ficaram surpresos quando construí um. Antes disso, quando queriam que seu fuzil fosse limpo, todos o levavam ao sargento, que possuía uma longa vareta de latão dobrada na ponta e sempre arranhava o cano. Nem sequer tínhamos óleo para lubrificar as armas. Usávamos azeite de oliva, quando conseguíamos pôr a mão em algum. Várias vezes acabei untando o meu de vaselina, creme de leite ou até mesmo banha de porco. Além de tudo, não havia lampiões nem lanternas elétricas – nessa época não existia, creio eu, nada parecido com uma lanterna em todo o nosso setor da linha de frente, e só era possível comprar uma em Barcelona e, mesmo lá, com bastante dificuldade.

À medida que o tempo passava, e enquanto os inconstantes tiros de fuzil ecoavam por entre as colinas, comecei a me perguntar com crescente

---

12 A Federação Anarquista Ibérica (FAI) é uma organização espanhola de militantes anarquistas fundada em 1927. (N. do T.)
13 Nome popular de uma série de granadas de mão britânicas do início do século XX. (N. do T.)
14 Cordão com uma bucha na ponta, usado para limpar os canos das armas. *Pull-through*, no original em inglês. (N. do T.)

ceticismo se alguma coisa aconteceria para trazer um pouco de vida – ou melhor, um pouco de morte – a essa guerra absurda. Era contra a pneumonia que estávamos lutando, não contra homens. Quando as trincheiras estão separadas por mais de quinhentos metros, ninguém é atingido, a não ser por acidente. Claro que houve baixas, mas a maioria delas foi autoinfligida. Se bem me lembro, os primeiros cinco homens que vi feridos na Espanha foram todos feridos por nossas próprias armas – não intencionalmente, mas por acidente ou descuido. Nossos fuzis degradados representavam um perigo em si. Alguns deles tinham a desagradável mania de explodir se a coronha batesse no chão – cheguei a ver um homem dar um tiro na própria mão por causa disso. E, na escuridão, os recrutas inexperientes estavam sempre atirando uns nos outros. Certa noite, quando mal começava a anoitecer, uma sentinela atirou em mim a uma distância de 20 metros, errando por apenas 1 metro – só Deus sabe quantas vezes a pontaria típica dos espanhóis salvou minha vida. Em uma outra vez, saíra em patrulha em meio à neblina, tomando o cuidado de avisar o comandante da guarda de antemão. Mas, ao voltar, tropecei em um arbusto, a sentinela assustou-se e gritou que os fascistas estavam chegando, e tive o prazer de ouvir o comandante da guarda ordenar que todos abrissem rapidamente fogo em minha direção. Claro que me joguei no chão e as balas passaram por sobre mim, inofensivamente. Nada é capaz de convencer um espanhol – ao menos um jovem – de que as armas de fogo são perigosas. Certa vez, bem mais tarde, estava fotografando alguns metralhadores com suas armas, e eles as apontavam diretamente para mim:

— Não atirem – disse eu, em parte brincando, em parte falando sério, enquanto focava a câmera.

— Ah, não, não vamos atirar.

No momento seguinte, ouvi um estrondo assustador, e uma torrente de balas passou tão perto do meu rosto que minha bochecha foi cravejada por partículas de pólvora. Não foi algo intencional, mas os metralhadores acharam tudo aquilo uma grande piada. No entanto, poucos dias antes, haviam visto um tropeiro ser baleado acidentalmente por um delegado político, que, brincando com uma pistola automática, atravessou os pulmões do tropeiro com cinco balas.

As difíceis senhas que o exército começou a usar naquela época também eram uma fonte de perigo, ainda que menor. Tratava-se daquelas cansativas senhas duplas, em que uma palavra deve ser respondida com outra. Geralmente, eram palavras de natureza elevada e revolucionária, como *cultura / progreso*[15] ou *seremos / invencibles* e, muitas vezes, era impossível conseguir com que sentinelas analfabetas se lembrassem dessas expressões pretensiosas. Lembro-me de que, certa noite, a dupla senha era *Cataluña / heroica*, e um camponês de rosto redondo, chamado Jaime Domenech, aproximou-se de mim, muito intrigado, e pediu-me para explicá-la.

— *Heroica*... O que significa *heroica*?

Disse-lhe que significava o mesmo que *valiente*. Pouco tempo depois, ele tropeçou em uma trincheira na escuridão, e a sentinela o confrontou:

— Alto! *Cataluña*!

— *Valiente*! – gritou Jaime, certo de que estava dizendo a coisa certa.

Bang!

No entanto, a sentinela errou o tiro. Nessa guerra, todos sempre erravam o alvo, sempre que era humanamente possível.

4

Quando já estava havia cerca de três semanas no front, um contingente de vinte ou trinta homens, enviado da Inglaterra pelo ILP[16], chegou a Alcubierre e, para manter os ingleses nessa frente juntos, Williams e eu fomos enviados para nos juntar a eles. Nossa nova posição era em Monte Oscuro, vários quilômetros a oeste, com vista para a cidade de Saragoça.

---

15 Para manter a maior fidelidade possível ao texto original, os termos grafados em espanhol ou catalão pelo autor serão mantidos e, se necessário, traduzidos em nota. (N. do T.)

16 O *Independent Labour Party* (Partido Trabalhista Independente) foi um partido político britânico, atuante no Reino Unido entre 1893 e 1975, quando se fundiu com o *Labour Party* (Partido Trabalhista). (N. do T.)

George Orwell

A posição encontrava-se no alto de uma espécie de paredão de calcário com escavações feitas horizontalmente no penhasco, como ninhos de andorinhas das montanhas. Essas escavações penetravam na pedra por distâncias extraordinárias e, no interior, eram escuras como breu e tão baixas que não se podia ficar nem de joelhos lá dentro e, menos ainda, em pé. Nos picos à nossa esquerda ficavam mais duas posições do Poum, uma delas objeto de fascínio de todos os homens na linha de frente, já que ali havia três mulheres da milícia encarregadas da cozinha. Essas mulheres não eram exatamente bonitas, mas foi necessário tornar tal posição inacessível aos homens das outras companhias. Quinhentos metros à nossa direita havia um posto do PSUC, na curva da estrada de Alcubierre. Era justamente ali que a estrada mudava de mãos. À noite, podia-se observar os lampiões dos nossos caminhões de abastecimento saindo de Alcubierre e, ao mesmo tempo, os dos fascistas, vindo de Saragoça. Dava também para ver a cidade, uma tênue linha de luzes, parecidas com as escotilhas iluminadas de um navio, a cerca de 20 quilômetros a sudoeste. As tropas do governo observavam-na a distância desde agosto de 1936 e continuam a fazê-lo até hoje.

Éramos cerca de 30 homens nessa posição, incluindo um espanhol (Ramón, o cunhado de Williams) e uma dúzia de metralhadores, também da Espanha. À parte um ou dois inevitáveis estorvos – pois, como todos sabem, a guerra atrai todo tipo de gentalha –, os ingleses formavam um grupo excepcionalmente bom, tanto física quanto mentalmente. Talvez o melhor da turma fosse Bob Smillie – o neto do famoso líder dos mineiros[17] –, que mais tarde viria a morrer de uma forma muito cruel e sem sentido em Valência. É um ótimo indicativo do caráter espanhol que os ingleses e os espanhóis tenham se dado bem, apesar da barreira linguística. Logo descobrimos que os espanhóis conheciam duas expressões em inglês. Uma delas era *OK, baby*; a outra, uma palavra usada pelas prostitutas de Barcelona em suas relações com os marinheiros ingleses, e temo que os editores não queiram publicá-la.

Mais uma vez, nada acontecia ao longo da linha de frente: apenas o estrondo aleatório de balas e, muito raramente, o estouro de um morteiro fascista que fazia todos correrem para a trincheira mais alta para ver em que colina os projéteis estavam explodindo. Agora o inimigo se encontrava um

---

17 Referência a Robert Smillie (1857-1940), político escocês do Partido Trabalhista. (N. do T.)

pouco mais perto de nós, talvez a 300 ou 400 metros de distância. Sua posição mais próxima ficava exatamente à nossa frente, com um nicho de metralhadoras cujas aberturas representavam uma tentação constante para desperdiçar cartuchos. Os fascistas raramente se davam o trabalho de atirar com seus fuzis, mas disparavam rajadas de metralhadora precisas contra qualquer um que se expusesse. No entanto, passaram-se dez dias ou mais antes de nossa primeira baixa. As tropas à nossa frente eram espanholas, mas, de acordo com os desertores, havia alguns suboficiais alemães entre eles. Em algum momento no passado também existiram mouros nessas redondezas – pobres diabos, como devem ter passado frio! –, pois nas terras ainda não ocupadas havia um mouro morto, parte da vista de nossa posição. A 2 ou 3 quilômetros à nossa esquerda, o front deixava de ser contínuo e havia uma faixa do terreno, de baixa altitude e densamente arborizada, que não pertencia nem aos fascistas nem a nós. E tanto nós quanto eles costumávamos ir até lá para fazer patrulhas diurnas. Até que era divertido – como se fôssemos escoteiros –, embora eu nunca tenha visto uma patrulha fascista a mais de algumas centenas de metros. Rastejando muito, era possível abrir caminho – parcialmente – através das linhas fascistas, chegando até mesmo a avistar a sede da fazenda onde hastearam a bandeira monárquica e que servia de quartel-general fascista local. Ocasionalmente, disparávamos uma saraivada de fuzis e depois nos escondíamos antes que as metralhadoras pudessem nos localizar. Espero que tenhamos quebrado algumas janelas, mas como estávamos a uns bons 800 metros de distância – e com nossos rifles – não tínhamos certeza nem de poder acertar uma casa àquela distância, quanto mais uma janela.

Na maior parte do tempo, os dias eram claros e frios; às vezes, havia até mesmo sol ao meio-dia, mas sempre frio. Aqui e ali, no terreno das encostas, encontrávamos as pontas verdes de açafrão e de íris germinando. Evidentemente, a primavera estava chegando, mas muito lentamente. As noites estavam mais frias do que nunca. Ao voltar da vigília, de madrugada, costumávamos juntar o que restara do fogo da cozinha e ficar em pé, sobre as brasas incandescentes. Era péssimo para as botas, mas muito bom para os pés. E havia manhãs em que a visão do nascer do sol entre os cumes das montanhas quase fazia valer a pena sair da cama naquelas horas cruéis. Eu odeio montanhas, mesmo com uma vista espetacular. Mas, às vezes, a aurora que surgia diante dos cumes das colinas atrás de nós, as primeiras faixas estreitas de luz dourada – tais quais espadas cortando a escuridão, seguidas do brilho crescente e dos mares de nuvens rubras estendendo-se a distâncias inconcebíveis – eram um espetáculo que valia a pena assistir, mesmo quando se tinha ficado acordado a noite toda, quando suas pernas estavam dormentes abaixo dos joelhos e quando a única coisa que se tinha em mente era que não haveria nada para comer pelas próximas três horas. Vi o amanhecer com mais frequência durante esta campanha do que durante o resto da minha vida – ou durante a parte que, espero, ainda está por vir.

Havia poucas pessoas nessa posição, o que significava vigílias mais longas e mais frequentes. Eu começava a sofrer um pouco com a falta de sono, algo inevitável mesmo na guerra mais calma. Além das vigílias e patrulhas, havia constantes alarmes noturnos e alertas de prontidão; de qualquer forma, era impossível dormir direito em um buraco horrível no chão com os pés doendo de frio. Nos meus primeiros três ou quatro meses no front, acho que não fiquei mais de uma dúzia de vezes sem dormir por 24 horas ininterruptas; por outro lado, certamente, tampouco tive uma dúzia de noites de sono completo. Vinte ou trinta horas de sono por semana era algo absolutamente normal. Os efeitos de tal vigília não eram tão ruins quanto se poderia esperar: ficávamos muito estúpidos, e subir e descer as colinas tornava-se mais difícil – em vez de mais fácil – mas nos sentíamos bem e tínhamos fome o tempo todo. Céus, como tínhamos fome! Qualquer comida parecia boa, até os onipresentes feijões que, por fim, passaram a ser odiados em toda a Espanha. Nossa água, o pouco que nos era oferecido, vinha de quilômetros de distância, no lombo de mulas ou de pobres e judiados jumentinhos. Por alguma razão desconhecida, os camponeses de Aragão tratavam muito bem suas mulas, mas maltratavam de forma abominável seus burrinhos. Se um burro se recusasse a andar, era bastante comum chutá-lo nos testículos. A distribuição de velas havia cessado e os fósforos estavam acabando. Os espanhóis nos ensinaram a fazer lamparinas de azeite com uma lata de leite condensado, um pente de balas de cartucho e um trapo de pano. Quando se tinha um pouco de azeite, o que não era frequente, essas coisas produziam uma chama esfumaçada, com a mesma luminosidade de uma vela votiva, o suficiente para encontrar o fuzil na escuridão.

Parecia não haver qualquer esperança de combate real. Quando saímos de Monte Pocero, contei meus cartuchos e descobri que, em quase três semanas, havia disparado apenas três tiros contra o inimigo. Dizem que são necessárias mil balas para matar um homem e, nesse ritmo, levaria 20 anos para matar meu primeiro fascista. Em Monte Oscuro, as linhas estavam mais próximas uma da outra, e disparávamos com mais frequência, mas tenho quase certeza de que não cheguei a acertar ninguém. Na verdade, tanto nesse front quanto nessa fase da guerra a verdadeira arma não era o fuzil, mas o megafone. Incapazes de matar os inimigos, gritávamos com eles. Esse método de guerra é tão extraordinário que precisa ser explicado.

Onde quer que as linhas de frente se encontrassem próximas umas das outras, sempre se ouvia muitos gritos de uma trincheira à outra. Do nosso lado: "*Fascistas... Maricones!*" Do lado dos fascistas: "*Viva España! Viva Franco!*" Ou, quando sabiam que havia ingleses em nossa posição: "Vão para casa, seus ingleses! Não queremos estrangeiros aqui!" Do lado do governo, nas milícias do partido, os gritos de propaganda para minar o moral do inimigo tinham se tornado uma prática regular. Em todas as posições com a distância adequada, os homens, geralmente metralhadores, eram dispensados de seus deveres para gritar, munidos de megafones. Em geral, berravam alguma frase feita, cheia de sentimentos revolucionários, que tentava mostrar aos soldados fascistas que eles eram meros mercenários do capitalismo internacional, que estavam lutando contra sua própria classe etc. etc., incitando-os a se bandear para o nosso lado. Isso era repetido inúmeras vezes por homens que se revezavam no posto, o que, às vezes, adentrava a noite inteira. Não há dúvida de que surtia efeito; todos concordavam que o fluxo de desertores fascistas era em parte causado por essa tática. Se pensarmos bem no assunto, quando algum pobre diabo de vigia – muito provavelmente um sindicalista socialista ou anarquista que fora recrutado contra sua vontade – está congelando em seu posto, o slogan "não lute contra sua própria classe!" repetido diversas vezes em meio à escuridão certamente causará uma bela impressão. Pode ser justamente a diferença entre desertar e não desertar. É claro que tal procedimento não se encaixaria na concepção inglesa de guerra. Admito que fiquei espantado e escandalizado a primeira vez que vi fazerem isso. Mas que ideia, tentar converter seu inimigo em vez de atirar nele! Agora acredito que era uma manobra legítima, não importa de que ponto de vista. Na guerra de trincheiras comum, quando não há artilharia, é extremamente difícil infligir baixas ao inimigo sem recebê-las em igual número. Se é possível imobilizar um certo número de homens fazendo-os desertar, tanto melhor; além do mais, os desertores são muito mais úteis do que cadáveres, pois são fonte de informações. Mas, no início, essa tática nos desanimou; ficamos com a sensação de que os espanhóis não estavam levando a guerra suficientemente a sério. O homem que ficava gritando na posição do PSUC à nossa direita era um artista em seu trabalho. Às vezes, em vez de gritar slogans revolucionários, ele simplesmente dizia aos fascistas o quanto estávamos melhor alimentados do que eles. Seu relato a respeito das rações do governo era um tanto quanto criativo: "Torradas com manteiga!" Podíamos ouvir sua voz ecoando pelo vale vazio. "Só ficamos aqui sentados comendo torradas com manteiga! Deliciosas fatias de torrada com manteiga!" Tenho certeza de que, assim como nós, ele não via manteiga fazia semanas ou meses, mas, em meio à noite congelante, o anúncio de torradas com manteiga provavelmente deixou muitos fascistas com água na boca. Até mesmo eu comecei a salivar, embora soubesse que ele estava mentindo.

Certo dia, em fevereiro, vimos um avião fascista se aproximando. Como de costume, uma metralhadora foi arrastada para o ar livre e seu cano engatilhado, e todos se deitaram de costas para mirar melhor. Não valia a pena bombardear nossas posições isoladas e, via de regra, os poucos aviões fascistas que passavam por nosso caminho voavam em círculos para evitar os disparos de metralhadora. Desta vez o avião passou acima de nós em linha reta, alto demais para valer a pena atirar, e dele não partiram bombas, mas coisas brancas brilhantes, que giravam no ar. Algumas dessas coisas flutuaram até nossa posição. Eram exemplares de um jornal fascista, o *Heraldo de Aragón*[18], anunciando a queda de Málaga.

Naquela noite, os fascistas tentaram uma espécie de ataque frustrado. Eu começava a pegar no sono, já meio adormecido, quando ouvi uma forte torrente de balas no alto e alguém gritando na trincheira:

— Estão atacando! - Peguei meu fuzil e deslizei até meu posto, no topo da posição, ao lado da metralhadora. A escuridão era total e fazia uma barulheira dos diabos. O fogo de provavelmente cinco metralhadoras caía sobre nós, e houve uma série de fortes estrondos causados pelos fascistas, que jogavam bombas de suas próprias trincheiras, uma manobra das mais

---

18 "Arauto de Aragão", em espanhol. (N. do T.)

estúpidas. O breu era completo. Lá embaixo, no vale à nossa esquerda, pude ver o clarão esverdeado de fuzis onde um pequeno grupo de fascistas, provavelmente uma patrulha, atacava. As balas voavam ao nosso redor na escuridão, bang, crash, bum. Alguns projéteis passavam assobiando, mas não caíram perto de nós e (como era comum nessa guerra) a maioria não chegou a explodir. Passei por maus bocados quando outra metralhadora abriu fogo do alto do morro atrás de nós – na verdade, era uma arma que começara a disparar em nosso apoio, mas, naquele instante, parecia que estávamos cercados. Não demorou muito para nossa própria metralhadora emperrar, como sempre acontecia com aqueles cartuchos ruins, e a haste de limpeza do cano se perdeu em meio à escuridão impenetrável. Aparentemente, não havia nada que se pudesse fazer a não ser ficar parado, à espera de levar um tiro. Os metralhadores espanhóis desistiram de se esconder; na verdade, começaram a se expor deliberadamente, então tive de fazer o mesmo. Por mais insignificante que tudo aquilo tenha sido, a experiência foi muito interessante. Era a primeira vez que eu estivera sob fogo cruzado de verdade e, para minha humilhação, fiquei completamente apavorado. Mas percebi que todos sentem o mesmo sob fogo pesado – o medo maior não é de ser atingido, e sim de não saber por onde entrará o tiro. Ficamos o tempo todo nos perguntando onde a bala vai nos atingir, o que dá a todo o nosso corpo uma espécie de sensibilidade muito desagradável.

Depois de uma ou duas horas, os tiros diminuíram e cessaram de vez. Nesse meio tempo, tivemos apenas uma baixa. Os fascistas tinham avançado com algumas metralhadoras no terreno neutro, mas mantiveram uma distância segura e não fizeram nenhuma tentativa de invadir nossa coluna. Na verdade, não estavam atacando, apenas desperdiçando cartuchos e fazendo barulho para comemorar a queda de Málaga. Para mim, o mais importante de tal episódio foi ter aprendido a ler as notícias da guerra nos jornais com um olhar mais incrédulo. Um ou dois dias depois, os jornais e o rádio publicaram notícias de um tremendo ataque com cavalaria e tanques (em uma encosta vertical!), que fora repelido pelos heroicos ingleses.

Quando os fascistas nos disseram que Málaga havia caído, pensamos que estavam mentindo, mas, no dia seguinte, surgiram rumores mais convincentes e, provavelmente um ou dois dias depois a derrota foi confirmada oficialmente. Aos poucos, ficamos sabendo de toda a infame história – de como a cidade fora evacuada sem o disparar de um tiro, de como a fúria dos italianos recaiu não sobre as tropas, que fugiram, mas sobre a miserável população civil, incluindo habitantes que foram perseguidos por mais de cento e cinquenta quilômetros para, por fim, serem metralhados. A notícia causou um certo calafrio em toda a linha, pois, qualquer que fosse a verdade, todos os homens da milícia acreditavam que a perda de Málaga se devia a alguma traição. Era a primeira vez que se ouvia falar em traição ou em objetivos divergentes. Saber disso suscitou as primeiras dúvidas, ainda vagas, em minha mente. Até então, tanto os acertos quanto os erros dessa guerra me pareciam de uma simplicidade extremamente encantadora.

Em meados de fevereiro, saímos de Monte Oscuro e fomos enviados, junto com todas as tropas do Poum que estavam no mesmo setor, para fazer parte do exército que sitiava Huesca. Era uma viagem de caminhão de oitenta quilômetros pela planície em meio ao inverno, com vinhas podadas ainda sem brotar e folhas de cevada despontando lentamente no solo irregular. A quatro quilômetros de nossas novas trincheiras, Huesca cintilava, pequena e clara como uma cidade de casas de bonecas. Meses antes, quando Sietamo fora tomada, o general que comandava as tropas do governo havia dito alegremente:

— Amanhã tomaremos café em Huesca. – Logo ficou claro que ele se enganara. Houve uma série de ataques sangrentos, mas a cidade não caiu, e a frase "amanhã tomaremos café em Huesca" tornou-se uma grande piada para todo o Exército. Se algum dia eu voltar à Espanha, farei questão de tomar um café em Huesca.

5

Até o final de março, nada – praticamente nada, literalmente – aconteceu no lado oriental de Huesca. Estávamos a 1.200 metros do inimigo. Quando os fascistas foram obrigados a se abrigar em Huesca, as tropas do

Exército Republicano que detinham essa seção do front não foram exatamente zelosas em seu avanço, de modo que a linha formara uma espécie de bolsão. Mais tarde, teriam de avançar por ali – uma missão complexa, sob fogo cerrado –, mas naquele instante tanto fazia se o inimigo estava ali ou não: nossa única preocupação era nos aquecer e conseguir o suficiente para comer. Na verdade, há coisas desse período que me interessaram muito, e descreverei algumas delas mais tarde. Mas tentarei me ater à ordem cronológica dos acontecimentos para dar conta de relatar a situação política interna do lado governista.

No início, eu ignorara o lado político da guerra, e foi só nesse momento que ele começou a chamar minha atenção. Se você não estiver interessado nos horrores da política partidária, por favor, pule esta parte; estou tentando manter as partes políticas desta narrativa em capítulos separados precisamente com esse objetivo. Mas, ao mesmo tempo, seria impossível escrever sobre a guerra espanhola de um ângulo puramente militar. O conflito foi, acima de tudo, político. Nenhum evento nele, pelo menos durante o primeiro ano, é inteligível a menos que se tenha alguma noção da luta interpartidária que estava acontecendo por trás das linhas do governo.

Quando cheguei à Espanha, e por algum tempo depois disso, não só não tinha interesse na situação política, como também a ignorava. Eu sabia que havia uma guerra, mas não fazia ideia de que tipo de guerra. Se me perguntassem por que me alistara na milícia, eu teria respondido "lutar contra o fascismo" e, se me perguntassem por que causa estava lutando, eu teria respondido "por uma questão de dignidade". Eu aceitara as versões do *News Chronicle*[19] e do *New Statesman*[20] de que a guerra era a defesa da civilização contra um surto fanático de um exército de Coronéis Blimp[21] a mando de Hitler. A atmosfera revolucionária de Barcelona me atraiu profundamente, mas não tentei entendê-la. Quanto ao caleidoscópio de partidos políticos e sindicatos, com seus nomes cansativos – PSUC, Poum, FAI, CNT, UGT,

---

19 Jornal britânico fundado em 1930 e publicado até 1960, quando foi comprado pelo concorrente *Daily Mail*. (N. do T.)
20 *New Statesman* é uma revista semanal britânica de conteúdo político. Fundada em 1913, continua a ser publicada até hoje. (N. do T.)
21 Coronel Blimp é um personagem britânico de tiras em quadrinhos, criado pelo cartunista David Low (1891-1963) em abril de 1934. (N. do T.)

JCI, JSU, AIT[22] –, eles apenas me irritavam. À primeira vista, parecia que a Espanha sofria de uma praga de iniciais. Eu sabia que estava servindo a algo chamado Poum (eu me juntara à milícia do Poum e não a qualquer outra simplesmente porque cheguei a Barcelona com documentos do ILP[23]), mas não percebi que havia sérias diferenças entre os partidos políticos. Em Monte Pocero, quando apontaram para a posição à nossa esquerda e disseram "aqueles são socialistas" (ou seja, o PSUC), fiquei intrigado e perguntei: "Não somos todos socialistas?" Achei extremamente estúpido que pessoas lutando por sua vida devessem estar em partidos separados. Minha atitude sempre foi a de que deveríamos deixar de lado toda essa bobagem política e continuar com a guerra. Essa, é claro, era a conduta "antifascista" correta, que fora cuidadosamente divulgada pelos jornais ingleses, em grande parte para evitar que as pessoas compreendessem a verdadeira natureza dos combates. Mas, na Espanha, e especialmente na Catalunha, era uma prática que ninguém conseguiria manter indefinidamente. Todos, ainda que a contragosto, tiveram de tomar partido mais cedo ou mais tarde. Pois mesmo que alguém não se importasse com os partidos políticos e seus "ideais" conflitantes, era óbvio que seu próprio destino estava envolvido. Como milicianos, éramos soldados contra Franco, mas também peões em uma enorme luta que se travava entre duas teorias políticas. Quando saía à procura de lenha nas encostas das montanhas – e me perguntava se aquilo era realmente uma guerra ou se o *News Chronicle* a havia inventado –, quando me esquivava das metralhadoras comunistas nos levantes de Barcelona e quando finalmente fugi da Espanha com a polícia nos meus calcanhares, tudo isso acontecera comigo dessa maneira particular porque eu servia na milícia do Poum e não na do PSUC, tamanha era a diferença entre duas siglas!

Para entender o alinhamento do lado do governo, é preciso lembrar como a guerra começou. Quando os combates eclodiram em 18 de julho, é provável que todos os antifascistas na Europa tenham sentido uma ponta de esperança. Pois nesse instante, aparentemente, finalmente a democracia

---

22 Respectivamente, em português: Partido Socialista Unificado da Catalunha, Partido Operário de Unificação Marxista, Federação Anarquista Ibérica, Confederação Nacional do Trabalho, União Geral dos Trabalhadores, Juventude Comunista Ibérica, Juventude Socialista Unificada e Associação Internacional dos Trabalhadores. (N. do T.)
23 O Poum era um braço espanhol do britânico ILP *(Independent Labour Party)*. (N. do T.)

enfrentava o fascismo. Durante anos, os países ditos democráticos vinham se rendendo ao fascismo, pouco a pouco. Os japoneses puderam fazer o que queriam na Manchúria. Hitler chegou ao poder e passou a massacrar oponentes políticos de todos os tipos. Mussolini havia bombardeado os abissínios enquanto cinquenta e três nações (acho que eram cinquenta e três) apenas sussurravam sua compaixão. Mas, quando Franco tentou derrubar um governo levemente de esquerda, o povo espanhol – contra todas as expectativas – levantou-se contra ele. Parecia – e possivelmente tenha sido – a mudança da maré.

Mas havia vários pontos que escapavam à atenção de todos. Para começar, Franco não era, a rigor, comparável a Hitler ou Mussolini. Sua insurreição foi um motim militar apoiado pela aristocracia e pela Igreja e, principalmente – em especial no início – mostrou-se muito mais uma tentativa de restaurar o feudalismo do que de impor o fascismo. O que significava que Franco tinha contra si não apenas a classe trabalhadora, mas também vários setores da burguesia liberal – as mesmas pessoas que apoiam o fascismo quando ele surge com um formato mais moderno. Mais importante do que tudo isso era o fato de que a classe trabalhadora espanhola não resistira a Franco – como poderia ter acontecido na Inglaterra – em nome da "democracia" e do "*status quo*": sua resistência foi definitivamente acompanhada, e poderíamos até mesmo dizer que se constituiu, de um surto revolucionário. A terra foi tomada pelos camponeses, muitas fábricas e a maior parte do transporte foram confiscados pelos sindicatos, igrejas foram destruídas e os padres expulsos ou mortos. O *Daily Mail*, em meio aos aplausos do clero católico, conseguiu representar Franco como um patriota libertando seu país de hordas de diabólicos "vermelhos".

Nos primeiros meses da guerra, os verdadeiros oponentes de Franco eram os sindicatos, muito mais do que o governo. Assim que o levante estourou, os trabalhadores organizados da cidade responderam convocando uma greve geral e exigindo armas dos arsenais públicos – conseguidas mais tarde, depois de muito esforço. Se não tivessem agido de forma espontânea e mais ou menos independente, é bem possível que não tivesse havido qualquer resistência a Franco. É claro que não se pode afirmar tal coisa com plena certeza, mas existem, pelo menos, motivos para se pensar assim. O governo não fizera quase nada para impedir a insurreição, que já estava prevista havia muito tempo e, quando a confusão começou, sua reação foi fraca e hesitante, a tal ponto que a Espanha chegou a ter três primeiros-ministros em um único dia[24]. Além disso, o único passo que poderia salvar a situação de forma imediata, o armamento dos trabalhadores, só foi dado a contragosto e em resposta ao violento clamor popular. De qualquer forma, as armas acabaram sendo distribuídas e, nas grandes cidades do leste da Espanha, os fascistas foram derrotados depois de um esforço enorme, principalmente da classe trabalhadora, auxiliada por algumas das Forças Armadas (tropas de choque etc.) que permaneceram leais. Fora o tipo de esforço que provavelmente só poderia ter sido feito por pessoas que lutavam com algum propósito revolucionário – ou seja, que acreditavam estar lutando por algo melhor do que apenas o *status quo*. Nos vários focos da revolta, pensa-se que 3 mil pessoas morreram nas ruas em um único dia. Homens e mulheres armados apenas com bananas de dinamite corriam pelas praças e invadiam prédios guardados por soldados treinados com metralhadoras. Os refúgios dos metralhadores que os fascistas haviam colocado em pontos estratégicos foram destruídos por táxis que se lançavam contra eles a cem quilômetros por hora. Mesmo que ninguém tivesse ouvido falar da retomada da terra pelos camponeses, da criação de sovietes locais etc., seria difícil acreditar que os anarquistas e socialistas que formavam a espinha dorsal da resistência fossem capazes desse tipo de coisa para preservar a democracia capitalista, que, especialmente na visão anarquista, não passava de uma máquina instaurada de enganação.

Enquanto isso, os trabalhadores tinham armas nas mãos e, nesta fase, se negaram a devolvê-las. (Mesmo um ano depois, calculava-se que os anarco-sindicalistas na Catalunha possuíam cerca de 30 mil fuzis.) As propriedades dos grandes latifundiários pró-fascistas foram, em várias localidades, tomadas pelos camponeses. Juntamente com a coletivização da indústria e do transporte, tentou-se estabelecer o rudimento de um governo operário por meio de comitês locais, patrulhas operárias em substituição às velhas forças policiais pró-capitalistas, milícias operárias baseadas nos sindicatos e assim por diante. É claro que o processo não foi uniforme, aprofundando-se muito mais na Catalunha do que em qualquer outro lugar. Houve regiões onde as instituições do governo local permaneceram quase intocadas e outras onde

---

24 Quiroga, Barrios e Giral. Os dois primeiros recusaram-se a distribuir armas aos sindicatos. (N. do A.)

coexistiam lado a lado com os comitês revolucionários. Em alguns lugares, foram estabelecidos municípios anarquistas independentes, e alguns deles assim permaneceram até cerca de um ano depois, quando foram suprimidos à força pelo governo. Na Catalunha, durante os primeiros meses, a maior parte do poder de verdade estava nas mãos dos anarco-sindicalistas, que controlavam a maioria das principais indústrias. O que aconteceu na Espanha foi, de fato, não apenas uma guerra civil, mas o início de uma revolução. E é tal fato que a imprensa antifascista fora da Espanha tentava de maneira particular esconder. A questão havia sido reduzida a "fascismo versus democracia" e o aspecto revolucionário foi dissimulado o máximo possível. Na Inglaterra, onde a imprensa é mais centralizada e o público mais facilmente enganado do que em qualquer outro lugar, apenas duas versões da guerra espanhola tiveram alguma notoriedade: a versão da direita, com patriotas cristãos versus bolcheviques sedentos de sangue, e a versão da esquerda, com cavalheiros republicanos reprimindo uma revolta militar. A questão central foi muito bem encoberta.

Havia várias razões para isso. Para começar, mentiras aterradoras sobre atrocidades eram divulgadas pela imprensa pró-fascista, e propagandistas bem-intencionados, sem dúvida, pensavam estar ajudando o governo espanhol ao negar que a Espanha "se tornara vermelha". Mas a principal razão era que, à exceção dos pequenos grupos revolucionários que existem em tudo que é país, o mundo inteiro estava determinado a impedir a revolução na Espanha. Especialmente o Partido Comunista, com a Rússia soviética na sua retaguarda, lançara-se com toda a força contra a revolução. Os comunistas insistiam na tese de que a revolução, nesta fase, seria fatal, e que o objetivo na Espanha não era o controle operário, mas a democracia burguesa. Não é preciso sequer dizer o porquê de a opinião capitalista "liberal" ter seguido a mesma linha. Havia fortes investimentos de capital estrangeiro na Espanha. A Barcelona Traction Company, por exemplo, possuía 10 milhões em capital britânico, e os sindicatos, nesse meio-tempo, tinham se apoderado de todo o setor de transporte da Catalunha. Se a revolução avançasse, haveria pouquíssima ou nenhuma compensação financeira; se a república capitalista prevalecesse, os investimentos estrangeiros estariam seguros. E, como a revolução precisava ser esmagada, era muito mais simples fingir que não acontecera nenhuma revolução. Assim, o que cada evento da guerra realmente significava poderia ser facilmente encoberto; cada transferência de poder dos sindicatos para o governo central poderia ser exibida como um passo fundamental rumo à reorganização militar. A situação criada era extremamente interessante: fora da Espanha, poucas pessoas compreendiam que se operava uma revolução; dentro do país, ninguém duvidava dela. Até mesmo os jornais do PSUC, controlados pelos comunistas e de certa forma comprometidos com uma política antirrevolucionária, falavam da "nossa gloriosa revolução". Enquanto isso, a imprensa comunista dos países estrangeiros gritava aos quatro cantos que não havia nenhum sinal de revolução. A tomada das fábricas, a criação de comitês de trabalhadores etc. nunca aconteceram – ou, então, efetivamente tinham ocorrido, mas não "tinham qualquer importância política". Segundo o jornal *Daily Worker* de 6 de agosto de 1936, aqueles que afirmavam que o povo espanhol lutava por uma revolução social, ou por qualquer outra coisa que não fosse a democracia burguesa, eram "canalhas absolutamente mentirosos". Por outro lado, Juan Lopez, membro do governo da região de Valência, declarou em fevereiro de 1937 que "o povo espanhol está derramando seu sangue, não por uma república democrática e sua Constituição de papel, mas por... uma revolução". Então, parece que os canalhas absolutamente mentirosos incluíam membros do governo pelo qual havíamos sidos chamados a lutar. Alguns dos jornais antifascistas estrangeiros chegaram mesmo a reproduzir a lastimável mentira de que as igrejas só eram atacadas quando usadas como fortalezas fascistas. Na verdade, as igrejas foram saqueadas em todos os lugares e da forma mais natural possível, já que todos compreendiam perfeitamente que a Igreja espanhola fazia parte da máfia capitalista. Em seis meses na Espanha, vi apenas duas igrejas intactas e, até cerca de julho de 1937, nenhuma igreja fora autorizada a reabrir e realizar cultos, exceto uma ou duas igrejas protestantes em Madri.

Mas, afinal, tudo aquilo era apenas o começo de uma revolução, não a coisa completa. Mesmo quando os trabalhadores, certamente na Catalunha e possivelmente em outros lugares, tinham o poder de fazê-lo, não derrubaram ou substituíram completamente o governo. Obviamente, não poderiam fazê-lo, já que Franco estava a ponto de atacá-los e setores da classe média ainda estavam do lado dele. O país encontrava-se em um estado de transição, capaz tanto de tomar o rumo do socialismo quanto de retornar a uma república capitalista comum. Os camponeses tinham a maior parte da terra e provavelmente a manteriam para si, a menos que Franco vencesse; todas as grandes indústrias foram coletivizadas, mas, se permaneceriam assim ou se o capitalismo seria reintroduzido, isso dependeria de quem finalmente retomasse o poder. No início, tanto o governo central quanto a *Generalitat de Catalunya* (o governo catalão semiautônomo) poderiam definitivamente representar a classe trabalhadora. O governo era chefiado por Caballero[25], um socialista, e continha ministros representando a UGT (formado por sindicatos socialistas) e a CNT (dos sindicatos controlados pelos anarquistas). Por um tempo, a *Generalitat de Catalunya* foi substituída por um comitê de defesa antifascista[26], composto principalmente por representantes dos sindicatos. Mais tarde, o comitê de defesa foi dissolvido e a *Generalitat* foi reconstituída para representar os sindicatos e os vários partidos de esquerda. Mas cada reorganização subsequente do governo era um movimento à direita. Primeiramente, o Poum foi expulso da *Generalitat*; seis meses depois, Caballero foi substituído pelo socialista com tendências direitistas Negrín[27]; logo depois, a CNT foi expulsa do governo, seguida pela UGT; então, a CNT foi expulsa da *Generalitat*; por fim, um ano após a eclosão da guerra e da revolução, apenas restava um governo composto inteiramente por "socialistas de direita", liberais e comunistas.

A virada completa à direita data de outubro/novembro de 1936, quando a União Soviética começou a fornecer armas ao governo, e o poder começou a passar dos anarquistas para os comunistas. Com exceção da Rússia e do México, nenhum país teve a decência de socorrer o governo, e o México, por razões óbvias, não podia fornecer armas em grandes quantidades. Consequentemente, os russos estavam em posição de ditar os próprios termos. Quase ninguém duvida de que tais termos eram, em essência, "impeçam a revolução ou não terão armas" e que o primeiro passo contra os revolucionários, a expulsão do Poum da *Generalitat* catalã, fora uma ordem da União

---

25 Francisco Largo Caballero (1869-1946) foi um político espanhol que ocupou o lugar de presidente do governo central da Espanha entre 1936 e 1937. (N. do T.)
26 Comité Central de Milícias Antifascistas. Os representantes eram escolhidos proporcionalmente à adesão de suas organizações. Havia nove representantes dos sindicatos, três dos partidos liberais catalães e dois dos vários partidos marxistas (POUM, comunistas e outros). (N. do A.)
27 Juan Negrín López (1892-1956) foi um político espanhol que ocupou os cargos de presidente da Espanha de 1937 a 1939 e de presidente do governo republicano no exílio até 1945. (N. do T.)

Soviética. Negou-se veementemente que o governo russo tenha exercido qualquer pressão direta para tal, mas isso não tem a mínima importância, já que os partidos comunistas de todos os países eram considerados meros executores da doutrina russa, e ninguém nega que o Partido Comunista foi o principal responsável de uma política antirrevolucionária, agindo primeiramente contra o Poum, depois contra os anarquistas e, por fim, contra os socialistas leais a Caballero. Assim que a União Soviética interviesse, o triunfo do Partido Comunista estaria assegurado.

Para começar, a gratidão à Rússia pelas armas e o fato de o Partido Comunista – especialmente desde a chegada das brigadas internacionais – parecer ser capaz de vencer a guerra elevaram imensamente o prestígio dos comunistas. Em segundo lugar, as armas russas foram fornecidas através do Partido Comunista e de seus partidos aliados, que fizeram o possível para que o menor número delas chegasse aos adversários políticos[28]. Em terceiro lugar, ao proclamar uma doutrina não revolucionária, os comunistas conseguiram agrupar ao seu redor todos aqueles a quem os extremistas tinham assustado. Por exemplo, era muito fácil reunir os camponeses mais ricos contra a política de coletivização dos anarquistas. Houve um enorme crescimento no número de membros do partido, e o afluxo era em grande parte da classe média – lojistas, funcionários, oficiais do Exército, camponeses abastados etc. etc. A guerra foi, essencialmente, um conflito entre três forças distintas. A luta contra Franco tinha de continuar, mas, ao mesmo tempo, o objetivo do governo era recuperar o poder que ainda estava nas mãos dos sindicatos, o que era feito através de uma série de pequenas manobras – uma política às alfinetadas, como alguém a chamou –, no geral, muito inteligentes. Não houve movimento contrarrevolucionário geral declarado e, até maio de 1937, quase não foi necessário usar a força. Os operários sempre podiam ser subjugados por um argumento que é quase óbvio demais para se dizer: "A menos que se faça isto, isso e aquilo, perderemos a guerra". Acredito que não precisaria repetir, mas, de qualquer forma, parecia que o que diziam ser a causa de uma intervenção militar era a possibilidade de entregar aos

---

28 É justamente por isso que havia tão poucas armas russas no front de Aragão, onde as tropas eram predominantemente anarquistas. Até abril de 1937, a única arma russa que vi – à exceção de alguns aviões que podem ou não ter sido russos – foi uma submetralhadora. (N. do A.)

trabalhadores algo que eles mesmos já haviam conquistado em 1936. Esse argumento dificilmente falharia, já que perder a guerra era a última coisa que os partidos revolucionários queriam; se perdessem a guerra, os conceitos de democracia, revolução, socialismo e anarquismo se tornariam completamente sem sentido. Os anarquistas – o único partido revolucionário suficientemente grande para ter importância – foram obrigados a ceder um direito adquirido atrás do outro. O processo de coletivização foi controlado, os comitês locais foram eliminados, as patrulhas operárias abolidas e as forças policiais do pré-guerra, amplamente reforçadas e fortemente armadas, restauradas. Além disso, várias indústrias-chave que estavam sob o controle dos sindicatos foram empossadas pelo governo (a apreensão da Central Telefônica de Barcelona, que levou aos combates de maio, acabou sendo um dos incidentes deste processo). Finalmente, o mais importante de tudo, as milícias operárias, baseadas nos sindicatos, foram gradualmente desmembradas e redistribuídas entre o novo Exército Popular, um exército "apolítico" com uma doutrina "semiburguesa", salários escalonados, uma casta de oficiais privilegiados etc. Nas circunstâncias especiais do momento que se vivia, esse foi o passo realmente decisivo, acontecendo na Catalunha mais tarde do que em qualquer outra região, já que era lá que os partidos revolucionários se mostravam mais fortes. Obviamente, a única garantia que os trabalhadores teriam para reter seus ganhos era mantendo algumas das Forças Armadas sob seu próprio controle. Como de costume, o desmembramento das milícias foi feito em nome da eficiência militar; e ninguém negou que era necessária uma reorganização militar completa. No entanto, teria sido perfeitamente possível reorganizar as milícias e torná-las mais eficientes mantendo-as sob o controle direto dos sindicatos – o principal objetivo da mudança era garantir que os anarquistas não tivessem um exército próprio. Além disso, o espírito democrático das milícias fez delas um terreno fértil para ideias revolucionárias. Os comunistas estavam bem cientes disso e atacaram incessante e amargamente o Poum e o princípio anarquista de igualdade salarial para todos os níveis hierárquicos. Estava ocorrendo um "aburguesamento" geral, uma destruição deliberada do espírito igualitário dos primeiros meses da revolução. Tudo aconteceu tão rapidamente que as pessoas que visitavam a Espanha no intervalo de alguns meses declaravam não parecer visitar o mesmo país: o que, na superfície e por um breve instante, aparentava ser um Estado operário começava a se transformar diante dos olhos em uma república burguesa comum com a divisão normal entre ricos e pobres. No outono de 1937, o "socialista" Negrín declarava em discursos públicos que "se respeitava a propriedade privada", e os membros das Cortes que, no início da guerra, tiveram de fugir do país por causa de suspeitas de simpatizar com o fascismo estavam voltando para a Espanha.

Todo o processo é fácil de entender se lembrarmos de sua origem na aliança temporária que o fascismo, em certos aspectos, impôs ao burguês e ao trabalhador. Essa aliança, conhecida como Frente Popular, era essencialmente um pacto de inimigos e parecia provável que fosse terminar com um dos aliados engolindo o outro. A única característica inesperada da situação espanhola – e que, fora da Espanha, tem causado uma quantidade enorme de equívocos – é que, entre os partidos do lado do governo, os comunistas não estavam na extrema esquerda, mas na extrema direita. Na realidade, isso não deveria causar surpresa, já que as táticas do Partido Comunista em outros lugares, especialmente na França, deixaram claro que o comunismo oficial deva ser considerado, pelo menos por enquanto, como uma força antirrevolucionária. Toda a política do Comintern está agora subordinada (o que é perdoável, dada a situação mundial) à defesa da União Soviética, que depende de um sistema de alianças militares. Em particular, a União Soviética aliou-se à França, um país capitalista-imperialista. A aliança é de pouca utilidade para a Rússia, a menos que o capitalismo francês se mantenha forte – e, por isso, a política comunista na França tem de ser antirrevolucionária. Isso significa não apenas que os comunistas franceses agora marcham diante da bandeira republicana e cantam a *Marseillaise*, mas, o que é mais importante, que tiveram de abandonar todas as revoltas efetivas nas colônias francesas. Faz menos de três anos que Thorez[29], o secretário-geral do Partido Comunista Francês, declarou que os trabalhadores franceses nunca seriam enganados a ponto de lutar contra seus camaradas alemães[30]; agora ele tornou-se um dos patriotas mais efusivos da França. A chave para o comportamento do Partido Comunista em qualquer país é a relação militar desse país, efetiva ou potencial, com a União Soviética. Na Inglaterra,

---

29 Maurice Thorez (1900-1964) foi um político francês e líder do Partido Comunista da França de 1930 até sua morte. (N. do T.)
30 Na Assembleia Nacional, em março de 1935. (N. do A.)

por exemplo, a posição do partido ainda é incerta e, consequentemente, o Partido Comunista Inglês ainda se mostra hostil ao governo central e ostensivamente contrário ao rearmamento. Se, no entanto, a Grã-Bretanha entrar em uma aliança ou entendimento militar com a União Soviética, o PC inglês, assim como o francês, não terá outra escolha além de mostrar-se bom patriota e imperialista; já há sinais que indicam tal cenário. Na Espanha, a "diretriz" comunista foi indubitavelmente influenciada pelo fato de que a França, aliada da Rússia, se oporia fortemente a um vizinho revolucionário e moveria céus e terras para impedir a libertação do Marrocos espanhol. O *Daily Mail*, com suas histórias de revoluções vermelhas financiadas por Moscou, mostrou-se ainda mais equivocado que de costume. Na realidade, foram os comunistas, acima de quaisquer outros agentes, que impediram a revolução na Espanha. Mais tarde, quando as forças de direita estavam no controle total, os comunistas mostraram-se dispostos a ir muito mais longe do que os liberais na caça aos líderes revolucionários[31].

Tentei esboçar a trajetória geral da Revolução Espanhola durante seu primeiro ano, pois isso facilitará a compreensão da situação em qualquer momento do conflito. Mas não quero sugerir que, em fevereiro, tivesse as opiniões que estão implícitas no que disse acima. Para começar, as coisas que elucidaram melhor a situação para mim ainda não haviam acontecido e, de certa forma, minhas inclinações eram bastante diferentes do que são agora. Em parte, essa mudança ocorreu porque o lado político da guerra me entediava e naturalmente reagia contra o ponto de vista que mais ouvia – ou seja, o ponto de vista do Poum e do ILP. Os ingleses – entre os quais, eu mesmo – eram, em sua maioria, membros do ILP, com alguns poucos membros do Partido Comunista em seu meio, a maioria muito mais educada politicamente do que eu. Por semanas a fio, durante o monótono período de tempo em que nada acontecia ao redor de Huesca, vi-me no meio de uma discussão política que parecia nunca terminar. No fétido celeiro da fazenda onde estávamos alojados, na escuridão abafada das trincheiras, atrás da barricada nas horas gélidas da madrugada, começava-se subitamente a debater as "doutrinas"

---

31 Para um relato mais detalhado da interação entre as partes do lado do governo, leiam *The Spanish Cockpit*, de Franz Borkenau. De longe, esse é o livro mais eficaz já publicado sobre a Guerra Civil Espanhola. (N. do A.)

conflitantes do partido, sem parar. Entre os espanhóis, acontecia o mesmo, e a maioria dos jornais que líamos tinha a rixa interpartidária como sua principal característica. Seria preciso ser surdo, ou um imbecil, para não ter uma ideia do que os vários partidos defendiam.

Do ponto de vista da teoria política, havia apenas três partidos que importavam: o PSUC, o Poum e a CNT-FAI, vagamente descrita como "os anarquistas". Vou começar a falar primeiramente do PSUC, já que era o mais importante: foi o partido que finalmente triunfou e, mesmo naquela época, estava visivelmente em ascensão.

É necessário explicar que, quando se fala da "doutrina" do PSUC, na verdade, a referência é a "doutrina" do Partido Comunista. O PSUC (*Partido Socialista Unificado de Cataluña*) era o Partido Socialista da Catalunha, formado no início da guerra pela fusão de vários partidos marxistas, incluindo o Partido Comunista Catalão, mas agora inteiramente sob o controle comunista e filiado à Terceira Internacional. Em outras partes da Espanha, não havia ocorrido nenhuma unificação formal entre socialistas e comunistas, mas os pontos de vista comunista e socialista de direita podiam ser considerados idênticos em todos os pontos. A grosso modo, o PSUC era o órgão político da UGT (União Geral de Trabalhadores), os sindicatos socialistas. Em toda a Espanha, os membros desses sindicatos somavam agora cerca de um milhão e meio de trabalhadores. Muitos deles eram operários, mas, desde a eclosão da guerra, também havia um grande influxo de membros da classe média, pois, nos primeiros dias "revolucionários", pessoas de todos os tipos acharam por bem juntarem-se à UGT ou à CNT. Os dois sindicatos em parte se sobrepunham, mas, dos dois, a CNT era definitivamente uma organização que representava melhor a classe trabalhadora. O PSUC, portanto, era um partido formado em parte por trabalhadores e em parte pela pequena burguesia – lojistas, funcionários públicos e camponeses mais prósperos.

A "linha" do PSUC que se anunciava na imprensa comunista e pró-comunista em todo o mundo era aproximadamente a que segue:

"No momento, nada importa além de vencer a guerra; sem uma vitória na guerra, nada mais fará sentido. Por isso, não é este o momento apropriado para pensarmos em prosseguir com a revolução. Não podemos nos dar o luxo de alienar os camponeses impondo-lhes a coletivização e tampouco podemos assustar as classes médias que lutavam ao nosso lado. Acima de tudo, por uma questão de eficiência, devemos acabar com o caos revolucionário. Precisamos de um governo central forte no lugar dos comitês locais e devemos ter um exército devidamente treinado e totalmente militarizado, sob um comando central. Recorrer a um controle operário segmentado e repetir frases revolucionárias é pior do que inútil, não apenas pode se mostrar prejudicial, mas até mesmo contrarrevolucionário, pois leva a divisões que podem ser usadas contra nós pelos fascistas. Nesta fase, não lutamos pela ditadura do proletariado, mas pela democracia parlamentar. Quem tenta transformar a guerra civil em uma revolução social está fazendo o jogo dos fascistas e é de fato, se não intencionalmente, um traidor".

A "linha" do Poum diferia da doutrina do PSUC em todos os pontos, exceto, é claro, na importância de vencer a guerra. O Poum (Partido Operário de Unificação Marxista) era um dos partidos comunistas dissidentes que surgiram em muitos países, nos últimos anos, como resultado da oposição ao "stalinismo", isto é, à mudança, real ou aparente, da política comunista. Era composto em parte por ex-comunistas e, em parte, por um partido anterior, o Bloco de Trabalhadores e Camponeses. Numericamente, era um partido pequeno[32], com pouca influência fora da Catalunha, mas importante principalmente por conter uma proporção extraordinariamente alta de membros politicamente conscientes. Na Catalunha, seu principal reduto era a cidade de Lérida. Ele não representava nenhum conjunto de sindicatos. Os milicianos do Poum eram majoritariamente membros da CNT, mas os verdadeiros membros do partido geralmente pertenciam à UGT. No entanto, foi apenas na CNT que o Poum obteve alguma influência.

A "linha" do Poum era aproximadamente a seguinte:

"É um absurdo falar em oposição ao fascismo através de uma 'democracia' burguesa. A 'democracia' burguesa é apenas outro nome para o capitalismo, assim como o fascismo; lutar contra o fascismo em nome da 'democracia' é lutar contra uma primeira forma de capitalismo em nome de uma segunda, que pode acabar por se transformar na primeira a qualquer momento.

---

32 Somavam-se 10 mil membros do Poum em julho de 1936, 70 mil em dezembro de 1936 e 40 mil em junho de 1937. Esses números vêm de fontes oficiais do Poum, e uma estimativa inimiga provavelmente os dividiria por quatro. A única coisa que se pode dizer com certeza sobre a filiação dos partidos políticos espanhóis é que cada partido superestima os próprios números. (N. do A.)

A única alternativa real ao fascismo é o controle por parte dos trabalhadores. Se almejarmos um objetivo menor do que esse, ou entregaremos a vitória a Franco ou, na melhor das hipóteses, deixaremos o fascismo se estabelecer entrando pela porta dos fundos. Nesse meio-tempo, os trabalhadores devem agarrar-se a cada vitória que conquistaram; se cederem qualquer coisa ao governo semiburguês, podem ter certeza de que serão traídos. As milícias e as forças policiais operárias devem ser preservadas em sua forma atual e deve-se resistir a todo esforço para 'aburguesá-las'. Se os trabalhadores não controlarem as forças armadas, as forças armadas controlarão os trabalhadores. A guerra e a revolução são inseparáveis".

O ponto de vista anarquista é mais difícil de definir. Em qualquer caso, o termo vago "anarquistas" é usado para abranger uma multidão de pessoas de opiniões muito variadas. O enorme conjunto de sindicatos que compunha a CNT (Confederação Nacional do Trabalho), com cerca de 2 milhões de membros ao todo, tinha como órgão político a FAI (Federação Anarquista Ibérica), uma organização anarquista de verdade. Mas até mesmo os membros da FAI, embora influenciados pela filosofia anarquista – como talvez ocorresse com a maioria dos espanhóis –, não eram necessariamente anarquistas em seu sentido mais puro. Especialmente desde o início da guerra, eles se moveram mais na direção do socialismo comum, pois as circunstâncias os forçavam a participar da administração centralizada e até mesmo a ir contra todos os seus princípios, entrando no governo. No entanto, eles diferiam fundamentalmente dos comunistas na medida em que, assim como o Poum, visavam o controle operário e não uma democracia parlamentar. Aceitaram o slogan do Poum, "a guerra e a revolução são inseparáveis", embora fossem menos dogmáticos a esse respeito. De uma maneira geral, a CNT e a FAI defendiam: (1) controle direto dos trabalhadores sobre os ramos da indústria em que trabalham, como no caso dos transportes, das tecelagens etc.; (2) governo exercido por comitês locais e resistência a todas as formas de autoritarismo centralizado; (3) hostilidade inflexível tanto contra a burguesia quanto contra a Igreja. O último ponto, embora o menos preciso, era o mais importante. Os anarquistas eram o oposto da maioria dos chamados revolucionários, tanto que, embora seus princípios fossem bastante vagos, seu ódio ao privilégio e à injustiça era perfeitamente genuíno. Filosoficamente, comunismo e anarquismo estão em polos opostos. Na prática – ou seja, em relação à forma de sociedade visada –, a diferença se dava apenas no que cada um enfatizava, mas mesmo assim o todo parecia bastante irreconciliável. A ênfase dos comunistas era na centralização e na eficiência, enquanto os anarquistas enfatizavam a liberdade e a igualdade. O anarquismo está profundamente enraizado na Espanha e provavelmente sobreviverá ao comunismo quando a influência russa desaparecer. Durante os dois primeiros meses da guerra, os anarquistas foram os maiores responsáveis por salvar toda aquela situação; mais tarde, os milicianos anarquistas, apesar de sua indisciplina, mostraram-se os melhores combatentes entre as forças puramente espanholas. De fevereiro de 1937 em diante, os anarquistas e o Poum puderam, até certo ponto, unir-se. Se os anarquistas, o Poum e a ala esquerda dos socialistas tivessem tido o bom senso de se juntar desde o início, pressionando por uma política mais realista, toda a história da guerra poderia ter sido diferente. Mas, nos primórdios do conflito, quando os partidos revolucionários pareciam estar com a guerra ganha, isso teria sido impossível. Havia uma história antiga de ciúmes entre os anarquistas e os socialistas. Nesse sentido, os membros do Poum, sendo marxistas, eram céticos em relação ao anarquismo; do ponto de vista anarquista puro, o "trotskismo" do Poum não era muito preferível ao "stalinismo" dos comunistas. No entanto, as táticas comunistas tendiam a unir os dois partidos. Quando o Poum se juntou aos combates desastrosos em Barcelona, em maio, foi principalmente pelo instinto de apoiar a CNT e, mais tarde, quando o Poum foi expulso do governo, os anarquistas foram os únicos que ousaram levantar uma voz em sua defesa.

Então, a grosso modo, era essa a situação do alinhamento de forças. De um lado, a CNT-FAI, o Poum e uma parte dos socialistas defendiam o controle operário; do outro, os socialistas, os liberais e os comunistas de direita defendiam um governo centralizado e um exército militarizado.

É fácil ver por que, nessa época, eu preferia o ponto de vista comunista ao do Poum. Os comunistas tinham uma política prática definida, obviamente melhor do ponto de vista do senso comum, que apenas consegue avistar alguns meses à frente. E, com toda a certeza, a política cotidiana do Poum, sua propaganda e tudo o mais que ela apresentava era indescritivelmente ruim; não fosse assim, eles teriam sido capazes de atrair uma massa maior de seguidores. O que resolvia a questão era que os comunistas – ao menos, assim me parecia –continuavam com a guerra, ao passo que nós e os anarquistas ficávamos parados. Esse era o sentimento geral na época. Os comunistas ganharam poder e um grande número de membros, em parte apelando para as classes médias contra os revolucionários, mas também em parte porque eram os únicos que pareciam ser capazes de vencer a guerra. As armas russas e a magnífica defesa de Madri por tropas sob controle principalmente dos comunistas fizeram deles os heróis da Espanha. Como alguém me disse, todo avião russo que sobrevoava nossas cabeças era propaganda comunista. O purismo revolucionário do Poum – embora eu reconhecesse sua lógica – parecia-me bastante fútil. Afinal, a única coisa que importava era vencer a guerra.

Enquanto isso, havia a diabólica disputa interpartidária que acontecia nos jornais, em panfletos, em cartazes, em livros – praticamente em todos os lugares. Nessa época, os jornais que eu lia com mais frequência eram os do Poum, *La Batalla* e *Adelante,* e suas críticas incessantes contra o "contrarrevolucionário" PSUC pareciam-me arrogantes e cansativas. Mais tarde, quando estudei mais de perto o PSUC e a imprensa comunista, percebi que o Poum era quase ingênuo em comparação com seus adversários. E, além de tudo, eram-lhe oferecidas oportunidades muito menores. Ao contrário dos comunistas, não tinha apoio em nenhuma imprensa fora de seu próprio país e, dentro da Espanha, encontrava-se em imensa desvantagem, já que a censura da imprensa estava principalmente sob controle comunista, o que significava que os jornais do Poum poderiam ser suprimidos ou multados se afirmassem qualquer coisa prejudicial. Também é justo para o Poum dizer que, embora seus membros pudessem doutrinar a revolução de forma incessante e citar Lênin *ad nauseam*, geralmente não se entregavam a difamações de ordem pessoal. Também mantinham qualquer polêmica restrita a seus artigos de jornal. Seus grandes cartazes coloridos, destinados a um público mais amplo (os cartazes eram importantes na Espanha, com sua grande população analfabeta), não atacavam partidos rivais, sendo unicamente antifascistas ou abstratamente revolucionários; de forma muito semelhante às canções que os milicianos cantavam. Os ataques comunistas eram algo completamente diferente. Terei de lidar com alguns deles mais adiante neste livro. Aqui só vou me ater a uma breve indicação da linha de ataque comunista.

Falando-se superficialmente, a briga entre os comunistas e o Poum era de tática. O Poum era a favor de uma revolução imediata; os comunistas, não.

Até aí, tudo bem; havia muito a ser dito a respeito de ambos os lados. Mas, além disso, os comunistas alegavam que a propaganda do Poum dividia e enfraquecia as forças do governo, pondo, assim, a guerra em perigo – mais uma vez, embora eu não concordasse plenamente com eles, há bons argumentos a esse respeito. Mas, nesse ponto, entrava no jogo a peculiaridade das táticas comunistas. A princípio hesitantemente, depois com mais ímpeto, o Partido Comunista passou a afirmar que o Poum estava dividindo as forças do governo não por uma questão de mau julgamento, mas deliberadamente. Começou-se a declarar que o Poum nada mais era do que um bando de fascistas disfarçados, pagos por Franco e Hitler, pressionando por uma política pseudorrevolucionária como forma de ajudar a causa fascista. O Poum era uma organização "trotskista" e a "Quinta-Coluna"[33] de Franco". Isso implicava que dezenas de milhares de pessoas da classe trabalhadora, incluindo 8 ou 10 mil soldados que estavam congelando nas trincheiras no front e centenas de estrangeiros que tinham vindo à Espanha para lutar contra o fascismo – muitas vezes sacrificando seu sustento e sua nacionalidade ao fazê-lo –, eram simplesmente traidores a mando do inimigo. E essa história foi espalhada por toda a Espanha por meio de cartazes etc., e repetida várias vezes na imprensa comunista e pró-comunista de todo o mundo. Eu poderia encher meia dúzia de livros com citações se tivesse decidido colecioná-las.

Eis, então, o que diziam a nosso respeito: éramos trotskistas, fascistas, traidores, assassinos, covardes, espiões e assim por diante. Admito que não era agradável, especialmente quando se pensa em algumas das pessoas que haviam sido responsáveis por tal fama. Não é nada bom ver um garoto espanhol de 15 anos de idade sendo carregado pelo front em uma maca, com o rosto pálido e atordoado olhando por entre os cobertores, e pensar nas pessoas elegantes em Londres e Paris que estavam escrevendo panfletos para provar que esse mesmo menino é um fascista disfarçado. Uma das características mais horríveis da guerra é que toda a propaganda, todos os gritos, mentiras e ódio partem invariavelmente de pessoas que não estão

---

33 "Quinta-Coluna" é uma expressão usada para se referir a grupos clandestinos que atuam, dentro de um país ou região prestes a entrar em guerra com outro, ajudando o inimigo, espionando e fazendo propaganda subversiva. Tal expressão surgiu durante a Guerra Civil Espanhola para designar a comunidade de madrilenhos simpatizantes ao general Francisco Franco. (N. do T.)

combatendo. Os milicianos do PSUC que conheci no front e os comunistas da Brigada Internacional que às vezes encontrava nunca me chamaram de trotskista ou de traidor; eles deixaram esse tipo de coisa para os jornalistas trabalhando na retaguarda. As pessoas que escreviam panfletos contra nós e nos difamavam nos jornais permaneceram seguras em casa ou, na pior das hipóteses, nas redações de Valência, a centenas de quilômetros das balas e da lama. E, além das calúnias da rixa interpartidária, todas as coisas usuais de guerra – os discursos exaltados, o heroísmo, a difamação do inimigo – tudo era feito, como sempre, por pessoas que não estavam lutando – gente que, em grande parte dos casos, teria corrido centenas de quilômetros antes de entrar em combate. Um dos efeitos mais sombrios dessa guerra foi o fato de ela ter me mostrado que a imprensa de esquerda é tão espúria e desonesta quanto a de direita[34]. Eu realmente sinto que, do nosso lado – o lado governista – essa guerra era diferente das guerras imperialistas comuns; mas, dada a natureza da propaganda de guerra, ninguém seria capaz de sabê-lo. Os combates mal haviam começado e tanto os jornais de direita quanto os de esquerda mergulharam de uma só vez no mesmo fosso de injúrias. Todos nos lembramos do cartaz do *Daily Mail* que dizia "OS VERMELHOS CRUCIFICAM FREIRAS", ao mesmo tempo que, para o *Daily Worker*, a Legião Estrangeira de Franco era "composta de assassinos, escravocratas brancos, viciados em drogas e toda a ralé presente em todos os países europeus". Mesmo no tardio mês de outubro de 1937, o *New Statesman* continuava a nos contar histórias de barricadas fascistas feitas de corpos de crianças vivas (algo muito ineficiente para fazer barricadas), ao passo que o senhor Arthur Bryant[35] declarava que "serrar as pernas de um comerciante conservador era 'bastante comum' na Espanha legalista". As pessoas que escrevem esse tipo de coisa nunca participam dos combates; possivelmente acreditam que escrever tamanha baboseira é um substituto para a luta. E isso acontece em todas as guerras: os soldados lutam, os jornalistas gritam e nenhum patriota de verdade jamais chega perto de uma trincheira do front, a não ser

---

34 Gostaria de fazer uma exceção ao *Manchester Guardian*. Para escrever este livro, tive de vasculhar os arquivos de muitos jornais ingleses. Dentre nossos maiores jornais, o *Manchester Guardian* é o único que me inspira um respeito crescente por sua honestidade. (N. do A.)
35 Sir Arthur Wynne Morgan Bryant (1899-1985) foi um historiador inglês e colunista do jornal *The Illustrated London News*. (N. do T.)

nas curtíssimas viagens de propaganda. Às vezes, me conforta pensar que o avião está começando a mudar as condições da guerra. Talvez, quando a próxima grande guerra vier, possamos ver algo sem precedentes em toda a história: um "patriota exaltado" furado a bala.

No que diz respeito à parte jornalística, essa guerra foi um embuste como todas as outras guerras. Mas havia uma diferença: enquanto normalmente os jornalistas costumam reservar seus ataques mais ofensivos aos inimigos, neste caso, com o passar do tempo, os comunistas e o Poum passaram a escrever com mais amargor uns sobre os outros do que sobre os fascistas. Ainda assim, naquela época, não cheguei a levar tudo aquilo muito a sério. A briga entre os partidos era irritante – até mesmo repugnante –, mas me parecia puramente uma rixinha doméstica. Não acreditava que ela chegaria a mudar o rumo de alguma coisa ou que houvesse qualquer diferença política realmente irreconciliável. Compreendi que os comunistas e os liberais haviam estabelecido que não permitiriam que a revolução avançasse; o que não imaginava era que seriam capazes de fazê-la *recuar*.

Havia uma boa razão para isso. Todo esse tempo em que estive no front, a atmosfera social e política não mudou. Eu partira de Barcelona no início de janeiro e só saí de licença no final de abril; e, durante todo esse período – de fato, até bem mais tarde –, na faixa de Aragão controlada pelas tropas anarquistas e do Poum, as mesmas condições persistiram – ao menos externamente. A atmosfera revolucionária permaneceu como eu a conhecera. Generais e soldados rasos ou camponeses e milicianos ainda coexistiam como iguais: todos recebiam o mesmo salário, usavam as mesmas roupas, comiam a mesma comida e tratavam uns aos outros por "tu" e "camarada"; não havia classe patronal ou classe servil, mendigos, prostitutas, advogados, padres, "puxação" de saco nem continências. Eu respirava os ares da igualdade e era bastante fácil de imaginar que ela pudesse existir por toda a Espanha. Não tinha percebido que, mais ou menos por acaso, eu me isolara em meio ao setor mais revolucionário da classe trabalhadora espanhola.

Então, quando meus camaradas mais instruídos politicamente me disseram que não se podia manter uma atitude puramente militar em relação à guerra e que a escolha se situava entre a revolução e o fascismo, eu tendia a rir deles. De uma maneira geral, aceitei o ponto de vista comunista, que dizia "não podemos falar de revolução até que tenhamos vencido a guerra", e não o ponto de vista do Poum, que dizia "devemos avançar ou vamos regredir". Quando, mais tarde, percebi que o Poum estava certo – ou, pelo menos, mais certo do que os comunistas –, não acreditei que o estivessem de um ponto de vista meramente teórico. Na teoria, os argumentos comunistas eram bons; o problema era que seu comportamento real tornava difícil acreditar que eles o promoviam de boa-fé. O slogan repetido à exaustão "A guerra primeiro, a revolução depois", embora aceito com devoção pelo miliciano médio do PSUC – que, honestamente, pensava que a revolução poderia continuar depois que a guerra fosse vencida –, era pura conversa mole. Os comunistas não estavam realmente trabalhando para adiar a revolução espanhola até um momento mais adequado, mas para garantir que ela nunca acontecesse. Isso se tornou cada vez mais óbvio com o passar do tempo, à medida que o poder era cada vez mais desviado das mãos da classe trabalhadora, e mais e mais revolucionários – seguidores de qualquer doutrina – eram jogados na prisão. Toda ação era feita em nome da necessidade militar, já que esse pretexto estava, por assim dizer, pronto; mas, como consequência, os trabalhadores tiveram de recuar de uma posição vantajosa para uma posição tal que, terminada a guerra, lhes seria impossível resistir à reintrodução do capitalismo. Por favor, note que não estou dizendo nada contra os comunistas comuns, muito menos contra os milhares de comunistas que morreram heroicamente em Madri. Mas esses não eram os homens que dirigiam a política do partido. Quanto às pessoas da hierarquia mais alta, é inconcebível que não estivessem agindo sabendo onde pisavam.

Mas, afinal, realmente valia a pena vencer a guerra, mesmo que a revolução fosse perdida. E, ao cabo, cheguei a duvidar se, a longo prazo, a política comunista levaria à vitória. Pouquíssimas pessoas parecem ter cogitado que uma política diferente pudesse ser apropriada em diferentes períodos da guerra. Provavelmente, os anarquistas salvaram a situação nos primeiros dois meses, mas foram incapazes de organizar a resistência além de certo ponto; os comunistas provavelmente salvaram a situação nos meses de outubro e dezembro, mas vencer a guerra de imediato era uma outra questão. Na Inglaterra, a política de guerra comunista foi aceita sem questionamentos porque poucas críticas feitas a ela foram publicadas e porque sua linha geral – a de acabar com o caos revolucionário, acelerar a produção e militarizar o Exército – parecia realista e eficiente. Vale a pena apontar sua fragilidade intrínseca.

Para refrear todas as tendências revolucionárias e tornar a guerra o mais semelhante possível a uma guerra comum, tornou-se necessário jogar fora as oportunidades estratégicas que realmente existiam. Descrevi como estávamos armados – ou desarmados – no front de Aragão. Não resta quase nenhuma dúvida de que as armas foram deliberadamente retidas para que não caíssem nas mãos dos anarquistas, que depois as usariam para um propósito revolucionário; consequentemente, a grande ofensiva de Aragão que teria feito Franco recuar de Bilbao – e possivelmente de Madri – nunca aconteceu. Mas isso era, comparativamente, uma questão pequena. O mais importante foi que, uma vez que a guerra se viu reduzida a uma "guerra pela democracia", tornou-se impossível fazer qualquer apelo em larga escala a uma ajuda da classe trabalhadora no exterior. Se encararmos os fatos, devemos admitir que a classe trabalhadora do resto do mundo considerava a guerra espanhola com distanciamento. Dezenas de milhares de indivíduos vieram lutar, mas as dezenas de milhões atrás deles permaneceram apáticas. Durante o primeiro ano da guerra, acredita-se que todo o público britânico tenha contribuído, por meio de vários fundos de "ajuda à Espanha", com cerca de 1 quarto de milhão de libras – provavelmente menos da metade do que gastavam para ir ao cinema em uma única semana. A verdadeira forma pela qual a classe trabalhadora nos países democráticos poderia ter ajudado seus camaradas espanhóis era através da ação: greves e boicotes. E nunca algo do gênero chegou a acontecer. Os líderes trabalhistas e comunistas de todos os países declararam que isso seria impensável: e sem dúvida estavam certos, já que também bradavam aos quatro cantos que a Espanha "vermelha" não era "vermelha". Desde o conflito de 1914-1918, o termo "guerra pela democracia" soa sinistro. Durante anos, os próprios comunistas ensinaram aos trabalhadores militantes em qualquer país que "democracia" era um nome mais polido para "capitalismo". Dizer "lutem pela democracia" depois de ter dito "a democracia é uma fraude" não é uma boa tática. Se, com o enorme prestígio da Rússia soviética na retaguarda, os comunistas tivessem apelado aos trabalhadores do mundo em nome da "Espanha revolucionária", e não em nome da "Espanha democrática", é difícil acreditar que não teriam gerado uma resposta.

Mas o mais importante de tudo é que, com uma política não revolucionária, era difícil – talvez até mesmo impossível – atacar a retaguarda de Franco. No verão de 1937, Franco controlava uma população maior do que o governo – se contarmos as colônias, muito maior – com aproximadamente o mesmo número de tropas. Como todos sabem, com uma população hostil por trás é impossível manter um exército em campo sem um exército igualmente grande para guardar suas comunicações, invalidar sabotagens etc. Obviamente, portanto, não houve um movimento popular real na retaguarda de Franco. Era inconcebível que as pessoas em seu território, pelo menos os trabalhadores urbanos e os camponeses mais pobres, gostassem ou quisessem Franco no poder, mas, a cada guinada à direita, a superioridade do governo se tornava menos aparente. O que vai determinar tudo é a questão do Marrocos. Por que não houve nenhum levante no Marrocos? Franco estava tentando estabelecer uma ditadura desprezível e, mesmo assim, os mouros preferiam-no ao governo da Frente Popular! A pura verdade é que nenhuma tentativa foi feita para fomentar um levante no Marrocos, pois isso significaria colocar em cena uma estrutura revolucionária em meio à guerra. A primeira coisa necessária, para convencer os mouros da boa-fé do governo, teria sido proclamar a libertação do Marrocos. E pode-se imaginar como os franceses ficariam satisfeitos com isso! A melhor oportunidade estratégica da guerra foi jogada fora na vã esperança de aplacar os capitalismos francês e britânico. A política comunista tendia completamente a reduzir a guerra a um conflito comum, não revolucionário, no qual o governo seria fortemente prejudicado, pois uma guerra desse tipo deve ser vencida por meios mecânicos, ou seja, em última análise, por suprimentos ilimitados de armas; e o principal doador de armas do governo, a União Soviética, estava em grande desvantagem geograficamente, em comparação com a Itália e a Alemanha. Talvez o slogan do Poum e dos anarquistas "A guerra e a revolução são inseparáveis" fosse menos visionário do que parece.

Dei minhas razões para pensar que a política antirrevolucionária comunista estava equivocada, porém, no que diz respeito aos seus efeitos sobre a guerra, não tenho a pretensão de que meu julgamento estivesse correto. Aliás, preferiria mil vezes que fosse equivocado. Gostaria de ver essa guerra vencida por qualquer meio possível. E é claro que ainda não se pode dizer o que vai acontecer. O governo pode dar uma guinada à esquerda novamente, os mouros podem se revoltar por conta própria, a Inglaterra pode decidir comprar a Itália, a guerra pode ser vencida por meios militares diretos – não há como saber. Deixo as opiniões acima permanecerem, e o tempo mostrará até que ponto estou certo ou errado.

No entanto, em fevereiro de 1937, eu não via as coisas sob esse prisma. Estava cansado da inação no front de Aragão e, principalmente, tinha consciência de que não fizera totalmente minha parte na luta. Costumava pensar no cartaz de recrutamento em Barcelona, que, com um tom acusatório, questionava os passantes: "O que *você* fez pela democracia?"; e sentia que só seria capaz de responder: "peguei minha parcela de rações". Quando entrei para a milícia, prometi a mim mesmo matar um fascista – afinal, se cada um de nós matasse um deles, logo seriam extintos – e, até então, ainda não havia matado ninguém, nem sequer tivera a chance de fazê-lo. E é claro que eu queria ir para Madri. Todos no Exército, não importando suas opiniões políticas, sempre queriam ir para Madri. Isso provavelmente significaria mudar para a Coluna Internacional, pois o Poum tinha agora pouquíssimas tropas em Madri, e mesmo os anarquistas possuíam um número muito menor do que antigamente.

Por enquanto, é claro, era preciso permanecer no front, mas eu disse a todos que, quando saíssemos de licença, se possível eu mudaria para a Coluna Internacional, o que significava me colocar sob controle comunista. Várias pessoas tentaram me dissuadir, mas ninguém tentou interferir. É justo dizer que quase não havia uma "caça às bruxas" no Poum, talvez não o suficiente, considerando suas circunstâncias especiais; a não ser que alguém fosse pró-fascista, ninguém era penalizado por ter opiniões políticas equivocadas. Passei boa parte do meu tempo na milícia criticando amargamente a "doutrina" do Poum, mas nunca tive problemas por isso. Não havia sequer pressão para que alguém se tornasse membro político do partido, embora eu ache que a maioria dos milicianos tenha acabado por fazê-lo. Eu mesmo nunca me filiei ao partido – algo de que me arrependi profundamente, depois de o Poum ter sido expulso do governo.

6

Enquanto isso, continuava com minha rotina diária – mais especificamente, noturna. Vigias, patrulhas, escavações; lama, chuva, ventos penetrantes e, ocasionalmente, neve. Só em abril as noites ficaram visivelmente mais quentes. Aqui, no alto do planalto, os dias de março pareciam-se mais com os da Inglaterra, com um céu azul-cintilante e ventos desagradáveis. A cevada atingira 30 centímetros de altura, botões carmesim começavam a despontar nas cerejeiras (aqui, o front passava por pomares e hortas desertos) e, caso alguém vasculhasse as valas, encontraria violetas e jacintos selvagens, uma espécie de primo pobre dos jacintos silvestres. Logo atrás do front, corria um riacho maravilhoso, verde e borbulhante, o primeiro curso d'água transparente que eu vira desde que chegara à frente de batalha. Certo dia, tomei coragem e rastejei até o rio para tomar meu primeiro banho em seis semanas. Era o que se poderia chamar de banho curto, pois a água era principalmente neve derretida, não muito acima do ponto de congelamento.

E nada, nada acontecia nesse meio-tempo. Os ingleses tinham o hábito de dizer que não se tratava de uma guerra, mas apenas uma farsa sangrenta. Dificilmente nos encontrávamos sob fogo direto dos fascistas. O único perigo eram as balas perdidas, que, à medida que as linhas se curvavam em ambos os lados, vinham de várias direções. Todas as casualidades naquele momento eram com pessoas de rua. Arthur Clinton foi alvejado por uma bala misteriosa que estilhaçou seu ombro esquerdo, debilitando seu braço, receio que de forma permanente. Houve alguns disparos de granadas, mas sempre algo extraordinariamente ineficaz. O silvo e o estrondo dos projéteis eram na verdade encarados como entretenimento leve. Os fascistas sempre lançavam suas granadas contra nossa barricada. Algumas centenas de metros atrás de nós havia uma casa de campo, chamada *La Granja*, com grandes construções agrícolas, que serviam de armazém, sede e cozinha para este setor do front. Era ali que os artilheiros fascistas estavam mirando, mas eles se encontravam a 5 ou 6 quilômetros de distância e nunca miravam com precisão suficiente para fazer mais do que quebrar janelas e lascar paredes. Alguém só corria perigo se estivesse vindo pela estrada quando o tiroteio começava, pois os projéteis cairiam nos campos ao seu redor. Qualquer um aprendia quase imediatamente a misteriosa arte de saber pelo som de um projétil a que distância ele cairia. Os projéteis que os fascistas disparavam nessa época eram terrivelmente ruins. Embora tivessem calibre de 150 milímetros, só eram capazes de fazer um buraco de cerca de 1 metro e 80 de largura por 1 metro e 20 de profundidade, e ao menos um em cada quatro não chegava a explodir. Ouviam-se as habituais histórias românticas de sabotagem nas fábricas fascistas e de bombas não detonadas, nas quais, em vez da carga, fora encontrado um pedaço de papel em que se lia "Frente Vermelha", mas nunca vi nenhum. A verdade era que as granadas eram incrivelmente velhas: alguém achou uma tampa de latão do detonador com o carimbo do ano de fabricação, 1917. As armas fascistas eram da mesma marca e calibre que as nossas, e os projéteis não detonados eram frequentemente recondicionados e disparados de volta. Dizia-se que havia uma velha granada que tinha até apelido e que voava diariamente para lá e para cá, sem nunca explodir.

À noite, pequenas patrulhas costumavam ser enviadas para o território desocupado para se deitar nas valas perto das linhas fascistas e ouvir os sons (toques de corneta, buzinas etc.) que indicassem atividade em Huesca. Havia um constante ir e vir de tropas fascistas, e o número de soldados podia ser aferido, até certo ponto, pelos relatos dos ouvintes. Sempre tivemos ordens especiais para relatar o toque dos sinos das igrejas. Parecia que os fascistas ouviam a missa antes de entrar em ação. Em meio aos campos e pomares, havia cabanas com paredes de barro desertas que eram seguras de explorar, se tapássemos as janelas. Às vezes, encontrávamos coisas valiosas, como um machado ou uma garrafa de água fascista (melhor do que a nossa e, por isso, muito procurada). Podíamos fazer campanhas de exploração durante o dia também, mas nesse caso, na maior parte das vezes, tínhamos de rastejar de quatro. Era esquisito rastejar por aqueles campos vazios e férteis onde tudo estava inerte, em plena época de colheita. As colheitas do ano anterior ficaram intocadas. As trepadeiras não podadas serpenteavam pelo chão, as espigas de milho estavam duras como pedra, as beterrabas haviam se atrofiado, parecendo enormes caroços. Como os camponeses devem ter amaldiçoado ambos os exércitos! Às vezes, grupos de homens iam colher batatas no território desocupado. Cerca de um quilômetro e meio à nossa direita, onde as linhas eram mais próximas, havia um canteiro de batatas que era frequentado tanto pelos fascistas quanto por nós. Nós íamos lá de dia e eles à noite, pois se tratava de uma região ao alcance de nossas metralhadoras. Uma noite, para nosso aborrecimento, eles apareceram em massa e limparam todo o canteiro. Descobrimos outro trecho mais adiante, mas praticamente sem proteção nenhuma contra os tiros, sendo necessário arrancar as batatas deitado no chão – uma tarefa cansativa. Se os metralhadores inimigos nos avistassem, era preciso se esparramar como um ratinho se contorcendo para passar por debaixo de uma porta, com as balas acertando a terra a apenas alguns metros. Na época, parecia valer a pena correr o risco. As batatas começavam a ficar muito escassas. Com um saco cheio delas, podíamos levá-las para a cozinha e trocá-las por uma garrafa de água cheia de café.

E ainda assim nada acontecia, nada parecia acontecer. "Quando vamos atacar?", "por que não atacamos?" eram as perguntas que se ouviam noite e dia tanto de espanhóis quanto de ingleses. Quando se pensa no que significa realmente lutar, é estranho que os soldados queiram fazê-lo e, mesmo assim, eles queriam, sem dúvida nenhuma. Em uma guerra estacionária, há três coisas pelas quais todos os soldados anseiam: uma batalha, mais cigarros e uma semana de licença. Estávamos um pouco melhor armados agora do que antes. Cada homem tinha 150 cartuchos de munição em vez de 50 e, aos poucos, começávamos a receber baionetas, capacetes de aço e algumas bombas. Havia rumores constantes de batalhas futuras, e agora acredito que eram circulados deliberadamente para manter o ânimo das tropas. Não era preciso muito conhecimento militar para ver que não haveria grandes ações deste lado de Huesca, pelo menos por enquanto. O ponto estratégico era a estrada para a cidade de Jaca, que ficava do outro lado. Mais tarde, quando os anarquistas atacaram a estrada que levava à cidade, nosso trabalho era desferir "ataques de contenção", forçando os fascistas a desviarem as tropas do outro lado.

Durante todo esse período, de cerca de seis semanas, houve apenas uma ação nossa no front. Foi quando nossas tropas de choque atacaram o *Manicomio*, um hospício abandonado que os fascistas haviam convertido em fortaleza. Havia várias centenas de refugiados alemães servindo no Poum.

Eles estavam organizados em um batalhão especial chamado *Batallón de Choque* e, do ponto de vista militar, encontravam-se em um nível bem diferente do resto da milícia – na verdade, eram mais parecidos com soldados do que qualquer outro que vi na Espanha, à exceção das tropas de choque e alguns membros da Coluna Internacional. O ataque foi frustrado, como de costume. Fico me perguntando quantas operações nesta guerra, do lado do governo, *não* foram frustradas. As tropas de choque atacaram o *Manicomio*, mas as tropas – não me lembro de qual milícia – que iriam apoiá-las tomando o morro vizinho, que se encontravam acima do *Manicomio*, foram gravemente esvaziadas. O capitão que as liderava era um dos oficiais do Exército Regular de lealdade duvidosa que o governo insistia em empregar. Por medo ou traição, ele preveniu os fascistas – jogando uma bomba quando estavam a 200 metros de distância. Fico feliz em dizer que seus homens o mataram a tiros ali mesmo. Mas o ataque deixou de ser surpresa e os milicianos foram recebidos com fogo pesado e expulsos do morro; e, ao entardecer, as tropas de choque tiveram de abandonar o *Manicomio*. Durante toda a noite, as ambulâncias desciam às pressas a abominável estrada para Sietamo, matando os gravemente feridos com seus solavancos.

Nessa época, todos já estávamos infestados de piolhos; embora ainda fizesse frio, estava quente o suficiente para tanto. Tive grande experiência com parasitas de vários tipos e, em termos de pura bestialidade, o piolho supera qualquer coisa. Outros insetos, os mosquitos, por exemplo, fazem com que se sofra mais, entretanto, pelo menos, não são pragas *residentes*. O piolho humano se parece um pouco com uma minúscula lagosta, vivendo principalmente em suas calças. Não há maneira conhecida de se livrar deles, além de queimar todas as suas roupas. Ele bota seus ovos brancos e brilhantes, parecidos com minúsculos grãos de arroz, nas costuras de suas calças, onde eclodem e procriam a uma velocidade terrível. Acho que seria muito útil se os pacifistas ilustrassem seus panfletos com fotografias ampliadas de piolhos. Vejam as glórias da guerra, de fato! Na guerra, todos os soldados carregam piolhos, ao menos quando faz calor o suficiente. Os homens que lutaram em Verdun, em Waterloo, em Flodden, em Senlac, em Termópilas – todos eles tinham piolhos rastejando sobre seus testículos. Até certo ponto, conseguimos manter essa praga sob controle, queimando seus ovos e tomando banho tanto quanto possível. Somente os piolhos eram capazes de me levar a entrar naquele rio gelado.

George Orwell

Tudo estava acabando – botas, roupas, cigarros, sabonete, velas, fósforos, azeite. Nossos uniformes estavam em frangalhos, e muitos dos homens não tinham mais botas para calçar, apenas sandálias com solas de corda. Viam-se pilhas de botas gastas em todo lugar. Certa vez, mantivemos uma fogueira acesa por dois dias praticamente apenas com botas, que não são um combustível dos piores. Nessa época, minha esposa estava em Barcelona e costumava me mandar chá, chocolate e até charutos quando os conseguia encontrar, mas mesmo em Barcelona tudo estava acabando, especialmente o fumo. O chá era um presente divino, embora não tivéssemos leite e, raramente, açúcar. Da Inglaterra, eram enviados pacotes para os homens em combate, no entanto, eles nunca chegavam: comida, roupas e cigarros eram recusados pelos Correios ou apreendidos na França. Curiosamente, a única companhia que conseguia enviar pacotes de chá para a minha esposa – e, até mesmo uma lata de biscoitos, em alguma ocasião memorável – foi a Intendência do Exército e da Marinha. Pobre Intendência! Eles cumpriam seu dever com nobreza, porém talvez se sentissem mais felizes se as encomendas fossem para o lado franquista. A escassez de tabaco era a pior de todas. No início, recebíamos um maço de cigarros por dia, depois a ração caiu para oito cigarros diários e, então, para cinco. Por fim, tivemos dez dias fatais, em que não chegou absolutamente nenhum cigarro. Pela primeira vez, na Espanha, vi algo que se vê todos os dias em Londres – pessoas à caça de bitucas de cigarro.

No final de março, uma de minhas mãos infeccionou e teve de ser lancetada e colocada em uma tipoia. Acabei indo para o hospital, mas não valia a pena me mandar para Sietamo por causa de um ferimento tão pequeno; por isso, fiquei no chamado Hospital de Monflorite – nada mais que um posto de triagem de baixas. Fiquei lá dez dias, parte do tempo acamado. Os *practicantes* (auxiliares de enfermagem) roubaram praticamente todos os objetos de valor que eu possuía, incluindo minha máquina fotográfica, com todas as fotos que tirara. No front, todo mundo roubava – inevitável efeito da escassez –, mas as equipes dos hospitais eram sempre piores. Mais tarde, no Hospital de Barcelona, um americano que tinha se juntado à Coluna Internacional em um navio que fora atingido por um submarino italiano contou-me como foi carregado para a terra ferido e como – no momento em que era colocado na ambulância – os padioleiros surrupiaram seu relógio de pulso.

Enquanto meu braço estava na tipoia, passei vários dias felizes vagando pelos campos. Monflorite era um amontoado ordinário de casas de barro e pedra, com vielas estreitas e tortuosas que haviam sido tão remexidas por caminhões a ponto de parecerem as crateras da lua. A igreja fora bastante danificada, mas era usada como depósito militar. Em toda a vizinhança, havia apenas duas casas de fazenda, *Torre Lorenzo* e *Torre Fabián*, e apenas duas construções realmente grandes, obviamente as casas dos proprietários de terras que, no passado, controlavam a região. Podia-se ver sua riqueza refletida nos casebres miseráveis dos camponeses. Logo atrás do rio, perto do front, havia um enorme moinho de farinha com uma casa de campo ao lado. Parecia uma vergonha ver aquela máquina enorme e cara enferrujando, completamente inútil, com as calhas de madeira usadas para recolher a farinha derrubadas para serviream de combustível para o fogo. Mais tarde, para conseguir lenha para as tropas mais distantes, grupamentos de homens foram trazidos em caminhões para destruir sistematicamente todo aquele lugar. Costumava-se quebrar as tábuas do piso de uma sala jogando-se uma granada de mão em seu interior. *La Granja*, nosso depósito e cozinha, talvez tenha sido um convento em algum momento. Tinha imensos pátios e anexos, cobrindo um acre ou mais, com estábulos para 30 ou 40 cavalos. As casas dessa parte do interior da Espanha não têm nenhum interesse arquitetônico, mas suas sedes de fazenda, de pedra caiada com arcadas perfeitamente simétricas e telhados com magníficos vigamentos, são lugares grandiosos, com plantas baixas que muito provavelmente não se alteraram durante séculos. Às vezes, tais construções inspiravam certa simpatia pelos ex-proprietários fascistas, especialmente ao se ver a maneira como a milícia tratava os prédios que haviam tomado. Em *La Granja*, todos os cômodos que não estavam em uso haviam sido transformados em latrina – uma assustadora confusão de móveis quebrados e excrementos. Todo o piso da capela vizinha, cujas paredes foram esburacadas por balas, apresentava uma bela camada de esterco. No pátio central, onde os cozinheiros distribuíam a comida, o lixo – composto de latas enferrujadas, lama, esterco de mulas e comida podre – era revoltante, mostrando a veracidade da velha canção do Exército:

> *Há ratos, ratos,*
> *Ratos grandes como gatos,*
> *No depósito do intendente!*

Os ratos de *La Granja* eram realmente grandes como gatos ou quase tão grandes: uns bichos inchados e descomunais que andavam de um lado para o outro sobre os montes de imundície, insolentes demais até mesmo para fugir, a menos que se atirasse neles.

    A primavera finalmente chegara. O azul do céu mostrava-se mais límpido, o ar ficara subitamente ameno. As rãs acasalavam nas valas, fazendo um barulho dos infernos. Ao redor do cocho das mulas da aldeia, encontrei lindas rãs verdes do tamanho de uma moeda, tão brilhantes que a grama nova parecia opaca ao lado delas. Os camponeses saíam com baldes para caçar caramujos, que assavam vivos em chapas de latão. Assim que o tempo melhorou, os camponeses saíram para o plantio da primavera. É bastante característico da total confusão em que se encontra a revolução agrária espanhola o fato de eu nem sequer conseguir saber com certeza se a terra nessa região fora coletivizada ou se os camponeses simplesmente a dividiram entre si. Imagino que, em teoria, tenha havido alguma coletivização, já que estávamos em território Poum e anarquista. De qualquer forma, os latifundiários tinham desaparecido, os campos estavam sendo cultivados e as pessoas pareciam satisfeitas. A simpatia dos camponeses para conosco nunca deixou de me surpreender. Para alguns dos mais velhos a guerra deve ter parecido completamente sem sentido, pois visivelmente causara escassez de tudo, uma vida vazia e lúgubre para todos e, sem exageros, qualquer camponês odeia ter tropas aquarteladas em seus campos. No entanto, todos eram invariavelmente amistosos – imagino que, por mais intoleráveis que pudéssemos ser em outros pontos, havíamos nos colocado entre eles e seus antigos senhores. A guerra civil é algo estranho. Huesca ficava a menos de 8 quilômetros de distância, era a cidade onde essas pessoas faziam suas compras, todos tinham parentes lá, em todas as semanas de sua vida elas haviam se deslocado até lá para vender suas aves e legumes. E agora, por oito meses ininterruptos, tinham colocado uma barreira impenetrável de arame farpado e metralhadoras no caminho. Ocasionalmente, eles se esqueciam disso. Certa vez, eu conversava com uma velha que carregava uma daquelas minúsculas lamparinas de ferro em que os espanhóis usam azeite para iluminar:

    — Onde posso comprar uma lâmpada dessas? – eu perguntei.

    — Em Huesca – disse ela, sem pensar, e depois ambos caímos na risada. As garotas da aldeia eram esplêndidas e animadas criaturas com cabelos negros como carvão, um gingado no andar e um comportamento sem rodeios, próprio do convívio entre homens, o que provavelmente era um subproduto da revolução.

Homens de camisa azul esfarrapada, calções de veludo cotelê preto e chapéus de palha de abas largas lavravam os campos com juntas de mulas, que balançavam as orelhas a um ritmo constante. Seus arados estavam em ruínas e mal revolviam o solo, sem fazer nada que pudesse se parecer com um sulco. Todos os instrumentos agrícolas eram terrivelmente antiquados, culpa do valor de qualquer utensílio com metais em seus componentes. Um arado quebrado, por exemplo, era remendado inúmeras vezes até que parecia ser apenas um conjunto de remendos. Ancinhos e forquilhas eram feitos de madeira. As pás – considerando-se que estávamos entre gente que raramente tinha botas para calçar – eram praticamente desconhecidas; cavava-se com uma enxada malfeita, igual às usadas na Índia. Havia também uma espécie de rastelo que devia ter sido inventado no fim da Idade da Pedra. Era formado por tábuas amarradas umas às outras, do tamanho de uma mesa de cozinha. Essas tábuas tinham centenas de buracos, e em cada um deles haviam enfiado um pedaço de sílex, lascado exatamente como os homens costumavam fazê-lo dez mil anos atrás. Lembro-me do horror que senti ao encontrar uma dessas coisas pela primeira vez em uma cabana abandonada no território desocupado. Tive de refletir naquele dispositivo por um bom tempo antes de entender que era um rastelo. Fiquei agoniado só de pensar no trabalho necessário para construir uma coisa daquelas e na dimensão da pobreza que obrigava aquela gente a usar pedra lascada no lugar do aço. Desde então, tenho me sentido mais simpático ao advento da indústria. Mas também havia dois tratores modernos no vilarejo, sem dúvida tomados de algum grande latifundiário.

Uma ou duas vezes fui até o pequeno cemitério murado que ficava a cerca de 1 quilômetro e meio da aldeia. Os mortos do front eram normalmente enviados para Sietamo: ali estavam os mortos do vilarejo. Era estranhamente diferente de um cemitério inglês. Nenhuma reverência pelos mortos aqui! Tudo coberto de arbustos e grama espessa, ossos humanos espalhados por toda parte. Mas o mais surpreendente era a quase completa falta de inscrições religiosas nas lápides, embora todas datassem de antes da revolução. Acredito que apenas uma vez vi o "ore pela alma de fulano de tal", que é comum em sepulturas católicas. A maioria das inscrições era puramente secular, com poemas ridículos sobre as virtudes do falecido. Em uma sepultura a cada quatro ou cinco, talvez houvesse uma pequena cruz ou referência superficial ao céu, geralmente extirpada por algum ateu diligente com um cinzel.

Comecei a refletir que provavelmente as pessoas nesta parte da Espanha fossem genuinamente desprovidas de qualquer sentimento religioso – no sentido ortodoxo, quero dizer. É interessante que, durante todo o tempo em que estive na Espanha, nunca vi uma pessoa se benzer; no entanto, poderíamos pensar que esse tipo de movimento pudesse ter se tornado instintivo, com a revolução ou sem ela. Certamente a Igreja espanhola voltará (como diz o ditado, a noite e os jesuítas sempre voltam), mas não resta dúvida de que, no início da revolução, ela entrou em colapso e foi esmagada de uma forma que seria impensável mesmo para a decrépita Igreja da Inglaterra em circunstâncias semelhantes. Para o povo espanhol, pelo menos na Catalunha e em Aragão, a Igreja representava pura e simplesmente uma espécie de exploração. E, muito possivelmente, em certa medida a crença cristã fora substituída pelo anarquismo, cuja influência é amplamente difundida e que, sem dúvida, tem um aspecto religioso.

Foi no dia em que voltei do hospital que avançamos a linha de frente para o que era realmente sua posição correta, cerca de mil metros à frente, ao longo do pequeno riacho a 200 metros do front fascista. Essa operação deveria ter sido realizada meses antes. A justificativa para fazê-la só agora era o ataque anarquista à estrada de Jaca: ao avançarmos por este lado, eles se veriam obrigados a desviar suas tropas para nos enfrentar.

Estávamos havia 60 ou 70 horas sem dormir e minhas memórias parecem tingidas por uma espécie de véu azulado, ou melhor, uma série de diferentes quadros: à espreita na faixa de território desocupado, a 100 metros da *Casa Francesa*, uma casa de fazenda murada no front fascista; sete horas deitado em um pântano horrendo, em uma água cheirando a junco apodrecido, onde o corpo afundava cada vez mais e mais; o cheiro do junco, o frio entorpecente, as estrelas imóveis no céu enegrecido, o coaxar irritante dos sapos. Embora fosse abril, foi a noite mais fria de que tenho lembrança na Espanha. A apenas 100 metros atrás de nós, as tropas de choque trabalhavam duro, mas reinava um silêncio absoluto, a não ser pelo coro dos sapos. Durante toda a noite, apenas uma vez ouvi um ruído – o barulho familiar de um saco de areia sendo achatado com uma pá. É muito estranho como, vez ou outra, os espanhóis são capazes de mostrar-se incrivelmente organizados. Toda a manobra foi lindamente planejada. Em sete horas, seiscentos homens construíram 1.200 metros de trincheiras e barricadas, entre 150 e 300 metros de distância da linha fascista – e tudo tão silenciosamente que eles não perceberam nada, com apenas uma baixa durante toda a noite. Houve outras no dia seguinte, é claro. Cada homem tinha uma tarefa a cumprir, até mesmo os serventes da cozinha, que chegaram subitamente – depois de acabado o trabalho – com baldes de vinho com conhaque.

E, então, chega o amanhecer, e os fascistas, de repente, descobrem nossa presença. O pavilhão branco e quadrado da *Casa Francesa*, embora a 200 metros de distância, parecia erguer-se sobre nós, e as metralhadoras, apoiadas em sacos de areia nas janelas de cima, miravam diretamente nossa trincheira. Todos ficamos boquiabertos, imaginando o porquê dos fascistas não nos terem visto. Logo em seguida, uma rajada brutal de balas, e todos se puseram de joelhos, começando a cavar nervosamente para aprofundar as valas e escavar pequenos abrigos nas laterais. Como meu braço ainda estava enfaixado, eu não conseguia cavar e passei a maior parte do dia lendo uma história de detetive, *The Missing Money Lender*[36]. Não me lembro do enredo, porém me recordo muito claramente da sensação de estar sentado ali lendo: o barro úmido do fundo da trincheira sob mim, o constante mover das minhas pernas para tirá-las do caminho dos homens que passavam apressados de um lado para o outro da trincheira, o bum-bum-bum das balas a mais ou menos meio metro acima de nossas cabeças. Thomas Parker levou um tiro na parte superior da coxa, o que, como ele mesmo me disse, era muito mais do que ele estava disposto a fazer para ganhar uma condecoração por serviços prestados. Baixas aconteciam ao longo de todo o front, mas nada do que teria acontecido se os fascistas nos tivessem apanhado durante as manobras da noite anterior. Um desertor nos contou depois que cinco sentinelas fascistas acabaram fuziladas por negligência. Mesmo naquele momento, poderiam ter nos massacrado se tivessem tido a iniciativa de trazer alguns morteiros. Era bastante complicado carregar os feridos pela trincheira estreita e lotada de gente. Vi um pobre coitado, com as calças tingidas de sangue, estirado em sua maca ofegando de tanta agonia. Era preciso transportar feridos por uma longa distância, de quase 2 quilômetros, pois mesmo onde havia estradas as ambulâncias nunca se aproximavam muito do front. Se chegassem perto demais, os fascistas costumavam bombardeá-las – e com razão, pois, nas

---

36 *O Agiota Desaparecido*, romance policial de William Stanley Sykes (1894-1961), anestesista e escritor britânico, publicado em 1931 e sem tradução para o português. (N. do T.)

guerras modernas, ninguém tem mais escrúpulos em usar ambulâncias para transportar munição.

Depois disso, na noite seguinte, ficamos na *Torre Fabián* à espera de iniciar um ataque, cancelado no último momento por telégrafo sem fio. No celeiro onde ficamos esperando, o chão não passava de uma fina camada de palha sobre um leito de ossos, tanto de vacas quanto humanos, um lugar infestado de ratos. As pestes imundas surgiam aos montes, vindas de todos os cantos. Se há algo que odeio mais do que qualquer coisa é um rato correndo por cima de mim na escuridão. No entanto, tive a satisfação de acertar um belo soco em um deles, que o mandou pelos ares.

Em seguida, ficamos esperando pela ordem de atacar a cerca de 50 ou 60 metros da barricada fascista. Uma longa fila de homens agachados com suas baionetas em mãos em uma vala de irrigação, espiando por cima da beirada, o branco de seus olhos brilhando na escuridão. Kopp e Benjamin permaneceram encolhidos atrás de nós, junto ao homem que cuidava da maleta do receptor do telégrafo, amarrada ao seu ombro. No horizonte, a oeste, viam-se os clarões rosados dos disparos, seguidos por enormes estrondos depois de vários segundos. E, então, o pi-pi-pi do telégrafo e a ordem sussurrada de que deveríamos sair dali enquanto tudo corria bem. Foi o que fizemos, mas não rápido o suficiente. Doze pobres meninos da *Juventud Comunista Iberica* (a liga juvenil do POUM, correspondente às *Juventudes Socialistas Unificadas* do PSUC), que haviam sido locados a apenas 40 metros da barricada fascista, foram apanhados de madrugada e não conseguiram escapar. Tiveram de ficar deitados no mesmo lugar o dia todo, com reles punhados de grama como cobertura, os fascistas atirando neles toda vez que se moviam. Ao anoitecer, sete estavam mortos e, mais tarde, os cinco restantes conseguiram se esgueirar na escuridão.

E então, por muitas manhãs depois disso, o som dos ataques anarquistas do outro lado de Huesca. Sempre o mesmo som. De repente, em algum momento da madrugada, tudo começava com o estrondo de várias bombas explodindo ao mesmo tempo – mesmo a quilômetros de distância, um barulho diabólico e excruciante – e, depois, o rugir ininterrupto de rifles e metralhadoras, um som intenso e contínuo que, curiosamente, se parecia muito com o rufar de tambores. Pouco a pouco, os tiros se espalhariam por todas as linhas que cercavam Huesca, e nós, ainda sonolentos, mergulhávamos nas trincheiras e nos recostávamos nas barricadas, enquanto os disparos passavam de modo irregular e sem sentido sobre nossas cabeças.

Durante o dia, o estrondo dos canhões era constante. A *Torre Fabián*, que agora nos servia de cozinha, foi bombardeada e parcialmente destruída. É curioso que, quando observamos os disparos da artilharia a uma distância segura, sempre torcemos para que o artilheiro atinja seu alvo – mesmo que tal alvo contenha seu jantar e alguns de seus camaradas. Os fascistas estavam atirando bem naquela manhã: talvez alguns artilheiros alemães estivessem em ação. Conseguiram fazer um belo serviço na *Torre Fabián*. Acertaram um projétil atrás, outro na frente e, então... BUM! O madeiramento do telhado voou pelos ares e uma chapa de fibrocimento caiu do teto como uma carta de baralho. A próxima bomba derrubou uma esquina do prédio de forma tão perfeita que parecia que um gigante a tinha cortado com uma faca. Mesmo assim, os cozinheiros serviram o jantar na hora exata – um feito memorável.

Com o passar dos dias, as armas, invisíveis, mas audíveis, começaram a assumir uma personalidade distinta. Havia duas baterias de rifles russos de 75 milímetros que disparavam logo atrás de nós e que, de uma certa forma, evocavam em minha mente a imagem de um homem gordo acertando uma bola de golfe. Essas foram as primeiras armas russas que eu vira – ou melhor, ouvira. Sua trajetória era curta, mas a velocidade altíssima, de modo que se ouviam a explosão do cartucho, o zumbido e o estouro do projétil quase que simultaneamente. Atrás de Monflorite havia dois pesadíssimos canhões que disparavam algumas vezes por dia, emitindo um rugido profundo e abafado parecido com o uivar de monstros distantes acorrentados. No alto do Monte Aragão, a fortaleza medieval que as tropas governamentais haviam tomado no ano passado (pelo que diziam, pela primeira vez na história) – e que guardava um dos acessos a Huesca – continha um pesado canhão, que, provavelmente, datava de muito tempo atrás, lá pelos idos do século XIX. Suas balas imensas disparavam com tamanha lentidão que todos tinham completa certeza de que seriam capazes de correr ao lado delas. O projétil dessa arma soava exatamente como um homem andando de bicicleta e assobiando. Os morteiros de trincheiras, por menores que fossem, faziam o som mais perverso de todos. Suas balas são uma espécie de torpedo alado, com o mesmo formato dos dardos que se lança em bares, mas do tamanho de uma garrafa de um litro; elas fazem um estrondo metálico dos diabos ao explodir, como se uma bola imensa de aço tivesse sido estilhaçada por uma bigorna. Às vezes, nossos aviões passavam por cima de nossa cabeça e, ao soltar alguns torpedos, emitiam um rugido extraordinário, que chegava a ecoar a mais de 3 quilômetros de distância, fazendo a terra tremer. As rajadas dos canhões antiaéreos fascistas pontilhavam o céu como nuvens em uma aquarela cruel, mas nunca as vi chegar nem a mil metros de qualquer aeronave. Quando um avião desce disparando sua metralhadora, lá embaixo o som se parece com o bater de asas.

Em nossa parte do front não acontecia grande coisa. Duzentos metros à direita, em uma faixa de terreno mais alta, encontravam-se os fascistas e, desse ponto, seus atiradores acertavam alguns de nossos companheiros. Duzentos metros à esquerda, na ponte, travava-se uma espécie de duelo entre os morteiros fascistas e os homens que construíam uma barricada de concreto em cima da ponte. As perversas granadas assoviavam logo acima de nós, fazendo um ruído duplamente infernal quando acertavam a estrada de asfalto. A cem metros de distância podia-se estar em perfeita segurança e observar as colunas de terra e fumaça negra que saltavam pelo ar, tais quais árvores que brotavam como mágica. Os pobres coitados ao redor da ponte passavam grande parte do dia acocorados nos pequenos buracos que tinham cavado ao lado da trincheira. Mas houve menos baixas do que se podia esperar, e a barricada continuou a crescer, formada por uma muralha de concreto com pouco mais de meio metro de espessura e frestas para duas metralhadoras e um pequeno canhão. O concreto estava sendo reforçado com velhas armações de camas, que, aparentemente, eram a única fonte de ferro que se podia encontrar para aquele fim.

7

Certa tarde, Benjamin nos informou que precisava de 15 voluntários. O ataque ao reduto fascista, que fora cancelado anteriormente, deveria ser executado aquela noite. Azeitei meus dez cartuchos mexicanos, sujei a baioneta (se brilharem demais, tais objetos denunciam a posição de quem os carrega) e fiz um farnel com um pedaço de pão, meio palmo de linguiça vermelha e um charuto que minha mulher me enviara de Barcelona e que eu guardava fazia bastante tempo. Distribuíram três bombas para cada homem. O governo espanhol finalmente conseguira produzir uma bomba decente. Ela usava o mesmo princípio da bomba Mills, mas com dois pinos em vez de apenas um. Depois de tirar os dois pinos, havia um intervalo de sete segundos para a bomba explodir. Sua principal desvantagem era que um dos pinos era duro demais, ao passo que o outro era muito frouxo, sendo necessário, então, decidir entre duas opções igualmente ruins: deixar ambos no lugar e arriscar não conseguir puxar o pino duro em um momento de emergência, ou tirá-lo antecipadamente – e ficar o tempo todo com medo de que a granada exploda no próprio bolso. Mas era uma bomba muito prática para se usar.

    Pouco antes da meia-noite, Benjamin nos conduziu até a *Torre Fabián*. A chuva continuava a cair desde o anoitecer. As valas de irrigação começavam a transbordar e, toda vez que alguém tropeçava em uma delas, ficava com água até a cintura. Em meio à escuridão total e à chuva torrencial no pátio da fazenda, uma massa indistinta de homens estava à nossa espera. Kopp falou conosco, primeiramente em espanhol e depois em inglês, explicando o plano de ataque. No ponto onde estávamos, a linha fascista fazia uma curva de 90 graus e a barricada que deveríamos atacar estava em um terreno elevado bem no vértice da tal curva. Cerca de 30 de nossos homens, metade ingleses e metade espanhóis, sob o comando de Jorge Roca – o comandante do nosso batalhão (na milícia, cada batalhão tinha cerca de 400 homens) – e de Benjamin, deveriam se aproximar e cortar o arame farpado da linha fascista. Jorge arremessaria a primeira bomba como sinal, e depois o resto de nós enviaria uma chuva de bombas, expulsando os fascistas da barricada, tomando-a antes que eles pudessem se reagrupar. Ao mesmo tempo, 70 tropas de choque deveriam atacar a próxima "posição" fascista, que ficava 200 metros à direita da primeira, ambas unidas por uma trincheira de comunicação. Para nos impedir de atirar uns nos outros na escuridão, usaríamos braçadeiras brancas. Naquele instante, chegou um mensageiro para nos dizer que não havia mais braçadeiras brancas. No meio da escuridão, uma voz sugeriu, com um tom de lamento:

— Não podemos fazer com que os fascistas usem as braçadeiras brancas, em vez de nós?

Tínhamos uma ou duas horas para nos preparar. O celeiro sobre o estábulo das mulas estava tão destruído pelo fogo de artilharia que não se podia andar nele sem luz. Metade do piso havia sido arrancado por um projétil e, por isso, abrira-se uma ribanceira de 6 metros até as pedras lá embaixo. Alguém encontrou uma picareta, arrancou uma das tábuas quebradas do piso e, em poucos minutos, acendemos uma fogueira, fazendo com que nossas roupas encharcadas começassem a fumegar. Outro soldado havia trazido um baralho. Surgiu um boato – um daqueles misteriosos burburinhos que parecem ser endêmicos na guerra – de que iriam servir em breve café quente com conhaque. Ansiosos, descemos as escadarias prestes a desmoronar e ficamos andando pelo pátio escuro, perguntando onde estava o café. Mas, infelizmente, não havia café algum! Em vez disso, fomos agrupados, colocaram-nos em fila indiana e, então, Jorge e Benjamin avançaram com rapidez na direção da escuridão, seguidos pelos restantes de nós.

Continuava a chover e a escuridão era intensa, mas o vento havia diminuído. A lama era indescritível. Os caminhos pelos campos de beterraba eram simplesmente uma sucessão de montículos, escorregadios como um pau de sebo, seguidos por enormes poças por todo lado. Muito antes de chegarmos ao ponto onde deveríamos atravessar nossa própria barricada, todos já haviam caído inúmeras vezes e nossos fuzis estavam cobertos de lama. No limite de nossa linha, um pequeno grupo de homens – nossos reservas – nos esperava, incluindo o médico e uma fileira de macas. Atravessamos a abertura na barricada e outra vala de irrigação. Tchibum, chuá! Mais uma vez, água até a cintura e uma lama imunda e viscosa escorrendo para dentro das botas. Na relva, do lado de fora da vala, Jorge esperou até todos passarmos. Então, quase dobrado ao meio, ele começou a rastejar lentamente para a frente. A barricada fascista estava a cerca de 150 metros de distância. Nossa única chance de chegar até lá era nos movendo sem fazer nenhum barulho.

Eu seguia na frente, com Jorge e Benjamin. Com o corpo dobrado, mas o rosto erguido, penetramos a escuridão quase total em um ritmo que ficava mais lento a cada passo. A chuva batia levemente em nossos rostos. Quando olhei para trás, pude ver os homens que estavam mais próximos de mim, um monte de formas corcundas como enormes cogumelos pretos deslizando lentamente para a frente. Mas, toda vez que eu levantava a cabeça, Benjamin, bem perto de mim, sussurrava ferozmente em meu ouvido:

— Fique com a cabeça baixa! Fique com a cabeça baixa! – Eu poderia ter-lhe dito que não precisava se preocupar. Sabia, por experiência própria, que em uma noite escura não se pode ver ninguém a mais de vinte passos de distância. Era muito mais importante manter-se em silêncio. Se nos ouvissem uma única vez, estaríamos acabados. Bastaria disparar uma rajada de metralhadora em meio à escuridão, e não poderíamos fazer nada além de fugir ou seríamos massacrados.

Mas naquele chão encharcado era quase impossível mover-se silenciosamente. Não importa o que se faça, com os pés presos na lama, cada passo que se dá é um slop-slop-slop, slop-slop-slop. E, ainda pior, o vento diminuíra e, apesar da chuva, a noite estava bastante tranquila. Qualquer som iria longe. Houve um momento terrível em que tropecei em uma lata, e achei que todos os fascistas em um raio de quilômetros tinham me ouvido. Mas não, nenhuma reação, nenhum tiro de resposta, nenhum movimento nas linhas fascistas. Avançamos, sempre mais devagar. Não sou capaz de lhes transmitir a intensidade do meu desejo de alcançar o nosso destino. Unicamente para chegar a uma distância em que poderíamos bombardeá-los, antes que nos ouvissem! Nesse momento, não se sente nem mesmo medo, apenas uma vontade desesperadora de atravessar aquele campo de transição. Senti exatamente a mesma coisa ao perseguir um animal selvagem: o mesmo desejo agonizante de me aproximar, a mesma certeza onírica de que seria impossível. E como a distância parecia aumentar! Eu conhecia aquele terreno bem, faltava menos de 150 metros e, no entanto, parecia faltar quase 2 quilômetros. Quando se rasteja nesse ritmo, percebe-se, tal qual uma formiga, todas as enormes variações no solo: a esplêndida faixa de grama lisa ali, a perversa faixa de lama pegajosa acolá, os juncos altos e ruidosos que devem ser evitados mais adiante, o monte de pedras que nos fazem perder qualquer esperança, dada a quase impossibilidade de transpô-lo sem fazer nenhum barulho.

Já estávamos avançando havia tanto tempo que comecei a pensar que tínhamos tomado o caminho errado. Então, na escuridão, finas linhas paralelas um pouco mais escuras tornaram-se levemente visíveis. Era o arame farpado externo (os fascistas tinham duas cercas de arame). Jorge ajoelhou-se, remexeu nos bolsos. Ele estava com nosso único par de alicates. Plic, plic!

A beirada do arame foi levantada delicadamente para o lado. Esperamos que os homens na retaguarda se aproximassem. Eles pareciam fazer um barulho assustador. Agora, estávamos provavelmente a 50 metros da barricada fascista. Continuamos avançando, ainda completamente curvados. Um avançar furtivo, abaixando cada pé com a mesma leveza de um gato que se aproxima da toca do rato; então, uma pausa para ouvir, e mais outro passo. Em certo momento, levantei minha cabeça; em silêncio, Benjamin colocou a mão atrás do meu pescoço e puxou-a violentamente para baixo. Eu sabia que a segunda cerca se encontrava a apenas 20 metros da barricada. Parecia-me impossível que 30 homens pudessem chegar ali sem ser ouvidos. Nossa respiração era o suficiente para nos entregar. No entanto, de alguma forma, chegamos. Agora, sim, a barricada fascista era visível: um montículo escuro e vago, pairando logo acima de nós. Mais uma vez, Jorge se ajoelhou e remexeu no bolso. Plic, plic. Não havia como cortar o arame silenciosamente.

Então *aquela* era a cerca interna. Rastejamos por ela de quatro, muito mais rápido. Se tivéssemos tempo para tomar a posição agora, tudo acabaria bem. Jorge e Benjamin rastejaram para a direita. Mas os homens logo atrás, que estavam espalhados, tinham de formar uma fila indiana para passar pela abertura estreita no arame e, nesse momento, houve um clarão e um estrondo, vindos da barricada fascista. Finalmente, a sentinela nos ouvira. Jorge apoiou-se em um joelho e girou o braço como um jogador de boliche. Bum! Sua bomba explodiu em algum lugar sobre a barricada. Imediatamente, muito mais rapidamente do que se poderia imaginar, um rugido de armas, dez ou vinte fuzis, irrompeu da frente fascista. Afinal de contas, estavam à nossa espera. Momentaneamente era possível ver cada um dos sacos de areia sob aquela luz sinistra. Os homens que estavam ao fundo, muito atrás, lançavam suas bombas fazendo com que algumas caíssem antes da barricada. De cada uma das seteiras, pareciam jorrar jatos de fogo. É sempre horrível estar sob a mira das balas na escuridão – cada disparo de fuzil parece estar apontando diretamente contra si – mas as bombas eram o que havia de pior. Ninguém é capaz de conceber o horror dessas armas até ter visto uma delas explodir ao seu lado na escuridão: durante o dia, ouve-se apenas o estrondo da explosão; à noite, há também o ofuscante clarão vermelho. Joguei-me no chão ao ouvir os primeiros disparos. Tudo aconteceu enquanto eu estava deitado, em meio à lama viscosa, lutando ferozmente com o pino de uma bomba. A maldita coisa não se mexia. Finalmente, percebi que estava torcendo-o para o lado errado. Tirei o pino, pus-me de joelhos, lancei a bomba e me joguei no chão novamente. A bomba explodiu à minha direita, fora da barricada: o medo arruinara minha mira. Nesse exato momento, outra bomba explodiu bem na minha frente, tão perto que pude sentir o calor da explosão. Grudei meu corpo no chão e enfiei meu rosto na lama com tanta força que machuquei meu pescoço, pensando que tinha me ferido. Em meio ao barulho, ouvi uma voz inglesa atrás de mim dizer baixinho:

— Fui atingido. – A bomba tinha, de fato, ferido várias pessoas ao meu redor, sem me afetar. Fiquei de joelhos e lancei minha segunda bomba. Não me lembro de onde ela foi parar.

Os fascistas continuavam a atirar, nossos homens lá atrás estavam atirando, e eu tinha plena consciência de que estava bem no meio de tudo aquilo. Senti a rajada de um tiro e percebi que um homem disparava logo atrás de mim. Levantei-me e gritei para ele:

— Não atire em mim, seu idiota!

Nesse momento vi que Benjamin, 10 ou 15 metros à minha direita, me sinalizava com o braço. Corri até ele. Para isso, tinha que cruzar a linha de seteiras que não parava de disparar e, enquanto corria, tentei proteger meu rosto com minha mão esquerda, um gesto idiota – como se a mão de alguém pudesse parar uma bala! –, mas eu tinha pavor de ser atingido no rosto. Benjamin, com um semblante ao mesmo tempo feliz e diabólico, apoiara-se em um joelho e atirava com sua pistola automática na direção dos clarões de fuzil, meticulosamente. Jorge caíra ferido logo na primeira rajada de balas e estava em algum lugar fora de nossa vista. Ajoelhei-me ao lado de Benjamin, puxei o pino da minha terceira bomba e atirei. Ah, dessa vez, não houve dúvidas! A bomba caiu do lado interno da barricada, bem no meio da curva, ao lado do nicho da metralhadora.

O fogo fascista pareceu diminuir muito subitamente. Benjamin levantou-se de um salto e gritou:

— Avante! Atacar!

Avançamos pela curta e íngreme encosta onde se erguia a barricada. Eu digo "avançamos", mas "nos arrastamos" seria uma expressão melhor; a verdade é que é impossível se mover rapidamente quando se está encharcado, enlameado da cabeça aos pés e carregando um fuzil pesado, uma baioneta e 150 cartuchos. Tinha certeza de que haveria um fascista esperando por mim lá no alto. Se ele atirasse àquela distância, não poderia errar; ainda assim, de alguma forma, não esperava realmente que ele disparasse, simplesmente para tentar me atingir com sua baioneta. Eu parecia imaginar de antemão a sensação de nossas baionetas se cruzando, e me perguntava se o braço dele seria mais forte do que o meu. No entanto, não havia nenhum fascista à minha espera. Com uma vaga sensação de alívio, descobri que se tratava de uma barricada baixa e que os sacos de areia ofereciam um bom suporte para os pés. Via de regra, são obstáculos difíceis de suplantar. Tudo lá dentro fora estilhaçado, travessões jogados por todo canto e pedaços de fibrocimento espalhados pelo chão. Nossas bombas haviam destruído todos os abrigos. E não se via vivalma em lugar nenhum. Achei que estariam à espreita em algum local subterrâneo e gritei, em inglês (não conseguia pensar em nada em espanhol naquele instante):

— Saiam logo daí! Rendam-se!

Nenhuma resposta. Então, um homem, uma figura sombria na penumbra, saltou do telhado de um dos abrigos em ruínas e saiu correndo para a esquerda. Fui atrás dele, empurrando minha baioneta inutilmente na escuridão. Ao dar a volta no abrigo, avistei um homem – não sei se era ou não o mesmo que tinha visto antes – fugindo pela trincheira de comunicação que levava à outra posição fascista. Devia estar muito perto dele, pois podia vê-lo claramente. Tinha a cabeça descoberta e parecia não estar vestindo nada além de um cobertor, que ele segurava ao redor dos ombros. Se eu tivesse disparado, poderia tê-lo feito em pedaços. Mas, por medo de atirarmos uns nos outros, mandaram-nos usar apenas baionetas quando nos encontrássemos dentro da barricada e, de qualquer forma, nunca havia pensado em atirar. Em vez disso, minha mente voltou no tempo vinte anos, e lembrei-me de nosso instrutor de boxe na escola, que me contara com muita animação como ele enfiara a baioneta em um turco, no Estreito de Dardanelos. Agarrei meu fuzil pela ponta da coronha e pulei nas costas do homem. Ele escapuliu, fora do meu alcance. Outro ataque: ainda fora de alcance. E por uma curta distância continuamos dessa forma, ele correndo pela trincheira e eu atrás dele, um patamar acima, mirando suas escápulas, sem nunca atingi-las – algo cômico para relembrar, embora ache que, para ele, a lembrança não seja tão cômica assim.

Homenagem à Catalunha

É claro que ele conhecia o terreno melhor do que eu e escapuliu com rapidez. Quando voltei, a posição estava cheia de homens gritando. O barulho dos disparos havia diminuído um pouco. Os fascistas ainda lançavam fogo pesado contra nós por três lados, mas de uma distância maior.

Nós os havíamos expulsado, por enquanto. Lembro-me de ter dito, em tom premonitório:

— Poderemos nos manter neste lugar por meia hora, não mais. – Não sei por que escolhi exatamente meia hora. Olhando por cima da barricada à direita, podiam-se ver inúmeros clarões esverdeados de fuzil cortando a escuridão, mas estavam muito longe, a 100 ou 200 metros de distância. Nosso trabalho agora era revolver a posição, saqueando qualquer coisa que tivesse algum valor. Benjamin e alguns outros já vasculhavam as ruínas de um grande abrigo e de uma trincheira no centro da posição. Benjamin surgiu em meio a um telhado em ruínas, completamente animado, puxando a alça de uma caixa de munição.

— Camaradas! Munição! Há muita munição aqui!

— Não queremos munição – disse uma voz –. queremos fuzis.

Era verdade. Metade de nossos fuzis estava cheia de lama e inutilizável. Fuzis podiam ser limpos, mas é perigoso retirar seu ferrolho no escuro: basta colocá-lo em algum lugar e, em seguida, já terá se perdido. Eu tinha uma pequena lanterna elétrica que minha esposa conseguira comprar em Barcelona e, além dela, não havia nenhuma outra fonte de luz que prestasse entre nós. Alguns homens com fuzis em bom estado começaram a disparar contra os clarões ao longe. Mas ninguém ousava atirar com muita rapidez, mesmo os melhores fuzis podiam emperrar se esquentassem demais. Havia cerca de 16 homens no interior da barricada, incluindo um ou dois feridos. Vários feridos, ingleses e espanhóis, ficaram deitados do lado de fora. Patrick O'Hara, um irlandês de Belfast que tinha algum treinamento em primeiros socorros, andava de um lado para o outro com pacotes de bandagens, enfaixando os feridos e, claro, sendo alvejado toda vez que voltava à barricada, apesar de seus gritos indignados de "Poum!"

Começamos a revirar a posição. Havia vários homens mortos espalhados, mas não parei para examiná-los. O que eu procurava era uma metralhadora. Durante todo o tempo em que estávamos deitados do lado de fora, fiquei imaginando vagamente por que a arma não disparou. Acendi minha lanterna dentro do nicho das metralhadoras. Que amarga decepção! A arma não estava lá. Seu tripé estava lá, além de várias caixas de munição e peças sobressalentes, mas a arma tinha sumido. Devem tê-la desaparafusado e a levado embora ao primeiro alarme. Sem dúvida agiram sob ordens, mas era uma atitude tão estúpida quanto covarde, pois, se tivessem mantido a arma no lugar, poderiam ter massacrado todos nós. Ficamos furiosos. Tínhamos vindo decididos a capturar uma metralhadora.

Procuramos em todo lugar, mas não encontramos nada de muito valor. Existia uma grande quantidade de bombas fascistas espalhadas – um tipo de bomba bem inferior, que era detonada ao se puxar um barbante – e coloquei algumas delas no bolso como lembranças. Era impossível não ficar impressionado com a miséria das trincheiras fascistas. O monte de roupas sobressalentes, livros, comida e pequenos pertences pessoais que se viam em nossos abrigos inexistia ali; aqueles pobres recrutas forçados a se alistar – que não recebiam nenhum soldo – pareciam não possuir nada além de cobertores e alguns pedaços encharcados de pão. Na extremidade mais distante, havia um pequeno abrigo que ficava, em parte, acima do solo, com uma minúscula janela. Nós passamos a lanterna pela janela e, imediatamente, começamos a comemorar. Um objeto cilíndrico em um estojo de couro, com 1,20 metro de altura e uns 15 centímetros de diâmetro, estava encostado na parede. Obviamente, tratava-se do cano da metralhadora. Demos a volta, entramos pela porta e descobrimos que a coisa no estojo de couro não era uma metralhadora, mas algo que, em nosso exército faminto por armas, seria ainda mais precioso: um telescópio enorme, provavelmente com uma lente que ampliava de 60 a 70 vezes, e um tripé dobrável. Esses telescópios simplesmente não existiam do nosso lado da linha e eram desesperadamente necessários. Triunfantes, nós o tiramos do abrigo e o encostamos na barricada, para carregá-lo conosco mais tarde.

Nesse momento alguém gritou que os fascistas estavam se aproximando. Certamente, o barulho dos tiros tinha ficado muito mais alto. Mas era óbvio que os fascistas não iriam contra-atacar pela direita, o que significava cruzar o território desocupado e investir contra sua própria barricada. Se tivessem algum bom senso, viriam até nós por dentro do front. Dei a volta até o outro lado dos abrigos. A posição tinha um formato parecido com o de uma ferradura – com as trincheiras no meio –, de modo que havia outra barricada nos cobrindo à esquerda. Um fogo pesado vinha daquela direção, porém isso não importava muito. O ponto mais perigoso ficava bem à nossa frente, já que ali estávamos completamente desprotegidos. Podia-se ouvir uma enxurrada de balas sendo disparada logo acima daquele lugar. Eles deviam estar avançando da outra posição fascista mais adiante no front – evidentemente, as tropas de choque não tinham conseguido capturá-la. Desta vez, o barulho era ensurdecedor, aquele estrondo ininterrupto de fuzis, semelhante ao rufar de tambores a que eu estava acostumado a ouvir de uma certa distância; era a primeira vez que eu me encontrava em meio aos tiros. E, a essa altura, certamente o tiroteio se espalhara por quilômetros ao longo da linha. Douglas Thompson, com um braço ferido pendendo inutilizado ao lado do corpo, estava encostado na barricada e atirava com uma mão só na direção dos clarões. Alguém cujo fuzil havia travado ajudava-o, recarregando sua arma sempre que preciso.

Estávamos em quatro ou cinco deste lado da linha. Era óbvio o que tínhamos de fazer. Deveríamos arrastar os sacos de areia da barricada da frente, levantando outra do lado desprotegido. E tínhamos de ser rápidos. A artilharia estava a toda naquele momento, mas eles poderiam diminuir o ritmo a qualquer instante. Pelos clarões ao redor, percebi que tínhamos 100 ou 200 homens contra nós. Começamos a soltar os sacos de areia da barricada, carregando-os 20 metros à frente e jogando-os em uma pilha malfeita. Que esforço terrível! Os sacos de areia eram enormes, pesando quase 50 quilos cada um, e precisávamos de toda a força disponível para soltá-los. Com tudo isso, os sacos podres se rompiam, e a terra úmida caía toda em cima de quem o puxasse, descendo pelo pescoço e entrando pelas mangas da camisa. Lembro-me de ter sentido um profundo asco de tudo aquilo: o caos, a escuridão, o barulho assustador, o deslizar de um lado para o outro na lama, o esforço de carregar aqueles sacos de areia a ponto de estourar – e, o tempo todo, carregados junto com meu fuzil, que eu não ousava largar de jeito nenhum, por medo de perdê-lo. Cheguei até mesmo a gritar para um camarada enquanto cambaleávamos juntos, carregando um saco:

— Então isso que é a guerra? Não é uma porcaria?

De repente, uma sucessão de figuras altas saltou sobre a barricada da frente. À medida que se aproximavam, vimos que usavam o uniforme das tropas de choque e os aplaudimos, pensando que eram reforços. No entanto, havia apenas quatro deles, três alemães e um espanhol. Só depois ficamos sabendo o que acontecera com as tropas de choque. Como não conheciam o terreno, foram parar no lugar errado devido à escuridão, e acabaram sendo apanhados pelo arame farpado fascista, onde vários foram abatidos. Os quatro que acabáramos de ver haviam se perdido, para sua felicidade. Os alemães não falavam uma palavra de inglês, francês ou espanhol. Com dificuldade e muita gesticulação, explicamos o que estávamos fazendo e conseguimos que nos ajudassem na construção da barricada.

A essa altura, os fascistas tinham trazido uma metralhadora. Podia-se vê-la cuspindo fogo a 100 ou 200 metros de distância. As balas passavam por cima de nós com um estalido constante e gélido. Em pouco tempo, tínhamos colocado sacos de areia suficientes para fazer uma barricada baixa, grande o bastante para que os homens deste lado pudessem se deitar e atirar. Eu me ajoelhara atrás deles. Um morteiro passou zunindo e caiu em algum lugar no território desocupado. Os morteiros eram outro perigo em vista, mas ainda levaria alguns minutos para que acertassem nossa posição. Agora que tínhamos terminado de lutar contra aqueles malditos sacos de areia, até que as coisas começavam a ficar divertidas, de certa forma: o barulho, a escuridão, os clarões que se aproximavam, nossos homens que respondiam ao fogo. Havia até tempo para refletir um pouco. Lembro-me de me perguntar se estava com medo e de decidir que não estava. Lá fora, onde provavelmente corria menos perigo, ficara enjoado de tanto medo. De repente, gritaram novamente que os fascistas estavam se aproximando. Desta vez, não havia a menor dúvida a respeito, os disparos de fuzil estavam muito mais próximos. Vi um clarão a menos de 20 metros de distância. Obviamente, subiam a trincheira de comunicação. A 20 metros, estavam ao alcance de nossas bombas; éramos oito ou nove e, amontoados como estávamos, bastaria uma única bomba bem lançada para nos reduzir a fragmentos. Bob Smillie, o sangue escorrendo pelo rosto por causa de um pequeno ferimento, deu um salto e jogou uma bomba. Nós nos encolhemos, esperando a explosão. O pavio em brasa reluziu enquanto voava pelo ar, mas a bomba não explodiu. (Pelo menos um quarto dessas bombas falhava.) Eu não tinha bombas, além das fascistas que guardara como lembrança, e não tinha certeza de como elas funcionavam. Gritei para os outros para saber se alguém tinha uma bomba de sobra. Douglas Moyle apalpou o bolso e me passou uma. Eu a arremessei e me joguei de cara no chão. Graças a um desses golpes de sorte que acontecem uma vez na vida, consegui lançar a bomba quase exatamente onde o fuzil havia disparado. Ouvimos o estrondo da explosão e, então, quase instantaneamente, um grito diabólico de gritos e gemidos. Havíamos acertado, pelo menos, um deles; não sei se o tal homem morreu, mas certamente ficou gravemente ferido. Pobre coitado, pobre coitado! Senti uma vaga tristeza ao ouvi-lo gritar. Mas, no mesmo instante, na penumbra dos clarões dos fuzis, vi, ou pensei ter visto, uma figura parada perto do local onde o fuzil havia disparado. Mirei minha arma e disparei. Outro grito, mas acho que ainda era o efeito da bomba. Várias outras bombas foram lançadas. Os próximos disparos de fuzil que vimos estavam muito longe, a cem metros ou mais. Nós os havíamos afugentado, pelo menos temporariamente.

Todo mundo começou a xingar, se perguntando por que diabos ninguém nos enviara algum reforço. Com uma submetralhadora, ou 20 homens com fuzis limpos, poderíamos proteger aquele lugar contra um batalhão inteiro. Nesse momento, Paddy Donovan, segundo em comando depois de Benjamin, e que havia sido mandado de volta para receber ordens, subiu na barricada da frente.

— Ei! Saiam todos daí! Todos devem se retirar imediatamente!

— O quê?

— Bater em retirada! Saiam daí!

— Por quê?

— Ordens. De volta às nossas linhas, bem depressa.

Os companheiros já começavam a escalar a barricada da frente. Vários deles se esforçavam para carregar uma caixa de munição pesada. Lembrei-me do telescópio que eu havia deixado encostado na barricada do lado oposto da posição. Mas, nesse momento, vi que os quatro membros da tropa de choque – agindo, suponho eu, segundo alguma ordem misteriosa que haviam recebido de antemão – começaram a subir a trincheira de comunicação, que levava à outra posição fascista e, caso lá chegassem, à morte certa. Já estavam desaparecendo na escuridão. Corri atrás deles, tentando pensar na palavra em espanhol para "retirada"; por fim, gritei *"Atrás! Atrás!"*, o que, talvez, lhes transmitisse o significado correto. O espanhol entendeu e trouxe os outros de volta. Paddy estava à espera na barricada.

— Vamos logo, apresse-se.

— Mas o telescópio!

— Dane-se o telescópio! Benjamin está esperando lá fora.

Escalamos a barricada. Paddy segurou o arame farpado para mim. Assim que saímos do abrigo da barricada fascista, nos encontramos sob um fogo dos diabos que parecia vir de todas as direções. Parte dos tiros, não duvido, vinha dos nossos próprios companheiros, pois todos estavam atirando ao longo do front. Para onde quer que nos virássemos, uma nova torrente de balas passava por nós; éramos conduzidos de um lado para outro na escuridão como um rebanho de ovelhas. Nossa escapada não era facilitada em nada pelo fato de estarmos arrastando a caixa de munição capturada – uma daquelas caixas que comportam 1.750 cartuchos e pesam cerca de 50 quilos –, além de uma caixa de bombas e vários fuzis fascistas. Em poucos minutos, embora a distância entre uma barricada e outra não chegasse a 200 metros e a maioria de nós conhecesse o terreno, estávamos completamente perdidos. Nós nos vimos patinando em um campo lamacento e só sabíamos que as balas vinham de todos os lados. Não havia lua para nos guiar, mas o céu estava ficando um pouco mais claro. Nosso front ficava a leste de Huesca. Eu queria ficar onde estávamos até que o primeiro raiar do dia nos mostrasse para onde era o leste e o oeste, mas os outros foram contra. Deslizamos para a frente, mudando de direção várias vezes e nos revezando para puxar a caixa de munição. Por fim, avistamos a linha baixa e plana de uma barricada surgindo à nossa frente. Poderia ser uma das nossas ou dos fascistas: ninguém tinha a menor ideia da direção que tínhamos tomado. Benjamin rastejou de bruços por um matagal alto e esbranquiçado até ficar a cerca de 20 metros da barricada e tentou uma das duplas senhas. A resposta foi um grito:

— Poum! – Nós nos levantamos de um salto, abrimos caminho até a barricada, afundamos na vala de irrigação. – Tchibum, chuá! – E estávamos a salvo.

Kopp estava esperando na barricada com alguns espanhóis. O médico e as macas já tinham sumido. Parecia que todos os feridos haviam sido retirados, a não ser Jorge e outro de nossos homens, cujo nome era Hiddlestone, que tinham desaparecido. Kopp andava de um lado para o outro, muito pálido. Até as dobras de gordura de sua nuca estavam pálidas; ele não prestava nenhuma atenção às balas que ultrapassavam a barricada baixa, estourando próximo à sua cabeça. A maioria dos homens agachara-se atrás da barricada em busca de proteção. Kopp sussurrava:

— *Jorge! Coño*[37]*! Jorge!* – E depois, em inglês: – Se Jorge se foi, isso é terrível, terrível! – Jorge era seu amigo pessoal e um de seus melhores oficiais. De repente, virou-se para nós e pediu cinco voluntários, dois ingleses e três espanhóis, para sair à procura dos desaparecidos. Moyle e eu nos voluntariamos, juntamente com três espanhóis.

Ao sairmos, os espanhóis murmuraram que começava a ficar perigosamente claro, o que era verdade, já que o céu adquirira um aspecto azul-claro. Ouvimos um barulho terrível de vozes agitadas vindo do reduto fascista. Evidentemente, eles haviam reconquistado a posição, com muito mais força do que antes. Quando estávamos a 60 ou 70 metros da barricada, devem ter nos visto ou ouvido, pois fomos recebidos por uma forte rajada de balas e nos jogamos de cara no chão. Um deles jogou uma bomba sobre a barricada – evidência de pânico. Estávamos deitados na grama, esperando uma oportunidade para seguir em frente, quando ouvimos ou pensamos ter ouvido – não tenho dúvidas de que era pura imaginação, mas pareceu bastante real à época –as vozes fascistas assustadoramente próximas. Eles tinham saído da barricada e vieram atrás de nós.

— Corra! – gritei para Moyle e levantei-me.

Céus, como corri! Um pouco mais cedo, naquela mesma noite, eu pensara que seria impossível correr quando se estava encharcado da cabeça aos pés, ainda mais carregando um fuzil e cartuchos; e, naquele instante, fiquei sabendo que *sempre* somos capazes de correr quando há 50 ou 100 homens armados em nosso encalço. Mas, se eu era capaz de correr rápido, outros poderiam correr com ainda mais velocidade. Em minha disparada, algo que poderia muito bem ter sido uma chuva de meteoros passou por mim. Eram os três espanhóis, que desembestaram na frente. Voltaram à nossa própria barricada sem parar nem um segundo, de forma que não consegui alcançá-los. A verdade era que nossos nervos estavam em frangalhos. No entanto, eu sabia que, à meia-luz, um homem é invisível, ao passo que cinco são claramente identificáveis; por isso, voltei sozinho. Consegui chegar à

---

37 Palavrão em espanhol, equivalente a "p...". (N. do T.)

cerca externa e vasculhei o chão o melhor que pude, o que não foi muito agradável, já que tive de me arrastar de bruços. Não havia nenhum sinal de Jorge ou Hiddlestone, então rastejei de volta. Mais tarde, ficamos sabendo que Jorge e Hiddlestone haviam sido levados para o posto de socorro mais cedo. Jorge fora levemente ferido no ombro, mas Hiddlestone sofrera um ferimento sério – uma bala subiu por seu braço esquerdo, quebrando os ossos em vários lugares; enquanto ele jazia indefeso no chão, uma bomba explodiu ao seu lado e dilacerou várias outras partes de seu corpo. Fico feliz em relatar que ele se recuperou. Mais tarde, contou-me que havia percorrido uma determinada distância deitado de costas e, depois, agarrou-se a um espanhol ferido e ambos se ajudaram mutuamente até nosso front.

Agora já estava amanhecendo. Ao longo do front, por quilômetros à nossa volta, disparos irregulares e sem sentido continuavam a irromper, como a chuva que continua a cair depois de uma tempestade. Lembro-me do aspecto desolado de tudo, dos pântanos enlameados, dos choupos gotejando, da água amarelada no fundo das trincheiras, dos rostos exaustos dos homens, barbados, encardidos de lama e enegrecidos até os olhos pela fumaça. Quando voltei ao meu abrigo, os três homens que o partilhavam comigo já estavam dormindo. Eles se jogaram no chão com todo o equipamento, agarrados aos seus fuzis. Tudo estava encharcado, dentro e fora da trincheira. Depois de muito procurar, consegui juntar algumas lascas de madeira seca, o suficiente para fazer uma pequena fogueira. Depois, fumei o charuto que vinha guardando e que, surpreendentemente, não se quebrara durante a noite.

Mais tarde nos disseram que a ação fora um sucesso, como sempre acontece em ações desse tipo. Tratava-se apenas de um ataque para fazer com que os fascistas desviassem as tropas do outro lado de Huesca – onde os anarquistas estavam novamente atacando. Eu imaginara que os fascistas haviam colocado 100 ou 200 homens no contra-ataque, mas um desertor nos disse mais tarde que eram 600. Atrevo-me a dizer que ele estava mentindo – desertores, por razões óbvias, muitas vezes tentam bajular os antigos inimigos. A perda do telescópio foi uma grande lástima. Penso nisso até hoje.

8

Os dias foram ficando mais quentes e até mesmo as noites estavam mais agradáveis. Em uma árvore cheia de buracos de bala diante da nossa barricada, grossos cachos de cereja começavam a brotar. Tomar banho no rio deixou de ser uma agonia, tornando-se quase um prazer. Rosas silvestres, com flores rubras do tamanho de pires, espalhavam-se ao longo das crateras feitas por projéteis ao redor da *Torre Fabián*. Atrás do front, era possível encontrar camponeses usando rosas selvagens atrás das orelhas. À noite, eles saíam com redes verdes em mãos para caçar codornas. Estendiam as redes sobre o topo das gramíneas e depois se deitavam, fazendo o ruído da codorna fêmea. Qualquer macho que estivesse por perto vinha correndo em sua direção e, quando o coitado estava sob a rede, jogavam uma pedra para assustá-lo, fazendo-o dar um salto, ficando preso na rede. Aparentemente, apenas codornas machos eram capturadas, o que me parecia injusto.

Agora havia uma seção de soldados da Andaluzia lutando do nosso lado no front. Não sei bem como chegaram até aqui. A explicação que ouvimos era que haviam fugido de Málaga tão rápido que se esqueceram de parar em Valência; mas essa história, é claro, era contada pelos catalães, que costumavam ter os andaluzes como uma raça de semisselvagens. Era verdade que os andaluzes eram muito ignorantes. Poucos – se é que havia exceções – sabiam ler e pareciam desconhecer algo que todo mundo sabe na Espanha: a qual partido político pertenciam. Acreditavam ser anarquistas, mas não tinham certeza; talvez fossem comunistas. Eram homens deformados, de aparência rústica, geralmente pastores ou trabalhadores dos olivais; provavelmente tinham os rostos profundamente manchados pelo agressivo sol meridional. Foram muito úteis para nós, pois apresentavam uma destreza extraordinária para enrolar o tabaco espanhol seco. A venda de cigarros havia cessado, mas, em Monflorite, de vez em quando, era possível comprar um tipo de tabaco muito barato, com aparência e textura muito parecidas com palha picada. Seu sabor não era ruim, mas era tão seco que, mesmo quando se conseguia enrolá-lo, o tabaco caía imediatamente e só nos restava um cilindro vazio nas mãos. Os andaluzes, no entanto, sabiam enrolar cigarros admiráveis e tinham uma técnica especial para arrematar as pontas.

Dois ingleses foram derrubados pela insolação. Minhas lembranças mais marcantes dessa época são o calor do sol do meio-dia, trabalhar seminu – com os sacos de areia lacerando os ombros já esfolados pelo sol –, a péssima qualidade de nossas roupas e botas – que estavam literalmente caindo aos pedaços –, as contendas com a mula que trazia nossas rações, que, apesar de não se importar com tiros de fuzil, fugia quando os estilhaços explodiam em pleno ar, os mosquitos (que começavam a surgir) e os ratos, que incomodavam todos, chegando até mesmo a devorar cintos de couro e cartucheiras. Nada acontecia, além de uma baixa ocasional devido à boa mira de um franco-atirador, dos esporádicos disparos de artilharia e dos ataques aéreos em Huesca. Agora que as árvores estavam cheias de folhas, construímos plataformas para os atiradores nos álamos que margeavam o front. Do outro lado de Huesca, os ataques começavam a rarear. Os anarquistas tiveram inúmeras perdas e não conseguiram isolar completamente a estrada de Jaca. Chegaram a se estabelecer perto o suficiente de ambos os lados para colocá-la sob o fogo de suas metralhadoras, tornando-a intransitável; mas a área que não fora conquistada tinha 1 quilômetro de largura, e os fascistas construíram uma estrada afundada – uma espécie de trincheira enorme – por onde um certo número de caminhões podia ir e vir livremente. Desertores relatavam que, em Huesca, havia muita munição, mas pouquíssima comida. No entanto, era certo que a cidade não iria cair. Provavelmente teria sido impossível tomá-la com os 15 mil homens mal armados que estavam à disposição. Mais tarde, em junho, o governo trouxe tropas do front de Madri e concentrou 30 mil homens em Huesca, com uma enorme quantidade de aviões – ainda assim, a cidade não caiu.

Quando saímos de licença, eu estava havia 115 dias no front e, à época, esse período me pareceu um dos mais fúteis de toda a minha vida. Eu me juntara à milícia para lutar contra o fascismo e, até então, quase não havia lutado. Minha existência era similar à de um objeto, passivo, sem fazer nada em troca de minhas rações além de sofrer com o frio e a falta de sono. Talvez seja esse o destino da maioria dos soldados, na maioria das guerras. Mas, agora que sou capaz de ver essa época sob uma outra ótica, não me arrependo totalmente. Na verdade, gostaria de ter servido um pouco mais eficazmente ao governo espanhol; mas, pessoalmente – do ponto de vista do meu próprio desenvolvimento –, aqueles primeiros três ou quatro meses que passei no front foram menos fúteis do que eu acreditara. Eles formaram uma espécie de intervalo em minha vida – bem diferente de tudo o que acontecera antes e talvez de tudo o que ainda está por vir – e me ensinaram coisas que eu não poderia ter aprendido de outra forma.

Para mim, o ponto essencial é que durante todo esse tempo eu estivera isolado, já que, no front, estávamos quase completamente à parte do mundo exterior – tínhamos uma vaga ideia até mesmo do que acontecia em Barcelona – e entre pessoas que podiam, a grosso modo, mas de forma não completamente imprecisa, ser descritas como revolucionárias. Eis o resultado do sistema de milícias, que, no front de Aragão, não foi radicalmente alterado até junho de 1937. As milícias operárias, baseadas nos sindicatos e compostas por pessoas com aproximadamente as mesmas opiniões políticas, acabaram canalizando para um só lugar todo o sentimento mais revolucionário do país. Eu caí mais ou menos por acaso na única comunidade da Europa Ocidental em que a consciência política e a descrença no capitalismo eram mais comuns do que seus opostos. Em Aragão, havia dezenas de milhares de pessoas – principalmente operários, embora nem todos o fossem – vivendo no mesmo nível, em pé de igualdade. Em teoria, era uma igualdade perfeita, mas, mesmo na prática, não se estava longe disso. Sentia-se ser verdade afirmar que experimentávamos um prelúdio do socialismo – com isso, quero dizer que a atmosfera mental predominante era a do socialismo. Muitos dos estímulos comuns da vida civilizada – o esnobismo, a ganância pelo dinheiro, o medo dos superiores etc. – simplesmente deixaram de existir. A habitual divisão de classes da sociedade tinha desaparecido a uma extensão quase impensável no ar contaminado pelo dinheiro da Inglaterra. Não havia ninguém ali além dos camponeses e de nós mesmos, e ninguém era senhor de mais ninguém. É claro que tal estado de coisas não poderia durar. Tratava-se simplesmente de uma fase temporária e localizada de um enorme jogo, que era jogado em toda a superfície da Terra. Mas durou o suficiente para mostrar seus efeitos sobre qualquer um que o tivesse experimentado. Por mais que reclamássemos à época, depois haveríamos de perceber que tínhamos tido contato com algo estranho e valioso. Havíamos feito parte de uma comunidade na qual a esperança era mais normal do que a apatia ou o cinismo, na qual a palavra "camarada" era sinônimo de camaradagem e não, como na maioria dos países, de falsidade. Respiramos o ar da igualdade. Agora tenho plena consciência de que se tornou comum negar que o socialismo tenha algo a ver com igualdade. Em todos os países do mundo, uma enorme tribo de mercenários partidários e professorezinhos elegantes estão empenhados em "provar" que o socialismo não é nada além de um capitalismo estatal com a motivação do lucro ainda intacta. Mas, felizmente, também existe uma visão do socialismo bem diferente dessa. O que atrai os homens comuns ao socialismo, a "mística" do socialismo – e torna-os dispostos a arriscar a pele por ele – é a ideia de igualdade; para a grande maioria das pessoas, o socialismo significa uma sociedade sem classes e nada mais que isso. E foi por isso que aqueles poucos meses na milícia foram valiosos para mim. Pois as milícias espanholas, enquanto duraram, foram uma espécie de microcosmo de uma sociedade sem classes. Naquela comunidade em que ninguém estava tentando "se arranjar", em que havia carência de tudo, mas não existiam privilégios nem servilismo, podia-se ver, talvez, uma amostra grosseira de como seriam os estágios iniciais do socialismo. E, no fim das contas, em vez de me causar desilusão, tudo aquilo me atraiu profundamente. Como consequência, meu desejo de ver o socialismo estabelecido tornou-se muito mais real do que antes. Em parte, talvez, isso se devesse à sorte de encontrar-me entre espanhóis que, com sua decência inata e seu sempre presente tom anarquista, tornariam toleráveis até os estágios iniciais do socialismo se tivessem qualquer chance de concretizá-lo.

 É claro que, na época, eu mal tinha consciência das mudanças que estavam ocorrendo em minha própria mente. Como todos ao meu redor, o que mais me importava era o tédio, o calor, o frio, a sujeira, os piolhos, a privação e o ocasional perigo. Hoje as coisas são bem diferentes. Essa época, que então parecia tão fútil e tediosa, é agora de grande importância para mim. Tornou-se algo tão diferente do resto de minha vida que já assumiu aquela qualidade mágica que, via de regra, pertence apenas às lembranças do passado. Mesmo sendo horrenda à medida que acontecia, agora é uma boa reminiscência para as elucubrações da minha mente. Gostaria de ser capaz de transmitir a atmosfera daqueles tempos. Espero ter feito isso, ao menos em parte, nos capítulos anteriores deste livro. Em minha mente, tudo está ligado ao frio do inverno, aos uniformes esfarrapados dos milicianos, aos rostos ovais dos espanhóis, ao ritmo de código Morse do estampido das metralhadoras, ao fedor de urina e pão estragado, ao gosto metálico dos guisados de feijão, devorados às pressas em vasilhas imundas.

Toda aquela época permanece comigo com uma vivacidade curiosa. Na minha memória, revivo incidentes que poderiam parecer insignificantes demais para que valesse a pena recordá-los. Vejo-me uma vez mais nas trincheiras de Monte Pocero, sobre o bloco de pedra calcária que servia de cama, e o jovem Ramón roncando com o nariz achatado entre minhas escápulas. Vejo-me tropeçando na trincheira lamacenta, através da névoa que me envolve com seus vapores frios. A meio caminho de uma fenda na encosta da montanha, luto para manter o equilíbrio e arrancar uma raiz de alecrim-bravo da terra. No alto, balas perdidas cantam.

Escondo-me entre pequenos abetos no baixio a oeste de Monte Oscuro, com Kopp, Bob Edwards e três espanhóis. Subindo a colina nua e cinzenta à nossa direita, uma fileira de fascistas alinha-se como formigas. Bem à nossa frente ressoa um toque de clarim das linhas fascistas. Kopp troca olhares comigo e, com um gesto juvenil, aperta o nariz ao ouvir o som.

Estou no pátio enlameado de *La Granja*, entre a multidão de homens que se debatem com suas panelas de latão ao redor do caldeirão de ensopado. O cozinheiro, gordo e esgotado, afasta-os com a concha. Em uma mesa próxima, um homem barbudo com uma enorme pistola automática presa ao cinto está cortando filões de pão em cinco pedaços. Atrás de mim, alguém com um sotaque *cockney*[38] (Bill Chambers, com quem tive uma briga vergonhosa e que foi morto mais tarde, fora de Huesca) canta:

> *Há ratos, ratos,*
> *Ratos grandes como gatos,*
> *No...*

---

38 Sotaque da região leste de Londres. (N. do T.)

Uma bomba surge, urrando. Crianças de 15 anos se jogam de bruços no chão. O cozinheiro se esconde atrás do caldeirão. Todos se levantam, com uma expressão encabulada, enquanto o projétil mergulha e explode a cem metros de distância.

Ando para cima e para baixo na linha de sentinelas, sob as copas escuras dos álamos. Na vala inundada, do lado de fora, os ratos boiam, fazendo tanto barulho que parecem lontras. Quando a aurora amarelada surge atrás de nós, a sentinela andaluz, envolta em seu manto, começa a cantar. Do outro lado do território desocupado, a 100 ou 200 metros de distância, pode-se ouvir a sentinela fascista, que também canta.

Em 25 de abril, depois das habituais *mañanas*, outra seção nos substitui – entregamos nossos fuzis, embalamos nossos pertences e marchamos de volta para Monflorite. Não me sentia mal de deixar o front. Os piolhos multiplicavam-se em minhas calças com muito mais rapidez do que era capaz de matá-los, já fazia mais de um mês que estava sem meias, e não sobrava quase nada de solado em minhas botas, de modo que eu estava andando mais ou menos descalço. Queria um banho quente, roupas limpas e uma noite entre lençóis com mais fervor do que é possível querer qualquer coisa quando se vive uma vida civilizada normal. Dormimos algumas horas em um celeiro em Monflorite, embarcamos em um caminhão no começo da madrugada, pegamos o trem das 5 em Barbastro e – tendo a sorte de conseguir uma conexão com um trem rápido em Lérida – chegamos a Barcelona às 3 horas da tarde do dia 26. Depois disso é que os problemas começaram.

9

De Mandalai, na Alta Birmânia, pode-se viajar de trem até Maymyo, a principal estação montanhosa da província, à beira do planalto Shan. A viagem é uma experiência bastante estranha. Parte-se da atmosfera típica de uma cidade oriental – luz do sol escaldante, palmeiras empoeiradas, odor de peixe, especiarias e alho, frutas tropicais polpudas, multidões de seres humanos de rostos escuros – e, por se estar tão acostumado a ela, mantém-se tal atmosfera intacta, por assim dizer, no interior do vagão de trem. Mentalmente, ainda se está em Mandalai quando o trem para em Maymyo, 1.200 metros acima do nível do mar. Mas, ao sair do vagão, entra-se em um hemisfério diferente. De súbito, respira-se um ar frio e doce – bem parecido com o da Inglaterra – e, ao redor, vê-se apenas grama verde, samambaias, abetos e mulheres das montanhas, com suas bochechas rosadas, vendendo cestas de morangos.

Voltar a Barcelona, depois de três meses e meio no front, trouxe-me essa lembrança à mente. Senti a mesma mudança de atmosfera abrupta e surpreendente. No trem até Barcelona, a atmosfera do front persistira: a sujeira, o barulho, o desconforto, as roupas esfarrapadas, o sentimento de privação, a camaradagem e a igualdade. O vagão, já cheio de milicianos quando saiu de Barbastro, era invadido cada vez mais por camponeses em todas as estações da linha; camponeses com embrulhos de legumes, aves aterrorizadas, carregadas de cabeça para baixo, sacos que se mexiam e se contorciam pelo chão – e que descobrimos estarem abarrotados de coelhos vivos – e, por fim, um rebanho bastante considerável de ovelhas, que eram empurradas para dentro dos compartimentos e enfiadas em cada espaço vazio. Os milicianos gritavam canções revolucionárias que abafavam o barulho do trem e beijavam as próprias mãos, acenando-as com lenços vermelhos e pretos para todas as garotas bonitas ao longo da linha. Garrafas de vinho e de anis, o imundo licor aragonês, passavam de mão em mão. Com os cantis de pele de cabra espanhóis, pode-se esguichar um jato de vinho na boca de um amigo do outro lado do vagão, o que poupa muito trabalho. Ao meu lado, um garoto de 15 anos de olhos negros contava histórias sensacionais – e, não duvido, completamente falsas – das próprias façanhas na frente de batalha para dois velhos camponeses cheios de rugas no rosto, que ouviam boquiabertos. Pouco depois, os camponeses desfizeram seus fardos e nos deram um gole de um vinho vermelho-escuro pegajoso. Todos estavam profundamente felizes, mais felizes do que sou capaz de transmitir. Mas, quando o trem passou por Sabadell e entrou em Barcelona, tomou conta do vagão uma atmosfera quase tão estranha e hostil para todos nós quanto se tivéssemos chegado a Paris ou Londres.

Todos os que fizeram duas visitas a Barcelona durante a guerra – com um intervalo de alguns meses – notaram as extraordinárias mudanças que ocorreram na cidade. E curiosamente, quer se tenha ido lá primeiro em agosto e novamente em janeiro ou, como eu, primeiro em dezembro e novamente em abril, a coisa que diziam era sempre a mesma: que a atmosfera revolucionária havia desaparecido. Sem dúvida, para quem esteve lá em agosto, quando o sangue mal secara nas ruas e a milícia estava alojada nos hotéis elegantes, a Barcelona de dezembro teria parecido burguesa; para mim, recém-chegado da Inglaterra, parecia-se mais com uma cidade operária do que qualquer coisa que eu imaginara possível. Agora, a maré havia recuado. Mais uma vez, tornara-se uma cidade comum, um tanto quanto reprimida e abatida pela guerra, mas sem nenhum sinal externo de predominância da classe trabalhadora.

A mudança no aspecto das multidões era surpreendente. O uniforme da milícia e o macacão azul haviam praticamente desaparecido; todo mundo parecia usar os elegantes ternos de verão, especialidade dos alfaiates espanhóis. Viam-se homens gordos e prósperos, mulheres elegantes e carros sofisticados por todo lado. (Diziam que ainda não havia carros particulares; mas qualquer um que "fosse alguém" parecia ter a possibilidade de comprar um automóvel.) Os oficiais do novo Exército Popular, uma classe de gente que mal existia quando saíra de Barcelona, fervilhavam em números surpreendentes: era uma proporção de um oficial para cada dez soldados. Alguns desses oficiais haviam servido na milícia e foram trazidos de volta do front para receber instruções técnicas, mas a maioria compunha-se de jovens que tinham preferido ir para a Escola de Guerra em vez de ingressar na milícia. Sua relação com seus homens não era exatamente a mesma de um exército burguês, mas existia uma diferença social definida, expressa pela diferença de salários e uniformes. Os soldados usavam uma espécie de macacão marrom grosseiro, e os oficiais, um elegante uniforme cáqui com a cintura ajustada, parecido com os dos oficiais do Exército Britânico, só que um pouco mais elegante. Imagino que, de cada 20 desses oficiais jovens apenas um tinha ido para a linha de frente, mas todos ostentavam pistolas automáticas presas ao cinturão. Nós, no front, não conseguíamos arranjar armas daquelas, nem por compaixão nem por dinheiro. Quando começamos a caminhar pela rua, notei que as pessoas nos encaravam, atentas à nossa aparência suja. É claro que, como todos que já estiveram vários meses nas fileiras de combate, formávamos uma visão terrível. Eu tinha consciência de que parecia um espantalho. Meu casaco de couro estava em frangalhos, meu gorro de lã havia perdido a forma – caindo o tempo todo sobre um olho – e, das minhas botas, restava muito pouco além dos cabedais, completamente expostos. Todos nos encontrávamos mais ou menos no mesmo estado e, além disso, estávamos sujos e com a barba por fazer, então não era de admirar que as pessoas olhassem. Mas fiquei um pouco assustado, pois acabei percebendo que certas coisas muito estranhas vinham acontecendo nos últimos três meses.

Nos dias seguintes descobri, por inúmeras indicações, que minha primeira impressão não estava errada. Uma profunda mudança havia ocorrido na cidade. Dois fatos marcavam a tônica de toda a situação: um era que o povo – a população civil – perdera muito de seu interesse pela guerra; o outro era que a divisão normal da sociedade em ricos e pobres, classe alta e classe baixa, estava se reafirmando.

A indiferença geral para com a guerra era surpreendente e, de certa forma, revoltante. Horrorizava as pessoas que chegavam de Madri ou mesmo de Valência. Em parte, devido ao afastamento de Barcelona dos combates de verdade; percebi a mesma coisa um mês depois em Tarragona, onde a vida cotidiana de uma elegante cidade litorânea continuava quase imperturbável. Mas era significativo o fato de que, em toda a Espanha, o alistamento voluntário tenha diminuído a partir de janeiro. Na Catalunha, em fevereiro, houvera uma onda de entusiasmo com a primeira grande campanha do Exército Popular, o que, no entanto, não levou a um grande aumento no recrutamento. A guerra tinha começado fazia apenas seis meses quando o governo espanhol teve de recorrer ao recrutamento – o que seria natural em uma guerra estrangeira, mas parece bizarro em uma guerra civil. Sem dúvida, havia certa ligação com a frustração da esperança revolucionária que havia dado início à guerra. Os membros dos sindicatos que se formaram em milícias e perseguiram os fascistas de volta a Saragoça nas primeiras semanas de guerra fizeram-no em grande parte porque acreditavam estar lutando pelo controle da classe trabalhadora; mas tornava-se cada vez mais óbvio que o controle da classe trabalhadora era uma causa perdida, e a gente comum, especialmente o proletariado da cidade, que tem de preencher as fileiras em qualquer guerra, civil ou estrangeira, não podia ser responsabilizada por sua apatia. Ninguém queria perder a guerra, mas a grande maioria das pessoas estava – mais do que qualquer outra coisa – ansiosa para que ela acabasse. Notava-se esse sentimento onde quer que se fosse. Em todo canto deparava-se com a mesma observação superficial: "Esta guerra... que coisa terrível, não? Quando é que isso vai terminar?" As pessoas politicamente conscientes estavam muito mais atentas às lutas internas entre anarquistas e comunistas do que à luta contra Franco. Para a massa do povo, a escassez de alimentos era a coisa mais importante. O "front" passou a ser considerado um lugar mítico e distante, para onde os jovens partiam e nunca mais voltavam ou, se voltassem, retornavam depois de três ou quatro meses com grandes somas de dinheiro no bolso. (Geralmente, os milicianos recebiam os salários atrasados quando saíam de licença.) Os homens feridos – mesmo quando voltavam andando de muletas – não recebiam nenhuma atenção especial. Fazer parte da milícia já não estava na moda. As lojas – os eternos barômetros do gosto público – mostravam isso claramente. Quando cheguei a Barcelona, qualquer casa comercial, por mais pobre e miserável que fosse, se especializara em equipamentos para milicianos. Viam-se quepes, jaquetas com zíper, cinturões táticos, facas de caça, cantis e coldres para revólver em todas as vitrines. Agora as lojas estavam nitidamente mais elegantes, e a guerra tinha ficado em segundo plano. Como descobri mais tarde, ao comprar meu equipamento antes de voltar para o front, certas coisas extremamente necessárias na linha de frente tornaram-se quase impossíveis de encontrar.

Enquanto isso, uma propaganda sistemática contra as milícias do partido e a favor do Exército Popular ocorrera. Nesse ponto, a situação era bastante curiosa. Desde fevereiro, todas as Forças Armadas haviam sido – em teoria – incorporadas ao Exército Popular, e as milícias foram reconstituídas – também no papel – tomando como base seu modelo, com salários diferenciados, patentes oficializadas etc. etc. As divisões consistiam em "brigadas mistas", que seriam compostas em parte por tropas do Exército Popular e, em parte, por milícias. Mas as únicas mudanças que realmente ocorreram foram trocas de nomenclatura. As tropas do Poum, por exemplo, anteriormente chamadas de Divisão Lênin, agora eram conhecidas como 29ª Divisão. Até junho, pouquíssimas tropas do Exército Popular tinham chegado ao front de Aragão e, por isso, as milícias puderam manter sua estrutura separada e seu caráter único. Mas os agentes do governo haviam escrito em todas as paredes e muros: "Precisamos de um Exército Popular". E, tanto no rádio quanto na imprensa comunista, circulava uma zombaria constante – por vezes, muito perversa – contra as milícias, que eram descritas como mal treinadas, indisciplinadas etc. etc., ao passo que o Exército Popular sempre era descrito como "heroico". Analisando-se grande parte dessa propaganda, qualquer um teria a impressão de que era de certa forma uma vergonha alistar-se voluntariamente para o front, enquanto que esperar para ser convocado seria um ato louvável. Nesse meio-tempo, no entanto, eram as milícias que mantinham a linha de frente, enquanto o Exército Popular se preparava na retaguarda – fato que tinha tão pouca divulgação quanto possível. Os grupos de milicianos que voltavam à frente de batalha não marchavam mais pelas ruas ao som do rufar dos tambores, com as bandeiras tremulando. Eram despachados por trem ou caminhão às 5 horas da manhã. Alguns poucos soldados recrutados pelo Exército Popular começavam só agora a partir para o front e, como antes, marchavam cerimoniosamente pelas ruas; mas mesmo eles, devido ao declínio geral do interesse pela guerra, se deparavam com pouquíssimo entusiasmo, comparativamente. O fato de que os milicianos também faziam parte, ao menos em teoria, das tropas do Exército Popular, era habilmente utilizado pela imprensa como propaganda. Qualquer fato meritório que acontecesse era automaticamente creditado ao Exército Popular, enquanto todos os fracassos eram culpa das milícias. Às vezes, as mesmíssimas tropas eram elogiadas por uma coisa e recriminadas por outra.

Mas, além de tudo isso, houve uma mudança surpreendente na atmosfera social – algo difícil de conceber por alguém que não tenha passado por ela. Quando cheguei a Barcelona, pensei ter encontrado uma cidade onde quase não existiam distinções de classe e grandes diferenças de riqueza. Certamente era o que parecia. Roupas "elegantes" eram incomuns, ninguém se curvava a ninguém nem aceitava gorjetas; os garçons, as floristas e os engraxates nos olhavam nos olhos e nos chamavam de "camarada". Eu não percebera que tudo aquilo era, em grande parte, uma mistura de esperança e camuflagem. A classe trabalhadora acreditava que uma revolução havia começado, mas ainda não se consolidara, e os membros da burguesia, assustados, se disfarçaram temporariamente de trabalhadores. Nos primeiros meses da revolução, deve ter havido muitas milhares de pessoas que, deliberadamente, vestiram macacões e gritaram slogans revolucionários como forma de salvar a própria pele. Agora, as coisas estavam voltando ao normal. Os restaurantes e hotéis elegantes estavam cheios de pessoas ricas devorando refeições caras, ao passo que, para a população da classe trabalhadora, os preços dos alimentos tinham subido absurdamente, sem nenhum aumento correspondente nos salários. Além do custo de tudo, constantemente havia racionamento de um ou outro produto, o que, é claro, atingia somente os pobres, nunca os ricos. Restaurantes e hotéis pareciam ter pouca dificuldade em conseguir o que queriam, mas, nos bairros operários, as filas para pão, azeite e outras necessidades tinham centenas de metros de comprimento. Anteriormente, em Barcelona, me impressionara a ausência de mendigos; agora havia uma enorme quantidade deles. Do lado de fora da mercearia localizada no alto das Ramblas, hordas de crianças descalças estavam sempre à espera para se aglomerar ao redor de qualquer pessoa que saísse, para implorar por restos de comida. As formas de tratamento "revolucionárias" começavam a cair em desuso. Atualmente, estranhos raramente se dirigem uns aos outros por *tú* ou *camarada*; geralmente se usa *señor* e *usted*. *Buenos días* começava a substituir *salud*. Os garçons voltaram a usar suas camisas engomadas e os lojistas se curvavam à maneira de antigamente. Minha esposa e eu fomos a uma loja nas Ramblas para comprar meias. O lojista fez-nos uma reverência esfregando as mãos, algo que não se faz mais nem mesmo na Inglaterra, embora tivesse sido usual vinte ou trinta anos atrás. De forma indireta e furtiva, a prática da gorjeta estava voltando. As patrulhas de operários receberam ordens para se dissolver e as forças policiais do pré-guerra voltaram às ruas. Como resultado, os espetáculos de cabarés e os bordéis mais distintos – muitos dos quais haviam sido fechados pelas patrulhas operárias – reabriram imediatamente[39].

Um exemplo pequeno, mas significativo, de como agora tudo se direcionava em favor das classes mais abastadas podia ser visto na escassez de tabaco. Para as massas, a falta de fumo era tão desesperadora que cigarros atulhados de raiz de alcaçuz picada eram vendidos nas ruas. Experimentei alguns certa vez. (Muita gente acabou experimentando-os.) As ilhas Canárias, onde o tabaco espanhol é cultivado, estavam nas mãos de Franco; por isso, os únicos estoques de fumo que sobraram do lado governista eram os que já existiam antes da guerra. As reservas estavam tão baixas que as tabacarias só abriam uma vez por semana; depois de esperar algumas horas na fila, podia-se, caso a pessoa tivesse sorte, conseguir um pacote de cem gramas de

---

39 Uma nota de rodapé de Orwell para a edição original: "Dizia-se que as patrulhas operárias haviam fechado 75% dos bordéis". Uma nota de errata encontrada após sua morte, no entanto, afirmava: "A observação deve ser modificada. Não há evidências plausíveis de que a prostituição tenha diminuído em 75% nos primeiros dias da guerra, e acredito que os anarquistas tenham aplicado o princípio de 'coletivização' dos bordéis, apesar de ter havido uma campanha contra a prostituição (através de cartazes etc.). É fato, porém, que os bordéis mais elegantes e os espetáculos de cabaré que apresentavam nudez foram fechados nos primeiros meses da guerra e reabertos depois de um ano do conflito". (N. do editor da versão original.)

tabaco. Teoricamente, o governo não permitia a compra de tabaco do exterior, pois isso significaria reduzir as reservas internas de ouro, que deveriam ser mantidas para armamentos e outras necessidades. Na verdade, havia um suprimento constante de cigarros estrangeiros contrabandeados – das marcas mais caras, como Lucky Strikes e outros afins –, o que criava oportunidades incríveis de lucro. Qualquer um poderia comprar tais cigarros contrabandeados abertamente nos hotéis elegantes e, de uma forma menos exposta, nas ruas, contanto que pudesse pagar 10 pesetas (o salário de um dia dos milicianos) por um maço. O contrabando beneficiava as pessoas ricas e, por isso, era tolerado. Com dinheiro suficiente, não havia nada que não pudesse ser obtido, em qualquer quantidade – exceção feita ao pão, que era racionado com bastante rigor. Esse contraste escancarado entre riqueza e pobreza teria sido impossível alguns meses antes, quando a classe trabalhadora ainda estava – ou parecia estar – no controle. Mas não seria justo atribuir essa desigualdade apenas à mudança do poder político. Em parte, era o resultado da segurança no cotidiano de Barcelona, onde havia pouco que fizesse o povo se lembrar da guerra, a não ser um ou outro ataque aéreo ocasional. Todos que estiveram em Madri afirmavam que lá as coisas eram completamente diferentes. Na capital, os perigos diários forçavam as pessoas de quase todas as classes a um certo senso de camaradagem. Um homem gordo comendo codornas enquanto crianças imploram por pão é uma visão repugnante, mas bem menos provável e ser vista quando o estrondo das bombas é ouvido por todos.

Um ou dois dias depois dos conflitos nas ruas da cidade, lembro-me de ter passado por uma das ruas da moda e visto uma confeitaria com a vitrine cheia de doces e bombons dos tipos mais elegantes, a preços exorbitantes. Era o tipo de comércio que se vê na Bond Street ou na Rue de la Paix[40]. Lembro-me também de ter sentido uma certa aversão e de ter ficado espantado em ver que o dinheiro ainda podia ser malgasto com esse tipo de coisa em um país faminto e devastado pela guerra. Mas Deus me livre de fingir qualquer superioridade pessoal. Depois de vários meses de desconforto, tinha um desejo voraz por comida e vinho decentes, coquetéis, cigarros americanos e coisas do tipo, e admito ter desfrutado de todos os luxos que meu dinheiro podia comprar. Durante aquela primeira semana, antes de começarem os

---

40 Ruas de comércio elegante em Londres e Paris, respectivamente. (N. do T.)

conflitos de rua, tive várias preocupações que se sobrepuseram umas às outras de forma bastante curiosa. Em primeiro lugar, como já disse, ocupei-me em ficar o mais confortável possível. Em segundo lugar, devido ao excesso de comida e bebida, fiquei doente durante toda aquela semana. Sentia-me um pouco indisposto, ficava na cama durante metade do dia, levantava-me, fazia outra refeição excessiva e, depois, sentia-me mal de novo. Ao mesmo tempo, negociava secretamente a compra de um revólver. Queria muito uma pistola – na luta de trincheiras muito mais útil do que um fuzil – mas elas eram muito difíceis de conseguir. O Governo as entregara aos policiais e aos oficiais do Exército Popular, mas recusava-se a entregá-las às milícias; era preciso comprá-las, ilegalmente, nos depósitos secretos dos anarquistas. Depois de muitos transtornos e aborrecimentos, um amigo anarquista conseguiu para mim uma minúscula pistola automática de 26 milímetros, uma arma sem valor nenhum, inútil a uma distância maior de cinco metros mas, melhor que nada. E, além de tudo que acontecia, eu começava a me preparar para deixar a milícia do Poum e entrar em alguma outra unidade que garantisse minha ida para o front de Madri.

Eu já dissera a todos, muito tempo atrás, que deixaria o Poum. No que dizia respeito às minhas preferências unicamente pessoais, gostaria de ter me juntado aos anarquistas. Quem se tornava membro da CNT podia entrar na milícia da FAI, mas me disseram que a FAI provavelmente me enviaria para Teruel e não para Madri. Se eu quisesse ir para a capital, deveria entrar para a Coluna Internacional e, para isso, teria de conseguir uma recomendação de um membro do Partido Comunista. Procurei um amigo do partido ligado à Assistência Médica Espanhola e expliquei-lhe meu caso. Ele parecia bastante interessado em me alistar e pediu-me que, se possível, eu convencesse outros ingleses do ILP a virem comigo. Se minha saúde estivesse melhor, provavelmente teria concordado no mesmo instante. Agora, é difícil dizer que diferença isso teria feito. É bem possível que eu tivesse sido enviado a Albacete antes do início dos combates em Barcelona; nesse caso, sem ter visto o conflito de perto, teria aceitado a versão oficial dos fatos como verdadeira. Por outro lado, se tivesse estado em Barcelona durante os combates – sob ordens comunistas, mas ainda com um sentimento de lealdade aos meus camaradas do Poum –, minha posição teria ficado impossível. Mas eu tinha mais uma semana de licença e ansiava por recuperar minha saúde antes de retornar ao front. Além disso – o tipo de detalhe que sempre decidia o nosso destino – precisava esperar os sapateiros me fornecerem um novo par de coturnos. (Não fui capaz de encontrar um par de coturnos grandes o suficiente para meus pés dentro do exército espanhol.) Disse ao meu amigo comunista que faria arranjos definitivos mais tarde. Enquanto isso, queria descansar. Cheguei a cogitar passarmos – minha esposa e eu – dois ou três dias à beira-mar. Que ideia! Deveria ter suposto, dada a atmosfera política, que esse não era o tipo de coisa que se faria normalmente naquela época.

Pois, sob o aspecto superficial da cidade, sob o luxo e a pobreza crescentes, sob a aparente alegria das ruas – com suas barracas de flores, suas bandeiras multicoloridas, seus cartazes de propaganda e a multidão nas ruas –, havia um inconfundível e tenebroso sentimento de rivalidade política e de ódio. Pessoas de todas as opiniões afirmavam, com um tom de mau presságio: "Teremos problemas em breve". O perigo era bastante compreensível e evidente. Tratava-se simplesmente do antagonismo entre aqueles que desejavam que a revolução avançasse e aqueles que desejavam detê-la ou impedi-la – em última análise, entre os anarquistas e os comunistas. Agora, politicamente, não havia poder instaurado na Catalunha além do PSUC e de seus aliados liberais. Mas, contra eles, existia a força incerta da CNT, menos bem armada e menos certa do que os adversários quanto a seus objetivos, mas poderosa devido ao número de membros e à sua predominância em várias indústrias-chave. Com um tal alinhamento de forças, era certo que haveria problemas. Do ponto de vista da *Generalitat*, controlada pelo PSUC, o mais importante – para garantir sua posição – era tirar as armas das mãos dos trabalhadores filiados à CNT. Como já mencionei anteriormente, as manobras para dividir as milícias do partido tinham, no fundo, essa finalidade. Ao mesmo tempo, as forças policiais armadas do pré-guerra, os guardas civis e outras patrulhas do gênero foram reativadas e vinham sendo fortemente armadas, recebendo também grandes reforços. Tudo isso só poderia significar uma coisa. A Guarda Civil, em particular, era uma força militar comum na Europa continental, que por quase um século atuara como guarda-costas das classes dominantes. Nesse meio-tempo, baixaram um decreto determinando que todas as armas em posse de particulares deveriam ser entregues. Naturalmente, ninguém obedeceu a essa ordem; era óbvio que as armas pertencentes aos anarquistas só seriam tiradas deles à força. Durante esse período, surgiram rumores – sempre vagos e contraditórios, devido à censura dos jornais – de pequenos confrontos que aconteciam por toda a Catalunha. Em várias localidades, as forças policiais armadas desferiram ataques a fortalezas anarquistas. Em Puigcerdá, na fronteira com a França, um grupamento de *carabineros* foi enviado para tomar o posto alfandegário – até então controlado por anarquistas – e Antonio Martín, um conhecido anarquista, foi morto[41].

Incidentes semelhantes ocorreram em Figueras e, acredito eu, em Tarragona. Em Barcelona houve uma série de confrontos, confirmados extraoficialmente, nos subúrbios onde residia a classe trabalhadora. Os membros da CNT e da UGT já aniquilavam uns aos outros fazia algum tempo. Em várias ocasiões, os assassinatos foram seguidos de funerais enormes e provocativos, com a intenção deliberada de incitar o ódio político. Um membro da CNT fora morto havia pouquíssimo tempo, e centenas de milhares de seus membros apareceram para acompanhar o cortejo. No final de abril, logo depois que cheguei a Barcelona, Roldan, um membro proeminente da UGT, foi assassinado, presumivelmente por alguém da CNT. O governo ordenou o fechamento de todas as lojas e organizou uma enorme procissão fúnebre, composta principalmente por soldados do Exército Popular, que levaram duas horas para passar em sua totalidade por cada ponto determinado. Assisti a tudo da janela do hotel, sem o menor entusiasmo. Era óbvio que o que chamaram de funeral era apenas uma demonstração de força; caso acontecesse novamente esse tipo de incidente, poderiam contar com derramamento de sangue. Na mesma noite, minha esposa e eu fomos despertados por um tiroteio vindo da Plaza de Cataluña, a 100 ou 200 metros de distância. No dia seguinte, ficamos sabendo que um homem fora morto, presumivelmente por alguém da UGT. É claro que era bem possível que todos esses assassinatos fossem cometidos por *agents provocateurs*[42]. Pode-se avaliar a atitude da imprensa capitalista estrangeira em relação à disputa entre comunistas e anarquistas, já que, apesar de o assassinato de Roldan ter recebido enorme publicidade, o revide permaneceu cuidadosamente omitido.

Aproximava-se o Primeiro de Maio e falava-se de uma manifestação monstruosa, em que participariam tanto a CNT quanto a UGT. Os líderes da

---

41 Errata encontrada após a morte de Orwell: "Disseram-me que minha referência a este incidente é incorreta e enganosa". (N. do editor da versão original.)
42 Literalmente "agentes provocadores", em francês. Pessoas contratadas para incitar ódio e conflitos, com intuitos políticos ou sociais. (N. do T.)

CNT – mais moderados do que muitos de seus seguidores – há muito trabalhavam pela reconciliação com a UGT. Na verdade, a tônica de sua política era tentar unir os dois grupos sindicalistas em uma grande coalizão. A ideia era que a CNT e a UGT marchassem juntas, demonstrando sua solidariedade. Mas, no último momento, a manifestação foi cancelada. Ficara perfeitamente claro que qualquer protesto só levaria a tumultos. Então, o Primeiro de Maio passou em branco. Era uma situação estranha. Barcelona, conhecida como a cidade revolucionária, foi provavelmente a única cidade europeia não fascista sem nenhuma celebração naquele dia. Mas admito que fiquei bastante aliviado. Todos esperavam que os membros do ILP marchassem no setor do Poum na manifestação – e, certamente, isso traria problemas. A última coisa que eu desejava era me envolver em algum conflito de rua sem sentido. Marchar pelas ruas atrás de bandeiras vermelhas com slogans de insurreição e, por isso, ser morto por um tiro disparado de uma janela qualquer por algum completo desconhecido portando uma submetralhadora não é minha ideia de uma forma útil de morrer.

10

No dia 3 de maio, por volta das 12 horas, um amigo que encontrara atravessando o saguão do hotel me disse casualmente:

— Ouvi dizer que parece ter havido algum transtorno na Central Telefônica. – Por alguma razão, não lhe dei atenção naquele instante.

Naquela mesma tarde, entre 3 e 4 horas, estava no meio das Ramblas quando ouvi vários tiros de fuzil atrás de mim. Virei-me e vi alguns jovens, com fuzis nas mãos e os lenços rubro-negros dos anarquistas em volta do pescoço, subindo uma rua lateral que saía das Ramblas rumo ao norte da cidade. Evidentemente, estavam trocando tiros com alguém no alto de uma torre octogonal – de uma igreja, acho – que tinha vista para toda a rua. Pensei instantaneamente: "Começou!" Mas não tivera nenhuma sensação de surpresa ao fazer tal reflexão – já havia muitos dias que todos esperavam tal começo a qualquer instante. Percebi que precisava voltar imediatamente ao hotel para ver se minha esposa estava bem. Mas o grupo de anarquistas ao redor da entrada da rua lateral fazia sinal para que as pessoas recuassem e gritavam para que não cruzassem a linha de fogo. Mais tiros ecoaram. As balas da torre atravessavam toda a rua e uma multidão de pessoas em pânico começou a correr pelas Ramblas, fugindo dos tiros. Por todo lado ouvia-se o clac-clac-clac das portas de aço das lojas sendo fechadas. Vi dois oficiais do Exército Popular recuando cautelosamente, protegendo-se de árvore em árvore com as mãos empunhando seus revólveres. Diante de mim, uma multidão entrava na estação de metrô que se encontra no meio das Ramblas para se abrigar. Naquele instante, decidi não fazer o mesmo, pois poderia ficar horas preso lá embaixo.

Nesse momento, um médico americano que esteve conosco no front correu até mim e me agarrou pelo braço. Ele estava muito agitado.

— Vamos, precisamos descer até o Hotel Falcón. (O Hotel Falcón era uma espécie de pensão mantida pelo Poum, usado principalmente por milicianos de licença.) Os camaradas do Poum vão se reunir lá. A confusão está começando. Devemos ficar juntos.

— Mas que diabos está acontecendo? – respondi.

O médico continuava a me puxar pelo braço. Estava agitado demais para falar coisa com coisa. Parecia que ele estava na Plaza de Cataluña quando viu vários caminhões carregados de guardas civis armados[43] dirigindo-se para a Central Telefônica – que se encontrava sob controle majoritário dos membros da CNT – e acabaram por atacá-la repentinamente. Depois, chegaram alguns anarquistas e o conflito se alastrou. Deduzi que o "transtorno"

---

43 Errata encontrada após a morte de Orwell: "Nos capítulos anteriores faço referência constante a 'guardas civis'. Esse tempo todo, deveria ter me referido a eles como 'tropas de choque'. Fui enganado pelos uniformes das tropas de choque da Catalunha, diferentes dos de Valência, e pelos espanhóis de um modo geral, que chamavam a ambos de *la guardia*. O fato comprovado de que os guardas civis frequentemente se aliassem a Franco sempre que possível não recai sobre as tropas de choque, que faziam parte de uma corporação nascida desde a Segunda República. Mas a hostilidade geral à *la guardia* a que me referi, que teve grande parcela de culpa no que aconteceu em Barcelona, se mantém. (Nota do editor da versão original.)

do meio-dia fora uma exigência feita pelo governo para que lhe entregassem a Central Telefônica, o que, obviamente, foi negado.

Enquanto descíamos a rua, um caminhão passou por nós na direção oposta. Estava cheio de anarquistas com fuzis nas mãos. À frente, um jovem esfarrapado se deitara sobre uma pilha de colchões, diante de uma metralhadora leve. Quando chegamos ao Hotel Falcón, que ficava no final das Ramblas, uma multidão fervilhava no saguão de entrada; uma grande confusão reinava, sem que ninguém parecesse saber o que devia fazer, e ninguém, além dos poucos membros das tropas de choque – que agiam como guardas do edifício – estava armado. Fui até o comitê local do Poum, que ficava quase em frente ao hotel. No andar de cima, na sala onde os milicianos normalmente iam sacar seus salários, encontrava-se outra multidão. Um homem alto, pálido, bem apessoado e em trajes civis, com cerca de 30 anos, tentava restaurar a ordem e distribuía os cinturões e cartucheiras que estavam empilhados a um canto. Aparentemente, ainda não havia fuzis. O médico desaparecera – acredito que já tivesse havido baixas e os médicos tivessem sido convocados – mas chegara um outro inglês. Logo depois o homem alto e alguns de seus companheiros começaram a trazer braçadas de fuzis de uma sala interna, distribuindo-os aos presentes. Como éramos estrangeiros, o outro inglês e eu, suspeitavam ligeiramente de nós e, a princípio, ninguém queria nos dar uma arma. Então, um miliciano que eu conhecera no front chegou e me reconheceu, e tiveram de nos dar um rifle e alguns pentes de cartuchos, mesmo que a contragosto.

Ouvimos tiros ao longe, e as ruas ficaram completamente vazias. Todos diziam ser impossível subir as Ramblas. Os guardas civis haviam tomado alguns prédios em posições de comando e atiravam em todos que passavam. Eu teria me arriscado para voltar ao hotel, mas havia rumores de que o comitê local seria atacado a qualquer momento e era melhor ficarmos a postos. Por todo o prédio, nas escadas e na rua do lado de fora, pequenos grupos de pessoas conversavam animadamente. Ninguém parecia ter uma ideia muito clara do que estava acontecendo. Tudo o que fiquei sabendo foi que a Guarda Civil havia atacado a Central Telefônica e tomado vários pontos estratégicos que punham prédios pertencentes aos trabalhadores sob sua mira. A sensação geral era de que os guardas civis estavam à caça da CNT e da classe trabalhadora em geral. A essa altura, era perceptível que ninguém parecia querer colocar a culpa no governo. As classes mais pobres de Barcelona viam os guardas civis como algo bastante parecido com os *Black and Tans*[44] e tinham quase certeza de que eles haviam iniciado esse ataque por iniciativa própria. Depois de ficar a par de como estava a situação, fiquei mais tranquilo. A questão era bastante clara. De um lado, a CNT, do outro, a polícia. Não tenho nenhum amor especial pelo "trabalhador" – da forma como ele é idealizado pelo comunista burguês –, mas quando vejo um trabalhador de carne e osso, real, em conflito com seu inimigo natural – o policial –, não preciso pensar duas vezes para saber de que lado vou ficar.

Muito tempo se passou e nada parecia acontecer do nosso lado da cidade. Não me passou pela cabeça que poderia ligar para o hotel e descobrir se minha esposa estava bem. Eu tinha certeza de que a Central Telefônica parara de funcionar – embora, na verdade, só tenha ficado fora do ar por algumas horas. Parecia haver cerca de 300 pessoas nos dois prédios. A maioria era das classes mais humildes, vinda das ruelas ao longo do cais. Havia várias mulheres entre elas, algumas carregando bebês, e uma multidão de crianças esfarrapadas. Imagino que muitas delas não faziam ideia do que estava acontecendo e simplesmente fugiram para os prédios do Poum em busca de proteção. Havia também alguns milicianos de licença e estrangeiros. Pelo que pude estimar, tínhamos cerca de 60 fuzis no total. O escritório no andar de cima era constantemente invadido por uma multidão de pessoas que exigiam rifles, às quais se informava que não havia mais nenhuma arma. Os milicianos mais jovens, que pareciam encarar tudo aquilo como uma espécie de piquenique, ficavam ao redor de quem já tinha um fuzil, tentando conseguir o seu próprio – fosse implorando por um, fosse afanando-o. Não demorou muito para que um deles surrupiasse meu rifle, esquivando-se com muita esperteza e sumindo imediatamente. E cá estava eu desarmado mais uma vez – embora tivesse minha pequena pistola automática, com apenas um pente de balas.

Começava a anoitecer, eu estava com fome e, aparentemente, não havia comida no Falcón. Meu amigo e eu fomos até seu quarto, que não ficava muito longe dali, para jantar. As ruas estavam completamente escuras e

---

44 Força de elite composta em sua maioria por veteranos britânicos da Primeira Guerra Mundial, empregados pela Real Polícia Irlandesa, entre os anos de 1920 e 1921, para reprimir as rebeliões na Irlanda. (N. do T.)

silenciosas, sem uma pessoa sequer à vista, e as portas de aço das lojas, fechadas – mas ainda não se via nenhuma barricada. Fizeram um grande alvoroço para nos deixar entrar no hotel de meu amigo, que estava trancado a sete chaves. Quando voltamos, informaram-nos que a Central Telefônica estava funcionando e fui até o telefone do escritório no andar de cima para ligar para minha esposa. Como sempre, não havia lista telefônica no prédio, e eu não sabia o número do Hotel Continental. Depois de andar de quarto em quarto por cerca de uma hora à caça de qualquer informação, encontrei um guia que continha o número do hotel. Não consegui entrar em contato com minha esposa, mas consegui falar com John McNair, o representante do ILP em Barcelona. Ele me disse que estava tudo bem, ninguém tinha sido baleado, e me perguntou se estávamos bem no comitê local. Respondi-lhe que estaríamos melhor se tivéssemos alguns cigarros. Fizera apenas uma piada; no entanto, meia hora depois, McNair apareceu com dois pacotes de Lucky Strikes. Ele enfrentara as ruas escuras como breu, guardadas por patrulhas anarquistas, que o pararam duas vezes apontando-lhe a pistola para examinar seus documentos. Jamais esquecerei este pequeno ato de heroísmo. Ficamos muito felizes com os cigarros.

Tinham colocado guardas armados na maioria das janelas do hotel e lá embaixo, na rua, um pequeno grupo de Tropas de Choque parava e questionava os poucos transeuntes. Um carro-patrulha dos anarquistas chegou, lotado de armas. Ao lado do motorista, uma linda garota de cabelos escuros com cerca de 18 anos acariciava uma submetralhadora no seu colo. Passei muito tempo perambulando pelo prédio, um lugar imenso, cuja planta era impossível de apreender. Por toda parte reinava o lixo habitual, os móveis quebrados e os papéis rasgados, que parecem ser produtos inevitáveis da revolução. Pessoas dormiam em todos os cômodos; em um sofá quebrado no meio de um corredor, duas mulheres pobres da região portuária roncavam tranquilamente. Aquele lugar fora um teatro de cabaré antes de ser tomado pelo Poum. Existiam pequenos palcos em vários cômodos; em um deles havia até mesmo um piano de cauda abandonado. Por fim, descobri o que estava procurando: o arsenal. Não sabia como aquela situação ia acabar e queria muito uma arma. Já tinha ouvido dizer tantas vezes que todos os partidos rivais, sem distinção – o PSUC, o Poum e a CNT-FAI –, andavam escondendo armas em Barcelona, que não podia acreditar que dois dos principais edifícios do Poum contivessem apenas os 50 ou 60 fuzis que eu vira. A sala que funcionava como arsenal não estava sendo vigiada e tinha uma porta bem frágil: o outro inglês e eu não tivemos grande dificuldade em abri-la. Quando entramos, descobrimos que o que eles nos tinham dito era verdade – *não* havia mais armas. Tudo o que achamos foi cerca de duas dúzias de modelos obsoletos de fuzis de calibre pequeno e algumas espingardas, sem nenhuma munição. Subi até o escritório e perguntei se havia qualquer munição de revólver sobrando: não tinham nada. No entanto, sobraram algumas caixas de bombas, trazidas por um dos carros-patrulha anarquistas. Guardei algumas delas em uma das minhas cartucheiras. Eram um tipo muito rudimentar de bomba, acionada ao se esfregar uma espécie de fósforo na ponta, e bastante propensa a explodir por vontade própria.

As pessoas dormiam no chão, esparramadas por todos os cantos. Em um dos quartos, um bebê chorava sem parar. Embora já fosse maio, as noites continuavam frias. Em um dos palcos do cabaré, as cortinas continuavam no lugar; então, rasguei uma delas com minha faca, enrolei-me nela e dormi por algumas horas. Recordo que tive um sono muito agitado, pois não parava de pensar naquelas bombas obsoletas, que poderiam me atirar em pedaços pelos ares, caso rolasse sobre elas com muita força. Às 3 da manhã, o homem alto e bem apessoado que parecia estar no comando me acordou, deu-me um rifle e ordenou que eu ficasse de guarda em uma das janelas. Ele me disse que Salas[45], o chefe de polícia responsável pelo ataque à Central Telefônica, fora preso. (Na verdade, como ficamos sabendo mais tarde, ele só tinha sido destituído de seu posto. No entanto, essa notícia confirmou a impressão geral de que os guardas civis haviam agido sem ordens.) Assim que amanheceu, as pessoas lá embaixo começaram a construir duas barricadas, uma diante do Comitê Local e outra diante do Hotel Falcón. As ruas de Barcelona são pavimentadas com paralelepípedos quadrados, facilmente transformados em paredes e, sob as pedras, há uma espécie de cascalho muito bom para encher os sacos de areia. A construção dessas barricadas era uma cena estranha e maravilhosa; daria qualquer coisa para poder fotografá-la. Com a espécie

---

45 Eusebio Rodríguez Salas (1885-1955) foi um político espanhol, conhecido por ter atuado como comissário geral das forças policiais da Catalunha durante os combates de maio de 1937 na cidade de Barcelona. (N. do T.)

de energia apaixonada típica dos espanhóis ao decidir começar qualquer trabalho, longas fileiras de homens, mulheres e crianças bem pequenas arrancavam os paralelepípedos, transportando-os em um carrinho de mão que fora encontrado em um lugar qualquer e cambaleando para lá e para cá sob pesados sacos de areia. Na entrada do Comitê Local, uma jovem judia alemã, com calças de miliciano cujos joelhos chegavam-lhe aos tornozelos, observava tudo com um sorriso. Em algumas horas, as barricadas alcançaram a altura de uma pessoa, e os fuzileiros se posicionaram nas fendas; atrás de uma delas, acenderam uma fogueira e os homens fritaram ovos.

Mais uma vez tinham surrupiado meu fuzil, e parecia não haver nada que eu pudesse fazer de útil. O outro inglês e eu decidimos voltar para o Hotel Continental. Ouvíamos muitos tiros a distância, mas aparentemente nenhum deles nas Ramblas. No caminho, demos uma olhada no mercado municipal. Poucos quiosques tinham aberto e acabaram invadidos por uma multidão de gente dos bairros operários ao sul das Ramblas. Assim que chegamos, um forte estrondo de tiros de fuzil estourou do lado de fora, algumas vidraças do telhado estremeceram e a multidão saiu em disparada para as saídas dos fundos. Ainda assim, alguns quiosques permaneceram abertos; conseguimos tomar uma xícara de café, e comprei um pedaço de queijo de cabra, guardando-o ao lado das minhas bombas. Alguns dias depois, aquele queijo me faria muito feliz.

Na esquina onde eu vira os anarquistas começarem a atirar no dia anterior, havia agora uma barricada. O homem atrás dela (eu estava do outro lado da rua) avisou-me aos gritos para tomar cuidado. Os guardas civis na torre da igreja estavam atirando em qualquer um que passava, indiscriminadamente. Esperei um pouco e, então, atravessei o vão correndo; sem dúvida nenhuma uma bala passou raspando por mim, perto demais. Quando estava chegando perto do Edifício Central do Poum, ainda do outro lado da rua, ouvi novos gritos de advertência de alguns soldados das tropas de choque, parados à entrada – gritos que, naquele instante, não consegui compreender. Entre o prédio e eu havia algumas árvores e uma banca de jornais (as ruas desse tipo na Espanha têm uma larga calçada no meio), e eu não podia ver para onde eles apontavam. Subi até o Hotel Continental, certifiquei-me de que tudo estava bem, lavei o rosto e, depois, voltei ao Edifício Central do Poum (que ficava a uns cem metros da rua) para receber minhas ordens. A essa altura, o rugido de tiros de fuzil e metralhadoras, vindo de várias direções, era quase comparável ao barulho de uma batalha. Tinha acabado de encontrar-me com Kopp e perguntava-lhe o que deveríamos fazer quando ouvimos uma série de terríveis estouros lá embaixo. O barulho era tão alto que tinha quase certeza de que estavam disparando tiros de canhão contra nós. Na verdade, eram apenas granadas de mão, que fazem o dobro do barulho habitual quando explodem entre edifícios de pedra.

Kopp olhou pela janela, colocou sua bengala nas costas e disse:

— Vamos investigar.

Desceu as escadas imediatamente, com seu jeito despreocupado de sempre, e eu atrás. Logo na entrada, um grupamento das tropas de choque jogava bombas na calçada como se estivesse jogando boliche. As bombas explodiam a 20 metros de distância com um estrondo assustador e ensurdecedor, misturado ao estrondo dos fuzis. Do outro lado da rua, atrás da banca de jornais, via-se uma cabeça claramente – era a cabeça de um miliciano americano que eu conhecia bem – exibindo-se para todo mundo como um coco em uma feira. Só depois percebi o que realmente estava acontecendo. Ao lado do prédio do Poum havia um café com um hotel em cima, chamado Café Moka. Um dia antes, 20 ou 30 guardas civis armados entraram no café e então, quando os combates começaram, subitamente tomaram o prédio e se barricaram. Presumivelmente, haviam recebido ordens de tomar o café como prelúdio ao ataque posterior aos escritórios do Poum. No início da manhã tentaram sair, tiros foram trocados, um soldado da tropa de choque foi gravemente ferido e um guarda civil morto. Os guardas civis bateram em retirada para o café e, quando o americano desceu a rua, abriram fogo contra ele, embora não estivesse armado. O americano se jogou atrás da banca para se proteger, e a tropa de choque estava jogando bombas nos guardas civis para obrigá-los a entrar no café novamente.

Compreendendo o que se passara em um instante, Kopp abriu caminho até a frente e deteve um alemão ruivo da tropa de choque que estava a ponto de tirar o pino de uma bomba com os dentes. Gritou para que todos se afastassem da porta e declarou, em vários idiomas, que deveríamos evitar qualquer derramamento de sangue. Em seguida, dirigiu-se até a calçada e, bem à vista dos guardas civis, tirou a pistola do coldre, colocando-a no chão. Dois milicianos espanhóis fizeram o mesmo e os três caminharam lentamente até a porta onde os guardas civis haviam se aglomerado. Eis algo que eu não teria feito nem por 20 libras. Eles continuaram a caminhar, desarmados, na direção de homens apavorados, com armas carregadas nas mãos. Um Guarda Civil, em mangas de camisa, pálido de medo, saiu de onde estava para conversar com Kopp. Agitado, ele não parava de apontar para duas bombas que não haviam explodido, caídas na rua. Kopp retornou e disse que era melhor dispararmos as bombas. Ali onde estavam, representavam um perigo para quem passasse. Um dos soldados da tropa de choque disparou contra uma das bombas, explodindo-a, e errou ao atirar na outra. Pedi-lhe que me passasse o fuzil, ajoelhei-me e atirei na bomba que restara. Também errei, lamento dizer. Esse foi o único tiro que disparei durante aqueles combates em Barcelona. A calçada estava coberta de cacos de vidro da placa do Café Moka, e dois carros estacionados do lado de fora – um deles o carro oficial de Kopp – foram crivados de balas, e seus para-brisas estilhaçados pelas bombas.

Kopp me levou de volta ao escritório e explicou a situação. Tínhamos de defender os prédios do Poum caso fossem atacados, mas os líderes do Poum haviam ordenado que ficássemos na defensiva e que não abríssemos fogo se fosse possível evitá-lo. Bem diante do nosso prédio havia um cinema, chamado Poliorama, com um museu no andar superior e, lá no alto, bem acima dos telhados vizinhos, um pequeno observatório com cúpulas gêmeas. As cúpulas dominavam a rua, e alguns homens postados ali com fuzis poderiam impedir qualquer ataque aos prédios do Poum. Os zeladores do cinema eram membros da CNT e nos deixavam entrar e sair. Quanto aos guardas civis no Café Moka, não teríamos problemas com eles, pois não queriam lutar e ficariam muito felizes em nos deixar em paz e sair ilesos. Kopp repetiu uma vez mais que tínhamos ordens para não atirar, a menos que disparassem contra nós ou atacassem nossos prédios. Embora ele não o tenha dito, percebi que os líderes do Poum estavam furiosos por terem sido arrastados a essa situação, mas, de qualquer forma, achavam que tinham de apoiar a CNT.

Já haviam colocado guardas no observatório. Durante os três dias e três noites seguintes, fiquei no telhado do Poliorama, a não ser por breves intervalos, quando me esgueirava até o hotel para as refeições. Não corria perigo, apenas sentia fome e tédio; ainda assim, foi um dos períodos mais insuportáveis de toda a minha vida. Acho que poucas experiências poderiam ter sido mais repugnantes, frustrantes ou, enfim, mais estressantes do que aqueles horríveis dias de combates nas ruas de Barcelona.

Eu costumava ficar sentado no telhado, abismado com a loucura de tudo aquilo. Das pequenas janelas do observatório dava para ver quilômetros ao redor – um panorama a perder de vista de prédios altos e esguios, cúpulas de vidro e fantásticos telhados em espiral, com cintilantes telhas verdes e acobreadas. A leste, via o brilhante mar azul-pálido – a primeira vez que via o mar desde que chegara à Espanha. E toda aquela enorme cidade de um milhão de habitantes encontrava-se confinada em uma espécie de violenta inércia, uma série de ruídos aterrorizantes, sem nenhum movimento. As ruas iluminadas pelo sol estavam praticamente vazias. Nada acontecia, a não ser o fluxo de balas, vindas das barricadas e das janelas cobertas por sacos de areia. Nenhum veículo se movia nas ruas; ao longo das Ramblas, aqui e acolá, os bondes permaneciam imóveis no local onde seus condutores haviam saltado quando os combates começaram. E, o tempo todo, aquele barulho dos infernos ecoando entre os milhares de edifícios de pedra, sem parar, como uma tempestade tropical. Crash, crash, bang, bang, bum... Às vezes, o barulho se reduzia a alguns tiros, às vezes tomava velocidade e se tornava um tiroteio ensurdecedor, mas só parava quando o sol se punha; e, pontualmente no amanhecer seguinte, começava tudo de novo.

O que diabos estava acontecendo, quem lutava contra quem, que lado estava vencendo? A princípio eram coisas muito difíceis de descobrir. O povo de Barcelona está tão acostumado a combates de rua, e tão familiarizado com a geografia local, que sabia como que por instinto qual partido político ocuparia quais ruas e quais prédios. Nessas situações, um estrangeiro encontra-se em uma desvantagem irremediável. Olhando do observatório, pude perceber que as Ramblas – uma das principais vias da cidade – formavam uma linha divisória. À direita das Ramblas, os bairros operários eram solidamente anarquistas; à esquerda, travava-se uma luta confusa entre as tortuosas ruelas e, daquele lado, o PSUC e a Guarda Civil estavam mais ou menos no controle. Na extremidade que havíamos ocupado, ao redor da Plaza de Cataluña, as posições eram tão complicadas que seriam ininteligíveis se cada prédio não tivesse hasteado a bandeira de seu partido. O principal marco das redondezas era o Hotel Colón, sede do PSUC, que dominava a Plaza de Cataluña. Em uma janela próxima à penúltima letra "o" do enorme letreiro "Hotel Colón" que cobria a fachada, haviam instalado uma metralhadora que seria capaz de varrer toda a praça com uma precisão mortal. A 100 metros à nossa direita, descendo as Ramblas, a JSU, a liga juvenil do

PSUC (correspondente à Liga dos Jovens Comunistas na Inglaterra) tomara uma grande loja de departamentos, cujas janelas laterais – recobertas por sacos de areia – davam para nosso observatório. Eles baixaram sua bandeira vermelha e hastearam a bandeira nacional catalã. Na Central Telefônica, onde se iniciara toda a confusão, a bandeira nacional catalã e a bandeira anarquista tremulavam lado a lado. Haviam entrado em algum tipo de acordo temporário, pois a central funcionava ininterruptamente e não se ouvia nenhum disparo vindo do prédio.

Em nossa posição, reinava uma paz insólita. Os guardas civis do Café Moka haviam fechado as portas de aço e empilhado os móveis do café para fazer uma barricada. Mais tarde, meia dúzia deles subiu ao telhado, à nossa frente, e construiu outra barricada de colchões, sobre a qual foi hasteada uma bandeira nacional catalã. Mas era óbvio que não pretendiam começar um combate. Kopp tinha selado um acordo definitivo com eles: se não atirassem em nós, não atiraríamos neles. A essa altura, ele se tornara amigo dos guardas civis e os visitara várias vezes no Café Moka. Naturalmente, eles tinham saqueado tudo o que havia de beber no café e ofereceram a Kopp 15 garrafas de cerveja como presente. Em troca, Kopp havia dado a eles um de nossos fuzis, para compensar um outro que eles haviam perdido no dia anterior. Ainda assim, continuava a ser uma sensação estranha sentar naquele telhado. Às vezes, eu ficava simplesmente entediado com tudo aquilo e deixava de prestar atenção ao barulho infernal, passando horas a fio lendo uma sucessão de livros da Penguin Library, que, felizmente, comprara alguns dias antes; em outros momentos, tomava plena consciência dos homens armados que me observavam a 50 metros de distância. Sentia-me um pouco como se estivesse de volta às trincheiras; diversas vezes me surpreendi – por pura força do hábito – referindo-me aos guardas civis como "os fascistas". Geralmente, ficávamos em seis homens lá em cima. Havia um homem de guarda em cada uma das torres do observatório, e o restante ficava sentado no telhado de chumbo logo abaixo, onde a única proteção que tínhamos era uma série de estacas de pedra. Eu sabia muito bem que, a qualquer momento, a Guarda Civil poderia receber ordens por telefone para abrir fogo. Eles haviam concordado em nos avisar antes de fazê-lo, mas não tínhamos certeza de que cumpririam seu acordo. Apenas uma vez, no entanto, pareceu que teríamos problemas. Um dos guardas civis do lado oposto ajoelhou-se e começou a disparar através da barricada. Naquela ocasião, era eu quem estava de guarda no observatório. Apontei meu fuzil para ele e gritei:

— Ei! Pare de atirar na gente!

— O quê?

— Pare de atirar na gente ou vamos atirar de volta!

— Não, não! Não estava atirando em vocês! Olhe lá embaixo!

Ele apontou com seu rifle na direção da rua lateral que passava nos fundos do nosso prédio. Realmente, lá estava um jovem de macacão azul com um fuzil na mão, esquivando-se pela esquina. Era evidente que tinha acabado de atirar nos guardas civis no telhado.

— Estava atirando nele. Ele atirou primeiro. – Acreditei que fosse verdade. – Não queremos atirar em vocês. Somos apenas trabalhadores, assim como vocês.

Ele fez a saudação antifascista, que eu retribuí. Então, gritei:

— Ainda sobrou alguma cerveja?

— Não, acabou tudo.

No mesmo dia, sem motivo aparente, um homem no prédio da JSU no final da rua subitamente levantou seu fuzil e disparou contra mim quando eu estava debruçado na janela. Talvez eu fosse um alvo tentador demais. Não atirei de volta. Embora estivesse a apenas 100 metros de distância, a bala passou tão longe que nem sequer atingiu o teto do observatório. Como sempre, os padrões espanhóis de pontaria me salvaram. Atiraram em mim daquele prédio inúmeras vezes.

O tiroteio dos infernos continuava, sem parar um instante. Mas, pelo que podia ver e ouvir, os combates eram defensivos, de ambos os lados. As pessoas simplesmente permaneciam em seus prédios – ou atrás de suas barricadas – e disparavam contra quem se encontrava à sua frente. A cerca de 800 metros de nós, havia uma rua onde os principais escritórios da CNT e da UGT ficavam quase exatamente em frente um do outro; o barulho que vinha daquela direção era terrível. Passei por aquela rua no dia seguinte ao do fim dos combates e as vitrines das lojas pareciam peneiras. (A maioria dos lojistas de Barcelona tinha colado tiras de papel nas vitrines, de modo que as vidraças não se estilhaçassem quando fossem atingidas por uma bala.) Às vezes, o ruído dos tiros de fuzil e de metralhadora era pontuado pelo estrondo das granadas de mão. E, a longos intervalos, talvez uma dúzia de vezes ao todo, havia explosões extremamente fortes, que, à época, eu não era capaz de explicar – pareciam bombas aéreas, o que era impossível, pois não havia aviões por perto. Disseram-me depois – e muito possivelmente era verdade – que os *agents provocateurs* detonavam um grande volume de explosivos para aumentar o barulho geral e o pânico. No entanto, não se ouvia fogo de artilharia. Eu estava atento a isso, pois, se os canhões começassem a disparar, isso significaria que a situação começava a ficar séria (a artilharia é fator determinante nos combates de rua). Mais tarde, surgiram histórias malucas nos jornais, sobre baterias de canhões disparando nas ruas, mas ninguém conseguiu apontar um prédio sequer que tenha sido atingido por um projétil. Em todo caso, o som de tiros torna-se inconfundível quando nos acostumamos a eles.

Praticamente desde o início dos combates faltava comida. Com muita dificuldade e sob a proteção da escuridão da noite (já que os guardas civis disparavam constantemente na direção das Ramblas), trazia-se comida ao Hotel Falcón para alimentar os 15 ou 20 milicianos que se encontravam no Edifício Central do Poum, mas mal havia o suficiente para todos e, sempre que possível, a maioria de nós ia comer no Hotel Continental. O Continental havia sido "coletivizado" pela *Generalitat* e não – como a maioria dos hotéis – pela CNT ou pela UGT e, por isso, era considerado terreno neutro. Assim que os combates começaram, o hotel ficou superlotado por um extraordinário agrupamento de pessoas. Havia jornalistas estrangeiros, perseguidos políticos de todas as ideologias, um aviador americano a serviço do governo, vários agentes comunistas – incluindo um russo gordo de aparência sinistra, que diziam ser um agente do OGPU[46] e que ganhara o apelido de Charlie Chan[47], usando sempre presos à cintura um revólver e uma pequena bomba –, algumas famílias de espanhóis abastados que pareciam simpatizantes do fascismo, dois ou três feridos da Coluna Internacional, um bando de motoristas de enormes caminhões franceses que transportavam um carregamento de laranjas de volta para a França – e que acabaram detidos pelos combates

---

46 *Obedinénnoe Gossudártsvenoe Polititcheskoe Upravlénie* ("Direção Política Estatal Unificada", em russo), órgão criado em 15 de novembro de 1923, com o objetivo de centralizar todas as instituições responsáveis pela segurança do Estado Soviético. (N. do T.)
47 Detetive de ficção sino-americano criado pelo escritor e dramaturgo americano Earl Derr Biggers (1884-1933) em 1923. (N. do T.)

–, além de vários oficiais do Exército Popular. Como organização militar, o Exército Popular permaneceu neutro durante os combates, embora alguns soldados tenham escapado do quartel e participado individualmente. Na manhã de terça-feira eu tinha visto alguns deles nas barricadas do Poum. No começo, antes que a escassez de alimentos se tornasse crônica e os jornais começassem a incitar o ódio, havia uma tendência a considerar toda aquela situação como uma grande piada. Era o tipo de coisa que acontecia todos os anos em Barcelona, o povo dizia. George Tioli, um jornalista italiano grande amigo nosso, apareceu no hotel com as calças encharcadas de sangue. Ele saíra para ver o que estava acontecendo e ajudava a enfaixar um homem ferido na calçada quando alguém lançou uma granada de mão nele, felizmente sem o ferir com gravidade. Lembro-me de seu comentário de que os paralelepípedos de Barcelona deviam ser numerados, assim o trabalho de construção e de demolição das barricadas seria facilitado. Lembro-me também de alguns homens da Coluna Internacional sentados no meu quarto no hotel quando cheguei cansado, faminto e sujo depois de uma noite de guarda. Sua atitude era completamente neutra. Se fossem partidários leais, suponho que teriam tentado me convencer a mudar de lado ou até mesmo me detido, levando consigo as bombas que enchiam meus bolsos. Em vez disso, simplesmente condoeram-se da minha situação, pois teria de passar toda a minha licença como sentinela no alto de um telhado. Sua atitude no geral era: "Tudo isso não passa de uma briguinha entre os anarquistas e a polícia – não significa nada". Apesar da extensão dos combates e do número de baixas, acredito que estavam mais próximos da verdade do que a versão oficial, que apresentava aqueles acontecimentos como um levante planejado.

Por volta da quarta-feira (5 de maio), pareceu ocorrer alguma mudança. As ruas bloqueadas aparentavam funestas. Os pouquíssimos pedestres, forçados a sair por uma razão qualquer, esgueiravam-se de um lado para o outro, sacudindo lenços brancos e, em um ponto no meio das Ramblas que se encontrava ao abrigo das balas, alguns homens anunciavam as manchetes dos jornais para as ruas vazias. Na terça-feira, o *Solidaridad Obrera*, o jornal anarquista, havia descrito o ataque à Central Telefônica como uma "provocação monstruosa" (ou algo nesse sentido), mas na quarta-feira o tom mudou, e começaram a implorar ao povo que voltasse ao trabalho. Os líderes anarquistas, por sua vez, transmitiam a mesma mensagem. O escritório do *La Batalla*, o jornal do Poum, que permaneceu desprotegido, foi invadido e tomado pela Guarda Civil mais ou menos na mesma época do episódio da Central Telefônica, mas o jornal já estava sendo impresso em outro endereço e alguns exemplares foram distribuídos. Eu instava a todos que permanecessem nas barricadas. As pessoas não sabiam o que fazer, perguntando-se, inquietas, como aquele inferno iria acabar. Duvido que alguém já tivesse deixado as barricadas, mas todos estavam cansados daquela luta sem sentido – que, obviamente, não levaria a nenhuma decisão concreta, pois ninguém queria que aquilo se transformasse em uma guerra civil de grandes dimensões, uma vez que poderia levar à vitória de Franco. Ouvi tal receio ser expresso por todos os lados. Até onde se podia deduzir, baseado no que as pessoas falavam à época, a base da CNT queria – desde o início – apenas duas coisas: a devolução da Central Telefônica e o desarmamento dos odiados guardas civis. Se a *Generalitat* tivesse prometido fazer essas duas coisas, além de acabar com a exploração de alimentos, não resta dúvida de que as barricadas teriam sido derrubadas em duas horas. Mas era óbvio que a *Generalitat* não iria ceder. Rumores terríveis estavam circulando. Dizia-se que o governo de Valência enviara 6 mil homens para ocupar Barcelona, e que 5 mil soldados anarquistas e do Poum haviam deixado o front de Aragão para opor-se a eles. Apenas o primeiro desses rumores era verdadeiro. Da torre do observatório, pudemos ver as silhuetas baixas e cinzentas de navios de guerra aproximando-se do porto. Douglas Moyle, que havia sido marinheiro, disse que pareciam destróieres britânicos. E eram *realmente* destróieres britânicos, o que só viemos a confirmar mais tarde.

Naquela noite, ficamos sabendo que 400 guardas civis se renderam na Plaza de España, entregando suas armas aos anarquistas; também ouvimos vagamente a notícia de que, nos subúrbios (principalmente nos bairros operários), a CNT tomara o controle. Parecíamos estar ganhando. Mas, um pouco mais tarde, Kopp mandou chamar-me e, com uma expressão séria, disse-me que, segundo informações que acabara de receber, o governo estava prestes a banir o Poum, declarando-lhe guerra. A notícia me chocou profundamente. Era o primeiro vislumbre que tinha da interpretação que provavelmente seria divulgada a esse respeito mais tarde. Eu previa de forma vaga que, quando os combates terminassem, toda a culpa recairia sobre o Poum, que era o partido mais fraco e, por isso, o bode expiatório mais adequado. E, nesse meio-tempo, nossa neutralidade local chegara ao fim. Se o governo declarasse guerra contra nós, não teríamos outra alternativa além de nos defender.

E nós, que nos encontrávamos em pleno Edifício Central do Poum, tínhamos certeza de que os guardas civis ao lado receberiam ordens para atacar. Nossa única chance era atacá-los primeiro. Kopp aguardava ordens pelo telefone; se ouvíssemos que o Poum fora posto fora da lei definitivamente, deveríamos nos preparar para tomar o Café Moka naquele mesmo instante.

Lembro-me da longa e aterrorizante noite que passamos fortificando o prédio. Trancamos as portas de aço da entrada e, atrás delas, construímos uma barricada com as vigas de pedra deixadas pelos trabalhadores que faziam algumas reformas no prédio. Examinamos nosso estoque de armas. Contando os seis fuzis que estavam no telhado do Poliorama, no outro lado da rua, tínhamos 21 fuzis – um deles com defeito – com cerca de 50 cartuchos de munição para cada um e algumas dezenas de bombas: era tudo, além de algumas pistolas e revólveres. Cerca de uma dúzia de homens, a maioria alemães, se apresentaram como voluntários para o ataque ao Café Moka, caso ele viesse a acontecer. Deveríamos atacar no meio da madrugada e pelo telhado, é claro, para pegá-los de surpresa. Eles eram mais numerosos, mas estávamos com a moral mais elevada e, sem dúvida, conseguiríamos invadir o lugar, embora alguns de nós acabassem morrendo ao fazê-lo. Não havia nada para comer no prédio além de alguns pedaços de chocolate, e corria o boato de que "eles" iriam cortar o abastecimento de água. (Ninguém sabia quem "eles" eram. Poderia ser o governo – que controlava os suprimentos de água – ou poderia ser a CNT, mas ninguém sabia ao certo.) Passamos um bom tempo enchendo todas as bacias dos lavatórios, todos os baldes que encontramos e, por fim, as 15 garrafas de cerveja – agora vazias – que os guardas civis haviam ofertado a Kopp.

Eu estava exausto e em um estado de espírito tenebroso depois de cerca de 60 horas sem dormir direito. Já era tarde da noite. As pessoas dormiam espalhadas pelo chão, atrás das barricadas do térreo. No andar de cima havia uma saleta, com um sofá, que pretendíamos usar como posto de socorro, mas, acho que seria desnecessário dizer, não havia nem iodo nem bandagens no prédio. Minha esposa saiu do hotel para o caso de precisarmos de uma enfermeira. Deitei-me no sofá, sentindo que seria agradável desfrutar de meia hora de descanso antes do ataque ao Moka, onde provavelmente eu seria morto. Lembro-me do enorme desconforto causado pela minha pistola, presa ao cinturão na minha lombar. Depois disso, apenas me recordo de ter acordado sobressaltado e encontrado minha esposa, em pé ao meu lado. Já era dia e nada tinha acontecido, o governo não declarara guerra ao Poum, a água não havia sido cortada e, a não ser por disparos esporádicos nas ruas, tudo estava normal. Minha esposa disse que não teve coragem de me acordar e dormiu em uma poltrona, em um dos quartos da frente.

Naquela tarde, chegou-se a uma espécie de armistício. Os tiros cessaram e, com surpreendente rapidez, as ruas se encheram de gente. Algumas lojas começaram a abrir as portas, e o mercado ficou abarrotado de gente clamando por comida, embora os quiosques estivessem quase vazios. Era perceptível, no entanto, que os bondes não haviam começado a circular. Os guardas civis ainda continuavam atrás de suas barricadas no Moka, e nenhum dos lados começou a evacuar os edifícios fortificados. Todo mundo corria, tentando conseguir comida. E, por todo canto, ouviam-se as mesmas perguntas ansiosas: "Será que isso acabou? Será que vai começar tudo isso de novo?" Agora, "isso" – os combates – era visto como um tipo de calamidade natural, como um furacão ou um terremoto, algo que acontecia com todos, e que ninguém tinha o poder de deter. E, de fato, quase imediatamente – suponho que, na verdade, deva ter havido algumas horas de trégua, mas elas se pareceram muito mais com minutos do que com horas – um súbito estrondo de tiros de fuzil, como as trovoadas do mês de junho, fez todos correrem; as portas de aço voltaram a ser fechadas, as ruas se esvaziaram como mágica, os homens voltaram às barricadas, e "isso" recomeçou.

Voltei ao meu posto no telhado com uma forte sensação de desgosto e raiva. Quando participamos de eventos como esse, supomos – mesmo que em pequena escala – estar fazendo história e deveríamos ter o direito de nos sentir como personagens históricos. Mas isso nunca acontece, pois, nesses momentos, os detalhes triviais sempre superam todo o resto. Durante os combates, eu nunca pude fazer uma "análise" correta da situação, o que foi efetivamente feito com extrema desenvoltura por jornalistas a centenas de quilômetros de distância. O que ocupava minha mente na maior parte do tempo não eram os acertos e erros daquele conflito interno infame; eu pensava apenas no desconforto e no tédio de ficar sentado dia e noite naquele teto detestável, e na fome que começava a ficar cada vez pior – pois não tínhamos uma refeição que prestasse desde segunda-feira. Durante todo aquele tempo, eu me lembrava de que teria de voltar ao front assim que aquela situação terminasse. Era tudo muito irritante. Eu ficara 115 dias no front e voltei para Barcelona ávido por um pouco de descanso e conforto e, em vez disso, tive de passar meu tempo sentado em um telhado diante de guardas civis tão entediados quanto eu, que acenavam para mim de tempos em tempos, garantindo-me que também eram "trabalhadores" (ou seja, que esperavam que eu não os matasse), mas que certamente abririam fogo se recebessem a ordem para fazê-lo. Se isso era história, não parecia sê-lo. Parecia-se mais com um período adverso no front, quando havia poucos homens e tínhamos que fazer horas-extras como vigias; em vez de nos tornarmos heróis, ficaríamos na posição, entediados, caindo de sono e completamente desinteressados quanto ao que estava acontecendo.

Dentro do hotel, em meio àquela gente tão diversa – que, na maior parte do tempo não ousava colocar o nariz para fora –, uma terrível atmosfera de desconfiança começava a se formar. Várias pessoas estavam contaminadas por uma certa mania de espionagem e andavam de um canto para outro sussurrando que todo mundo era espião dos comunistas, dos trotskistas ou dos anarquistas, ou de sei lá quem. O agente russo gordo encurralara todos os refugiados estrangeiros e explicava – de uma maneira bastante verossímil – que toda aquela situação nada mais era que uma trama anarquista. Observei-o com certo interesse, pois era a primeira vez que via uma pessoa cuja profissão era mentir – sem contar, é claro, os jornalistas. Havia algo de repulsivo naquela paródia da vida elegante de um hotel que ainda continuava a acontecer por trás das janelas trancadas, mesmo em meio ao barulho dos tiros de fuzil. O salão de refeições da frente havia sido abandonado depois que uma bala atravessou a janela e rachou um pilar; os hóspedes foram obrigados a se amontoar em uma sala escura nos fundos, onde nunca havia mesas suficientes para todos. Poucos garçons estavam à disposição – alguns deles eram membros da CNT e aderiram à greve geral, abolindo o uso de suas camisas engomadas, mas as refeições continuaram a ser servidas com uma certa pretensão de cerimônia. No entanto, não havia praticamente nada para comer. Naquela noite de quinta-feira, o prato principal no jantar foi uma sardinha por pessoa. O hotel não tinha pão fazia dias e o vinho estava prestes a acabar, a tal ponto que nos serviam garrafas cada vez mais velhas, a preços cada vez mais exorbitantes. Essa carência de alimentos continuou por vários dias após o término dos combates. Lembro-me de que, por três dias seguidos, minha esposa e eu comemos um pedacinho de queijo de cabra sem pão e sem bebida alguma para acompanhar. A única coisa que havia em abundância eram laranjas. Os caminhoneiros franceses tinham trazido grandes quantidades de suas laranjas para o hotel. Eram um bando de gente mal-encarada; com eles, havia algumas garotas espanholas extravagantes e um carregador enorme, sempre de blusa preta. Em qualquer outra ocasião, o metidinho do gerente de hotel teria feito o possível para atendê-los mal – teria até mesmo se recusado a atendê-los –, mas, dadas as circunstâncias, eles eram muito bem-vindos, já que, ao contrário do restante dos hóspedes, tinham um estoque particular de pão, que todos tentavam conseguir deles.

Passei aquela última noite no telhado e, no dia seguinte, realmente parecia que os combates estavam chegando ao fim. Acho que naquele dia – uma sexta-feira – não houve muitos disparos. Ninguém sabia ao certo se as tropas de Valência estavam realmente chegando; na verdade, chegaram naquela mesma noite. O governo transmitia mensagens em parte tranquilizadoras, em parte ameaçadoras, pedindo a todos que fossem para casa, pois, depois de uma determinada hora, qualquer pessoa encontrada armada seria detida. Ninguém deu muita atenção às transmissões do governo, mas, por toda parte, as pessoas se afastavam das barricadas. Não tenho dúvidas de que a escassez de alimentos fora a principal responsável por essa debandada. Em tudo quanto é lugar ouvia-se o mesmo comentário: "Não temos mais comida, temos que voltar ao trabalho." Por outro lado, os guardas civis, que podiam contar com suas rações enquanto houvesse comida na cidade, conseguiriam permanecer em seus postos. À tarde, as ruas tinham praticamente voltado à normalidade, embora as barricadas desertas ainda continuassem de pé; as Ramblas estavam apinhadas de gente, quase todas as lojas haviam aberto e – o que mais tranquilizava a todos – os bondes, que por tanto tempo ficaram parados, voltaram a circular e funcionar normalmente. Os guardas civis ainda se mantinham no Café Moka e não tinham desmontado as barricadas, mas alguns deles trouxeram cadeiras para a rua e lá se sentaram, com os fuzis nos joelhos. Pisquei para um deles ao passar e recebi em troca um sorriso amigável; ele, é claro, me reconhecera. A bandeira anarquista fora retirada do telhado da Central Telefônica, restando hasteada apenas a bandeira catalã. Isso significava que os trabalhadores haviam sido definitivamente expulsos. Percebi, então – embora não de forma tão clara quanto deveria, devido à minha ignorância política –, que, quando o governo se sentisse em uma posição mais segura, haveria represálias. Mas, à época, eu não me interessava por esse aspecto da situação. Simplesmente senti um alívio profundo ao perceber que o barulho infernal dos disparos acabara, e que poderia comprar comida e ter um pouco de descanso e paz antes de voltar para o front.

    Deve ter sido bem tarde naquela mesma noite que as tropas de Valência apareceram pela primeira vez nas ruas. Tratava-se das Forças de Segurança, um grupamento semelhante aos guardas civis e aos *carabineros* (ou seja, uma formação destinada principalmente ao trabalho policial), as tropas de elite da República. Subitamente, eles pareceram ter brotado do chão; eram vistos por toda parte patrulhando as ruas em grupos com dez homens altos em uniformes cinza ou azuis, com longos rifles a tiracolo e uma submetralhadora para cada grupo. Enquanto isso, restava-nos um trabalho delicado a fazer. Os seis fuzis que havíamos usado para a guarda nas torres do observatório continuavam lá e tínhamos de levá-los de volta ao prédio do Poum de qualquer maneira. Era apenas uma questão de atravessar a rua com eles. Faziam parte do arsenal regular do edifício, mas carregá-los na rua iria contra as ordens do governo e, se fôssemos apanhados com os fuzis em nossas mãos, certamente seríamos presos – ou pior, nossos fuzis seriam confiscados. Com apenas 21 fuzis no prédio, não podíamos nos dar ao luxo de perder seis deles. Depois de muita discussão sobre o melhor método, um garoto ruivo espanhol e eu começamos a contrabandeá-los de volta. Era bastante simples evitar as patrulhas das Forças de Segurança; no entanto, o perigo residia nos guardas civis no Moka, que sabiam muito bem que tínhamos fuzis no observatório e poderiam nos entregar se nos vissem transportando-os. Cada um de nós despia parte das roupas e pendurava um fuzil no ombro esquerdo, colocando a coronha sob a axila e o cano na perna da calça. Infelizmente, os fuzis eram Mausers de cano longo. Mesmo um homem tão alto quanto eu não consegue esconder um fuzil desses na perna da calça sem sentir certo desconforto. Era insuportável ter de descer as escadas em espiral do observatório com a perna esquerda completamente enrijecida. Uma vez na rua, descobrimos que a única maneira de se mover era com extrema lentidão, tão devagar que não seria preciso dobrar os joelhos. Do lado de fora do cinema, vi um grupo de pessoas me olhando com grande interesse enquanto eu caminhava com a velocidade de uma tartaruga. Imaginei inúmeras vezes o que aquela gente estaria pensando a meu respeito: "Talvez tenha se ferido na guerra". No entanto, todos os rifles foram contrabandeados sem incidentes.

    No dia seguinte, as Forças de Segurança estavam por toda parte, andando pelas ruas como conquistadores. Não havia dúvida de que o governo simplesmente fazia uma demonstração de força para intimidar uma população que ele próprio já sabia ser incapaz de resistir; se houvesse qualquer temor real de novos combates, as Forças de Segurança teriam permanecido nos quartéis e não espalhadas pelas ruas em pequenos grupos. Eram tropas esplêndidas, as melhores que eu vira até então na Espanha e, embora eu acreditasse que fossem, de certa forma, "o inimigo", não pude deixar de gostar de sua aparência. Mas era com uma espécie de espanto que eu os observava andando de um lado para o outro. Estava acostumado com as milícias maltrapilhas e mal armadas no front de Aragão e não sabia que a República possuía tropas como aquelas. Não eram apenas homens escolhidos a dedo por seu físico que me surpreenderam, mas principalmente suas armas. Todos estavam armados com fuzis novinhos em folha, modelos do conhecido "fuzil russo" (enviados à Espanha pela União Soviética mas fabricados, acredito eu, nos Estados Unidos). Examinei um deles. Estava longe de ser uma arma perfeita, no entanto muito melhor do que os terríveis e velhos bacamartes que tínhamos no front. As Forças de Segurança tinham uma submetralhadora para cada grupamento de dez homens, e cada um dos soldados possuía uma pistola automática. No front, tínhamos aproximadamente uma metralhadora para cada 50 homens, e as pistolas e revólveres só podiam ser obtidos ilegalmente. Na verdade, embora eu não tivesse notado até então, o mesmo acontecia em tudo que é lugar. Os guardas civis e os *carabineros*, que não combatiam no front, tinham armas e uniformes muito melhores do que os nossos. Suspeito que o mesmo aconteça em todas as guerras – sempre há o mesmo contraste entre a polícia elegante na retaguarda e os soldados esfarrapados na linha de frente. No geral, as Forças de Segurança se deram muito bem com a população depois do primeiro ou segundo dia. Logo no início, ocorreram alguns problemas, porque alguns de seus soldados – agindo sob ordens, imagino eu – começaram a comportar-se de maneira agressiva. Alguns deles embarcavam nos bondes, revistavam os passageiros e, caso encontrassem cartões de filiação à CNT em seus bolsos, rasgavam-nos e pisavam neles. Tal atitude levou a brigas com anarquistas armados, e uma ou duas pessoas foram mortas. Logo depois, no entanto, as Forças de Segurança abandonaram seu ar conquistador, e as relações tornaram-se mais amigáveis. Era perceptível que a maioria deles, depois de um dia ou dois, já havia arrumado uma namorada.

Os combates de Barcelona deram ao governo de Valência a desculpa há muito desejada para assumir o controle total da Catalunha. As milícias operárias seriam dissolvidas e redistribuídas entre as bases do Exército Popular. A bandeira republicana espanhola foi hasteada por toda a cidade – era a primeira vez que eu a via fora das trincheiras fascistas. Nos bairros operários, as barricadas vinham sendo derrubadas pouco a pouco – pois é muito mais fácil construir uma do que colocar as pedras de volta ao lugar. Do lado de fora dos prédios do PSUC, as barricadas tiveram autorização para continuar de pé e, de fato, muitas lá ficaram até junho. A guarda civil ainda ocupava pontos estratégicos. Enormes apreensões de armas eram feitas nos redutos da CNT, embora eu não tenha dúvida de que muitas delas escaparam do confisco. O *La Batalla* continuava a ser publicado, mas era censurado de tal maneira que houve dias em que a primeira página saía completamente em branco. Os jornais do PSUC não eram censurados e publicavam artigos inflamatórios exigindo a supressão do Poum, que fora declarado uma organização fascista disfarçada. Uma caricatura representando o Poum como uma figura que tirava uma máscara em que se viam a foice e o martelo, revelando um rosto hediondo com uma suástica estampada, circulava por toda a cidade, claramente divulgada por agentes do PSUC. Evidentemente, a versão oficial dos combates de Barcelona já havia sido decretada: eles seriam apresentados como uma insurreição fascista *à la* "quinta coluna", arquitetada exclusivamente pelo Poum.

No hotel, o terrível ambiente de desconfiança e hostilidade piorou, agora que os combates haviam cessado. Diante das acusações que eram aventadas, seria impossível permanecer neutro. Os correios voltaram a funcionar e os jornais comunistas estrangeiros começavam a chegar – e seus relatos dos combates não eram apenas violentamente partidários como também, é claro, extremamente imprecisos quanto aos fatos. Acho que alguns dos comunistas locais, que viram o que realmente tinha acontecido, ficaram consternados com a interpretação que era dada aos acontecimentos, no entanto, naturalmente, tiveram de apoiar seus partidários. Nosso amigo comunista se aproximou de mim mais uma vez e me perguntou se eu não me transferiria para a Coluna Internacional.

Fiquei bastante surpreso.

— Seus jornais estão dizendo que sou fascista – respondi. – Certamente deveria ser suspeito, vindo do Poum.

— Ah, isso não importa. Afinal, você apenas agia sob ordens.

Tive de lhe dizer que, depois de tudo que acontecera, não poderia me associar a nenhuma unidade controlada pelos comunistas. Mais cedo ou mais tarde, eu acabaria sendo usado contra a classe trabalhadora espanhola. Não se podia prever quando esse tipo de coisa aconteceria novamente e, caso eu tivesse de usar meu fuzil, eu o faria a favor da classe trabalhadora e não contra ela. Ele portou-se de forma muito digna a respeito. Mas, a partir de então, toda a atmosfera se alterou. Não podíamos, como antes, "concordar em discordar", nem beber com alguém que, supostamente, era seu oponente político. Houve algumas disputas bastante sórdidas no saguão do hotel. Nesse meio-tempo, as cadeias já estavam abarrotadas de gente. Depois que os combates acabaram, os anarquistas, naturalmente, libertaram seus prisioneiros, mas os guardas civis não fizeram o mesmo, e a maioria dos detidos foi jogada na prisão e mantida lá sem julgamento, em muitos casos por meses a fio. Como de costume, pessoas completamente inocentes estavam sendo presas devido à desordem da polícia. Mencionei anteriormente que Douglas Thompson fora ferido no início de abril. Acabamos perdendo o contato com ele, como geralmente acontecia quando um homem se feria, já que os feridos eram frequentemente transferidos de um hospital para outro. De fato, ele estava no hospital de Tarragona e foi enviado de volta a Barcelona na época em que as lutas começaram. Na terça-feira de manhã, encontrei-o na rua, bastante desnorteado com o tiroteio que acontecia por toda parte. Ele fez-me a fatídica pergunta que todos andavam fazendo:

— Que diabos está acontecendo?

Expliquei o melhor que pude. Thompson comentou prontamente:

— Ficarei de fora dessa. Meu braço ainda está em péssimo estado. Vou voltar para o meu hotel e me esconder por lá.

E assim o fez, mas, infelizmente (como é importante conhecer a geografia local nos combates de rua!), seu hotel estava localizado em uma região da cidade controlada pela guarda civil. O lugar foi invadido e Thompson foi preso, jogado na cadeia e mantido por oito dias em uma cela tão cheia de gente que não havia espaço para se deitar. Houve muitos casos semelhantes. Vários estrangeiros com antecedentes políticos duvidosos estavam foragidos, com a polícia no seu encalço, sob o medo constante de serem denunciados. A situação era pior para os italianos e alemães, que não tinham passaporte e, geralmente, já estavam sendo procurados pela polícia secreta nos próprios países. Se fossem presos, poderiam ser deportados para a França, o que poderia representar seu regresso à Itália ou à Alemanha, onde só Deus sabe que horrores os aguardariam. Soube de uma ou duas mulheres estrangeiras que regularizaram sua posição às pressas "casando-se" com espanhóis. Uma garota alemã que não tinha documentos conseguiu se esquivar da polícia passando-se por amante de um homem por vários dias. Lembro-me do olhar de vergonha e tristeza no rosto da pobre garota quando acidentalmente esbarrei com ela saindo do quarto do homem. Claro que ela não era amante dele, mas, sem dúvida, acreditava que eu pensasse ser. Durante todo o tempo, tinha-se a odiosa sensação de que alguém – até então seu amigo – seria capaz de denunciá-lo à polícia secreta. O longo pesadelo dos combates, o barulho, a falta de comida e de sono, a tensão e o tédio misturados em ficar sentado no telhado perguntando-me se no minuto seguinte eu seria baleado ou teria que atirar em outra pessoa deixaram-me à beira de um colapso nervoso. Chegara ao ponto de pegar minha pistola sempre que alguém batia à porta. Na manhã de sábado, ouviu-se um alvoroço de tiros lá fora e todos começaram a gritar:

— Está começando tudo de novo! – Corri para a rua e descobri que eram apenas alguns soldados das Forças de Segurança atirando em um cachorro louco. Ninguém que esteve em Barcelona naquela época, ou mesmo meses depois, esquecerá a atmosfera horrível, resultado de um misto de medo, desconfiança, ódio, jornais censurados, prisões lotadas, enormes filas para comprar comida e bandos de homens armados por todo lado.

Tentei dar uma ideia de como era estar no meio dos combates em Barcelona; no entanto, não creio ter conseguido transmitir muito da estranheza daquela época. Uma das coisas que voltam à minha mente quando lembro daqueles dias são os contatos casuais que fazíamos então, os olhares inesperados dos não combatentes, para quem tudo aquilo não passava de um alvoroço sem sentido. Lembro-me de uma mulher elegantemente vestida que vi passeando pelas Ramblas, com uma cesta de compras no braço e levando um poodle branco, enquanto os fuzis rugiam a uma ou duas ruas de distância. Talvez ela fosse surda. E o homem que vi correndo pela Plaza de Cataluña completamente vazia, brandindo um lenço branco em cada mão. E o enorme grupo de pessoas, todas vestidas de preto, que tentaram por cerca de uma hora atravessar a Plaza de Cataluña, sem o conseguir. Cada vez que surgiam na esquina de uma rua lateral, os metralhadores do PSUC alojados no Hotel Colón abriam fogo, obrigando-os a recuar – não sei por que motivo, pois obviamente estavam desarmados. Mais tarde, aventei a possibilidade de se tratar de um cortejo fúnebre. Lembro-me também do homenzinho que trabalhava como zelador no museu acima do Poliorama, que parecia encarar tudo aquilo como um acontecimento social. Estava tão feliz com a visita dos ingleses – os ingleses eram tão *simpáticos* – dizia. Ele esperava que fôssemos visitá-lo novamente quando os distúrbios acabassem; de fato, mais tarde fui vê-lo mais uma vez. E outro homenzinho, que se abrigava à soleira de uma porta, acenando satisfeito com a cabeça na direção do terrível tiroteio na Plaza de Cataluña e dizendo (como quem declara que a manhã está linda):

— Temos outro Dezenove de Julho[48] por aqui! – Lembro-me dos funcionários da sapataria que confeccionara meus coturnos. Fui até lá antes e depois dos combates e, por alguns minutos, durante o breve armistício de 5 de maio. Era uma loja cara, e os lojistas eram da UGT e poderiam muito bem ter sido membros do PSUC. De qualquer forma, politicamente pertenciam ao outro lado e, mesmo assim, sabiam que estavam prestando um serviço ao Poum. No entanto, sua atitude era completamente indiferente:

— Que pena, esse tipo de coisa, não? E tão ruim para os negócios. Que pena que isso não acaba nunca! Como se já não houvesse o suficiente desse tipo de coisa no front! – Etc. etc. Deve ter havido um número enorme de pessoas – talvez a maioria dos habitantes de Barcelona – que encarava tudo aquilo sem o mínimo interesse, o mesmo que teriam demonstrado caso houvesse qualquer ataque aéreo inimigo.

Neste capítulo, descrevi apenas minhas experiências pessoais. No próximo capítulo, devo discutir da melhor maneira possível as questões mais amplas – o que realmente aconteceu, quais os resultados conseguidos, os acertos e erros de toda aquela situação e quem foi o responsável, se é que houve algum. Tanto se explorou politicamente os combates de Barcelona que é importante tentar encontrar uma visão equilibrada do ocorrido. Muita coisa já foi escrita sobre o assunto, o suficiente para encher muitos livros, e não acho que esteja exagerando ao dizer que 90% é mentira. Quase todos os relatos dos jornais publicados à época foram inventados por jornalistas que

---

48 Data dos combates em Barcelona em protesto ao golpe militar perpetrado pelo general Francisco Franco (1892-1975), em 1936. (N. do T.)

estavam muito longe da cidade e não apenas narravam fatos imprecisos, mas também eram intencionalmente enganosos. Como de costume, apenas um dos lados da questão chegava ao público em geral. Como todos que estavam em Barcelona à época, presenciei apenas o que acontecia muito perto de mim, mas pude ver e ouvir o suficiente a ponto de ser capaz de contradizer muitas das mentiras que circularam. Como já avisara anteriormente, quem não estiver interessado em controvérsias políticas e na enormidade de partidos e subpartidos com seus nomes confusos (tais quais os nomes dos generais em uma guerra chinesa), pule o próximo capítulo. É horrível ter de entrar em detalhes das polêmicas interpartidárias: é como mergulhar em uma fossa séptica. Mas é necessário tentar estabelecer a verdade, na medida do possível. Essa discórdia desprezível, ocorrida em uma cidade distante, é muito mais importante do que pode parecer à primeira vista.

11

Nunca será possível obter um relato completamente preciso e imparcial dos combates em Barcelona, já que não se tem os registros necessários. Os futuros historiadores não terão nada em que se basear, a não ser um amontoado de acusações e propaganda partidária. Eu mesmo disponho de poucos dados além do que vi com meus próprios olhos e do que ouvi de outras testemunhas oculares, que acredito serem confiáveis. Posso, no entanto, contradizer algumas das mentiras mais flagrantes e ajudar a colocar a questão sob algum tipo de perspectiva.

Em primeiro lugar, o que realmente aconteceu?

Toda a Catalunha estava sob tensão havia algum tempo. Nos capítulos anteriores deste livro, apresentei meu relato da luta entre comunistas e anarquistas. Em maio de 1937, a situação chegara a um ponto crítico, e qualquer tipo de ação violenta seria considerado inevitável. A causa imediata dos combates foi a ordem do governo de que todos os particulares entregassem suas armas, coincidindo com a decisão de construir uma força policial "apolítica" fortemente armada, da qual os membros dos sindicatos estariam excluídos. O significado dessa decisão estava claro para qualquer um; e também era óbvio que o próximo passo seria a tomada de algumas das principais indústrias controladas pela CNT. Além disso, surgira um certo ressentimento entre as classes trabalhadoras por causa do crescente contraste entre ricos e pobres, além de uma vaga sensação de que a revolução vinha sendo sabotada. Muita gente ficou agradavelmente surpresa quando não houve tumultos no Primeiro de Maio. E então, no dia 3, o governo decidiu assumir a Central Telefônica – que, desde o início da guerra, era controlada principalmente por trabalhadores da CNT – alegando má administração e interceptação das ligações oficiais. Salas, o chefe da polícia (que pode ou não ter ido além do que lhe fora ordenado), enviou três caminhões carregados de guardas civis armados para tomar o edifício, enquanto as ruas ao redor eram esvaziadas por policiais armados à paisana. Mais ou menos ao mesmo tempo, grupos de guardas civis tomaram vários outros prédios em pontos estratégicos. Independentemente da intenção verdadeira, havia uma crença generalizada de que se tratava de um indício de ataque coletivo à CNT, tanto pela guarda civil quanto pelo PSUC (ou seja, de comunistas e socialistas). Correu a cidade a notícia de que os prédios dos trabalhadores estavam sendo atacados; então, anarquistas armados surgiram nas ruas, o trabalho cessou, e os combates irromperam imediatamente. Naquela noite e na manhã seguinte, barricadas foram levantadas por toda a cidade, e as lutas continuaram sem interrupção até a manhã do dia 6 de maio. No entanto, os combates eram principalmente defensivos, em ambos os lados. Edifícios foram sitiados, mas, pelo que sei, nenhum deles foi invadido e tampouco houve uso de artilharia. A grosso modo, as forças da CNT-FAI e do Poum ocuparam os subúrbios operários, e as forças policiais armadas e o PSUC ocuparam a parte central da cidade. No dia 6 de maio ocorreu um armistício, mas logo recomeçaram os combates, provavelmente por causa de tentativas prematuras da guarda civil de desarmar os trabalhadores da CNT. Na manhã seguinte, porém, as pessoas começaram a deixar as barricadas por conta própria. A CNT levou a melhor até mais ou menos a noite de 5 de maio, e um grande número de guardas civis se rendeu. Mas não existia uma liderança aceita por todos nem um plano estabelecido – na verdade, até onde se soube, não havia plano nenhum, a não ser uma vaga determinação de resistir à Guarda Civil.

Os dirigentes oficiais da CNT juntaram-se aos da UGT para pedir a todos que voltassem ao trabalho, pois, eminentemente, a comida estava acabando. Em tais circunstâncias, ninguém se encontrava seguro o suficiente para continuar lutando. Na tarde de 7 de maio, a situação estava quase normalizada. Naquela noite, 6 mil membros das Forças de Segurança, vindos de Valência por mar, chegaram e assumiram o controle da cidade. O governo emitiu uma ordem exigindo a entrega de todas as armas – à exceção das que se encontravam em posse das forças regulares – e, no decorrer dos dias seguintes, um grande número de armas foi apreendido. As baixas durante os combates foram oficialmente divulgadas: 400 mortos e cerca de mil feridos. Quatrocentos mortos é possivelmente um exagero, mas, por não haver como verificar tal quantidade, devemos aceitá-la como exata.

Em segundo lugar, passemos aos efeitos posteriores dos combates. Obviamente, é impossível dizer com certeza quais foram. Não há evidências de que a eclosão das lutas tenha surtido qualquer efeito direto no curso da guerra, embora obviamente isso teria acontecido se o conflito continuasse por mais alguns dias. Os combates foram um ótimo pretexto para colocar a Catalunha sob controle direto de Valência, para apressar a dissolução das milícias e para a supressão do Poum – e, certamente, também contribuíram para a derrubada do governo de Caballero. Mas pode-se ter como certo que essas coisas teriam acontecido de qualquer forma. A verdadeira questão é se os trabalhadores da CNT que saíram às ruas para lutar ganharam ou perderam ao fazê-lo. Nesse ponto, tudo que for dito é pura suposição, mas minha opinião é a de que eles ganharam mais do que perderam. A tomada da Central Telefônica de Barcelona foi apenas um incidente em um longo processo. Desde o ano anterior, o poder direto vinha sendo gradualmente desviado das mãos dos sindicatos, e havia um movimento geral de afastamento do controle da classe trabalhadora, aproximando-se uma vez mais do controle centralizado, o que conduziria, por fim, a um capitalismo estatal ou até mesmo à reintrodução do capitalismo privado. O fato de, naquele momento, ter havido alguma resistência provavelmente retardou o processo. Um ano após a eclosão da guerra, os trabalhadores catalães perderam muito de seu poder, mas sua posição ainda era comparativamente favorável. Poderiam ter perdido muito mais se tivesse ficado claro que eles não reagiriam, independentemente do quanto fossem provocados. Há ocasiões em que é melhor lutar e ser derrotado do que simplesmente não lutar.

Em terceiro lugar, que propósito, se é que houve algum, existia por trás dos combates? Teria sido algum tipo de *coup d'état*[49] ou iniciativa revolucionária? Visava, definitivamente, derrubar o governo? Teria sido planejado com antecedência?

Acredito que os combates só foram planejados com antecedência no sentido de que já eram esperados. Não havia sinais de qualquer plano definido de nenhum dos lados. Do lado anarquista, a ação foi muito provavelmente espontânea, pois todas as decisões eram tomadas pelos subordinados. O povo saiu às ruas e seus líderes políticos seguiram-nos com relutância – ou, simplesmente, não os seguiram. Os únicos que chegaram efetivamente a falar com um tom revolucionário foram os *Amigos de Durruti* – um pequeno grupo extremista dentro da FAI – e o Poum. Mas, uma vez mais, ambos seguiam em vez de liderar. Os *Amigos de Durruti* distribuíram algum tipo de panfleto revolucionário, mas ele só apareceu no dia 5 de maio, e ninguém pode afirmar que os combates tenham se iniciado por sua causa, já que a luta havia começado espontaneamente dois dias antes. Os líderes oficiais da CNT repudiaram toda a questão desde o início. Havia uma série de razões para isso. Para começar, o fato de a CNT ainda ter representação no governo e na *Generalitat* garantia que seus dirigentes fossem mais conservadores do que seus seguidores. Em segundo lugar, o principal objetivo dos líderes da CNT era formar uma aliança com a UGT, e os combates acabariam por ampliar a divisão entre CNT e UGT, pelo menos a princípio. Em terceiro lugar, embora não se soubesse disso à época, os líderes anarquistas temiam que, se as coisas fossem longe demais e os trabalhadores tomassem a cidade – como provavelmente estiveram em condições de fazê-lo no dia 5 de maio –, uma intervenção estrangeira ocorreria. Um cruzador e dois destróieres britânicos tinham se aproximado do porto e, sem dúvida, havia outros navios de guerra não muito longe. Os jornais ingleses divulgaram que esses navios se dirigiam a Barcelona "para proteger os interesses britânicos", mas, na verdade, não fizeram nenhum movimento nesse sentido, isto é, não desembarcaram nem um homem sequer nem acolheram nenhum refugiado. Não se pode ter certeza quanto a isso, mas era pelo menos extremamente provável que o governo britânico – que não levantou um dedo para salvar o governo

---

49 "Golpe de estado", em francês. (N. do T.)

espanhol dos ataques franquistas – interviesse com rapidez suficiente para salvá-lo de sua própria classe trabalhadora.

Os dirigentes do Poum não repudiaram os combates. Na verdade, encorajaram seus seguidores a permanecerem nas barricadas e até manifestaram sua aprovação (no *La Batalla* de 6 de maio) ao panfleto extremista divulgado pelos *Amigos de Durruti*. (Há bastante incerteza quanto a esse documento, já que agora ninguém parece ser capaz de apresentar uma cópia sequer.) Em alguns dos jornais estrangeiros, ele foi descrito como um "cartaz incendiário" que fora "afixado" por toda a cidade. Certamente, esse cartaz nunca existiu. Comparando vários relatos a respeito, posso afirmar que o panfleto pedia: (I) a formação de um conselho revolucionário (uma *junta*); (II) o fuzilamento dos responsáveis pelo ataque à Central Telefônica; (III) o desarmamento da Guarda Civil. Também não há um consenso quanto à manifestação de apoio do *La Batalla* ao folheto. Eu mesmo nunca cheguei a ver nem o panfleto nem a edição do *La Batalla* da data em questão. O único documento que vi durante os combates foi emitido pelo pequeno grupo de trotskistas (os "bolcheviques-leninistas") em 4 de maio, que simplesmente dizia: "Todos às barricadas: greve geral de todas as indústrias, exceto das ligadas à guerra". (Ou seja, apenas exigia o que já vinha acontecendo efetivamente.) Mas, na realidade, a atitude dos líderes do Poum era hesitante. Eles nunca foram a favor de uma insurreição, até que a guerra contra Franco fosse vencida. Por outro lado, quando os trabalhadores foram às ruas, os líderes do Poum adotaram uma linha marxista bastante pedante, dizendo que quando os trabalhadores estão nas ruas o dever dos partidos revolucionários é estar com eles. Assim, apesar de proferir palavras de ordem revolucionárias visando "reavivar o espírito do Dezenove de Julho" e coisas do tipo, eles fizeram o possível para limitar a ação dos trabalhadores à defensiva. Jamais ordenaram, por exemplo, um ataque a algum edifício; simplesmente orientaram seus seguidores a permanecer de guarda e – como mencionei no capítulo anterior – não disparar enquanto pudessem evitá-lo. O *La Batalla* também deu instruções para que nenhuma tropa deixasse o front.[50] Arrisco

---

50 Um número recente da *Inprecor* – Revista marxista revolucionária fundada em 1921 e fechada em 1938 – afirma exatamente o contrário: que o *La Batalla* ordenou que as tropas do POUM saíssem do front! Essa afirmação pode ser facilmente verificada consultando-se a edição do *La Batalla* da data citada. (N. do A.)

afirmar que o Poum possa ser responsabilizado não só por ter exortado todos a permanecerem nas barricadas como também, muito provavelmente, a ter persuadido um certo número a lá permanecer por mais tempo do que gostariam. Aqueles que tinham algum contato pessoal com os líderes do Poum na época (não era o meu caso) me disseram que, na verdade, eles estavam bastante consternados com aquela situação, mas sentiam que precisavam manter-se vinculados à coisa toda. Logo depois, é claro, aproveitaram para explorar os combates politicamente, como sempre faziam. Gorkin[51], um dos líderes do Poum, falaria mais tarde a respeito dos "gloriosos dias de maio". Do ponto de vista propagandístico, esse talvez tenha sido o rumo certo a tomar, pois o número de membros do partido aumentou levemente durante o breve período antes de seu banimento. Do ponto de vista tático, no entanto, provavelmente foi um erro dar aval ao folheto dos *Amigos de Durruti*, uma organização muito pequena e normalmente hostil ao Poum. Levando-se em consideração a agitação geral e tudo que era dito por ambos os lados, o panfleto, na verdade, não mencionava nada além do "fiquem nas barricadas", mas, ao parecer aprová-lo – ao mesmo tempo que o *Solidaridad Obrera*, o jornal anarquista, o repudiava –, os líderes do Poum facilitaram as coisas para a imprensa comunista, que poderia tranquilamente afirmar que os combates eram uma espécie de insurreição engendrada unicamente pelo Poum. No entanto, é certo que a imprensa comunista teria feito tal afirmação de qualquer forma, já que nada disso se compara às acusações feitas – tanto antes quanto depois disso – com muito menos evidências. Tampouco os líderes da CNT ganharam muito com sua atitude mais cautelosa: foram elogiados por sua lealdade, mas, ainda assim, foram expulsos do governo e da *Generalitat* assim que surgiu uma oportunidade.

Tanto quanto se pode deduzir pelo que as pessoas diziam na época, não havia nenhuma intenção revolucionária real em parte alguma. As pessoas por trás das barricadas eram trabalhadores comuns ligados à CNT, provavelmente acompanhados de alguns membros da UGT, e o que eles tentavam fazer não era derrubar governo nenhum, mas resistir ao que eles consideravam um ataque da polícia – tivessem razão ou não. Sua ação foi essencialmente

---

51 Julián Gómez García-Ribera, mais conhecido como Julián Gorkin (1901-1987) foi um revolucionário socialista espanhol, escritor e líder do POUM durante a Guerra Civil Espanhola. (N. do T.)

defensiva, e duvido que possa ser descrita – como efetivamente aconteceu em quase todos os jornais estrangeiros – como um "levante". Um levante implica ações ofensivas e um plano definido. Para ser preciso, tudo aquilo pareceu-se muito mais com um motim – um motim bastante sangrento, já que ambos os lados possuíam armas de fogo nas mãos e mostraram-se dispostos a usá-las.

Mas que se pode dizer quanto às intenções do outro lado? Se não foi um *coup d'état* anarquista, teria sido um *coup d'état* comunista, um esforço planejado para esmagar o poder da CNT com um só golpe?

Não acredito nessa hipótese, embora certas coisas possam levar a esse tipo de suspeita. É bastante significativo que algo muito semelhante (a tomada da Central Telefônica por policiais armados sob ordens vindas de Barcelona) tenha acontecido em Tarragona dois dias depois. Sem contar que, em Barcelona, a ocupação da Central Telefônica não foi um ato isolado. Em vários locais da cidade, bandos de guardas civis e partidários do PSUC tomaram prédios em pontos estratégicos – se não antes do início dos combates, pelo menos com surpreendente prontidão. Mas também é preciso lembrar que isso estava acontecendo na Espanha, não na Inglaterra. Barcelona é uma cidade com uma longa história de combates de rua. Em lugares assim, as coisas acontecem rapidamente, as facções estão formadas, todos conhecem a geografia local e, quando os canhões começam a atirar, cada grupo toma seu devido lugar, quase como em uma simulação de incêndio. Presumivelmente, os responsáveis pela tomada da Central Telefônica esperavam problemas – embora não na escala que realmente aconteceram – e se prepararam para enfrentá-los. Mas isso não significa que estivessem planejando um ataque geral à CNT. Há duas razões pelas quais acredito que nenhum dos lados tenha feito preparativos para combates em larga escala:

(I) nenhum dos lados trouxera tropas para Barcelona antecipadamente. Os combates se deram apenas entre aqueles que já estavam na cidade, em especial civis e policiais;

(II) a comida acabou quase imediatamente. Qualquer um que tenha servido na Espanha sabe que a única operação militar que os espanhóis realmente executam muito bem é a de alimentar suas tropas. Se qualquer um dos lados tivesse previsto uma ou duas semanas de combates, além de uma greve geral, é muito improvável que eles não tivessem armazenado alimentos com antecedência.

Por fim, passemos aos acertos e erros dos combates.

Um tremendo alvoroço foi suscitado na imprensa antifascista estrangeira, mas, como sempre, ouviu-se apenas um dos lados. Por isso, os combates de Barcelona foram apresentados como uma insurreição concebida por anarquistas e trotskistas desleais que "apunhalaram o governo espanhol pelas costas", e coisas do tipo. Certamente, a questão não era tão simples assim. Sem dúvida, quando se está em guerra com um inimigo mortal, o melhor a fazer é não começar lutas internas; mas vale lembrar que, para iniciar uma briga, é preciso que ambos os lados estejam dispostos a isso, e também que as pessoas não começam a construir barricadas do nada, a menos que tenha acontecido algo que elas considerem uma provocação.

Os conflitos surgiram naturalmente, como resposta à ordem dada pelo governo aos anarquistas exigindo-lhes que entregassem suas armas. Na imprensa inglesa, tal ordem foi traduzida usando-se termos tipicamente ingleses, tomando a seguinte forma: necessitava-se desesperadamente de armas no front de Aragão e não era possível enviá-las porque os anarquistas antipatrióticos não queriam entregá-las. Apresentar a questão assim é ignorar as condições reais da Espanha. Todos sabiam que tanto os anarquistas quanto o PSUC acumulavam armas e, quando os combates irromperam em Barcelona, isso ficou ainda mais claro: ambos os lados revelaram ter armas em abundância. Os anarquistas tinham plena consciência de que – mesmo que entregassem suas armas – o PSUC, a principal potência política da Catalunha, manteria as suas; e, de fato, foi isso que aconteceu depois que os combates acabaram. Enquanto isso, ficou perfeitamente visível nas ruas que havia uma enorme quantidade de armas que seriam muito bem-vindas no front, mas que eram retidas na retaguarda pelas forças policiais "apolíticas". E, muito abaixo da superfície, jazia a diferença irreconciliável entre comunistas e anarquistas, que, mais cedo ou mais tarde, levaria a algum tipo de confronto. Desde o início da guerra, o Partido Comunista Espanhol crescera extraordinariamente em número e conquistara grande parte do poder político, com a chegada à Espanha de milhares de comunistas estrangeiros – muitos dos quais expressavam abertamente sua intenção de "liquidar" o anarquismo assim que a guerra contra Franco fosse ganha. Dadas as circunstâncias, dificilmente se poderia esperar que os anarquistas entregassem as armas que tinham apreendido no verão de 1936.

A tomada da Central Telefônica foi simplesmente o fósforo que detonou uma bomba já existente. Talvez seja plausível que os responsáveis imaginassem que um ato desses não chegaria a resultar em grandes problemas. Comenta-se que Companys[52], o presidente catalão, declarou rindo, alguns dias antes, que os anarquistas tolerariam qualquer coisa[53]. Mas certamente não foi uma ação sábia. Nos meses anteriores, já acontecera uma longa série de confrontos armados entre comunistas e anarquistas em várias partes da Espanha. A Catalunha – e principalmente Barcelona – estavam em um estado de tensão que já havia levado a brigas de rua, assassinatos e coisas do tipo. De repente, corre pela cidade a notícia de que homens armados estavam atacando os prédios que os trabalhadores tinham capturado nos combates de julho – e aos quais atribuíam grande importância sentimental. É preciso lembrar que os guardas civis não eram queridos pela população operária. Por inúmeras gerações, *la guardia* fora simplesmente um apêndice dos senhores de terras e dos patrões, e os guardas civis eram duplamente odiados, já que havia a suspeita – totalmente justificada – de que sua lealdade antifascista era bastante duvidosa[54].

É provável que a emoção que levou as pessoas às ruas nas primeiras horas dos combates tenha sido similar à que as levara a resistir aos generais rebeldes no início da guerra. Certamente há quem possa afirmar que os trabalhadores da CNT devessem ter entregue a Central Telefônica sem protestar. A opinião de cada um a esse respeito será governada por sua posição em relação às questões do governo centralizado e do controle pela classe trabalhadora. Com muito mais relevância, pode-se também declarar: "Sim, muito provavelmente, a CNT tinha razão. Mas, afinal de contas, estávamos em guerra e eles não tinham o direito de iniciar um combate na retaguarda". Nesse ponto, concordo plenamente. Muito provavelmente, qualquer conflito interno ajudaria Franco. Mas o que realmente precipitou os combates? O governo podia ter ou não o direito de tomar a Central Telefônica; a questão

---

52 Lluís Companys i Jover (1882-1940) foi um político e advogado catalão, líder da esquerda republicana da Catalunha e presidente da *Generalitat de Catalunya* a partir de 1934. (N. do T.)
53 Jornal *New Statesman* de 14 de maio. (N. do A.)
54 Com a eclosão da guerra, os guardas civis sempre se puseram do lado mais forte. Mais tarde, em inúmeras ocasiões – por exemplo, na cidade de Santander –, eles se declararam unanimemente fascistas. (N. do A.)

é que, dadas as circunstâncias, isso certamente levaria a um confronto. Foi uma afronta, um gesto – e é bastante provável que fosse esse o objetivo – que afirmava efetivamente: "Seu poder está no fim... Agora, nós é que tomaremos conta de tudo". Não era sensato esperar outra coisa além de rechaço. Quem tiver qualquer noção de proporção, deverá perceber que o equívoco não foi – e nem poderia ser, em uma questão desse tipo – completamente unilateral. O único motivo para se aceitar uma versão que culpava apenas um dos lados é o fato de os partidos revolucionários espanhóis não terem nenhum apoio da imprensa estrangeira. Nos jornais ingleses, em particular, seria preciso pesquisar muito para encontrar uma referência favorável – em qualquer período da guerra – aos anarquistas espanhóis. Eles foram sistematicamente difamados e, como sei por experiência própria, é quase impossível conseguir que se publique algo em sua defesa.

Tentei escrever objetivamente sobre a luta em Barcelona, embora, isso é óbvio, ninguém possa ser objetivo por completo em uma questão desse tipo. Somos praticamente obrigados a tomar partido, e deve ficar bem claro de que lado me posiciono. Volto a repetir que devo ter inevitavelmente cometido erros de fato, não só aqui como em outras partes desta narrativa. É muito difícil escrever com precisão sobre a guerra espanhola, dada a falta de documentos sem um objetivo propagandista. Quero prevenir a todos quanto à minha parcialidade, bem como quanto a meus erros. Ainda assim, fiz o meu melhor para ser honesto. Mas todos poderão perceber que meu relato é completamente diferente do que o que tem surgido na imprensa estrangeira e, principalmente, nos jornais comunistas. É necessário reexaminar o ponto de vista comunista, já que foi publicado em todo o mundo e complementado em curtos intervalos de tempo desde então, sendo por isso a versão mais amplamente aceita.

Na imprensa comunista e pró-comunista, toda a culpa pelos combates em Barcelona foi atribuída ao Poum. Todo o conflito foi representado não como uma eclosão espontânea, mas como uma insurreição deliberada e planejada contra o governo, concebida unicamente pelo Poum e por alguns elementos "incontroláveis" e equivocados. Mais do que isso, foi definitivamente um complô fascista, executado sob ordens fascistas com o propósito de iniciar uma guerra civil na retaguarda e, assim, paralisar o governo. O Poum era a "Quinta Coluna de Franco" – uma organização "trotskista" trabalhando em conluio com os fascistas. Segue o que publicou o *Daily Worker* em 11 de maio:

> *Os agentes alemães e italianos, que invadiram Barcelona ostensivamente para "preparar" o notório "Congresso da Quarta Internacional", tinham uma grande tarefa diante de si.*
>
> *Eles deveriam – em colaboração com os trotskistas locais – incitar uma situação de desordem e derramamento de sangue, que tornaria possível aos alemães e italianos declararem que eram "incapazes de exercer o controle naval das costas catalãs efetivamente por causa da desordem dominante em Barcelona" e, por isso, "não poderiam fazer outra coisa além de desembarcar suas tropas na cidade".*

Em outras palavras, o que estava sendo preparado era uma situação em que os governos alemão e italiano pudessem desembarcar tropas ou fuzileiros navais abertamente nas costas da Catalunha, declarando que estavam tentando "preservar a ordem"...

O expediente que iriam utilizar para tal invasão estava à disposição tanto de italianos quanto de alemães, sob a forma de uma organização trotskista conhecida como Poum:

> *O Poum, agindo em cooperação com elementos criminosos bem conhecidos, e com algumas outras pessoas iludidas pelas organizações anarquistas, planejou, organizou e liderou o ataque na retaguarda, precisamente cronometrado para coincidir com o ataque no front de Bilbao... Etc. etc.*

Mais adiante no artigo, os combates de Barcelona tornam-se "o ataque do Poum" e, em outro artigo da mesma edição, afirma-se que não há "nenhuma dúvida de que é nas costas do Poum que deve recair a responsabilidade pelo derramamento de sangue na Catalunha". A *Inprecor* de 29 de maio afirma que os culpados pela construção das barricadas em Barcelona foram "unicamente os membros do Poum, organizados pelo partido com esse objetivo".

Eu poderia citar muito mais coisas, mas acredito já ter esclarecido a situação. O Poum era inteiramente responsável pelos combates e agia sob ordens fascistas. Daqui a pouco citarei mais alguns trechos dos relatos que apareceram na imprensa comunista, e todos poderão ver que são contraditórios a tal ponto que se mostram completamente inúteis. Mas, antes de fazê-lo, vale a pena apontar várias razões, anteriores ao conflito, que tornam essa versão dos combates de maio como um levante fascista engendrado pelo Poum completamente inconcebível:

(I) o Poum não tinha membros ou influência suficientes para provocar transtornos dessa magnitude. Menos ainda tinha o poder de convocar uma greve geral. Tratava-se de uma organização política sem uma base muito definida nos sindicatos e teria a capacidade de incitar uma greve em Barcelona tanto quanto (digamos) o Partido Comunista Inglês conseguiria fazê-lo em Glasgow. Como já afirmei anteriormente, a atitude dos líderes do Poum pode ter ajudado a prolongar os combates até certo ponto, mas eles não poderiam tê-los iniciado mesmo que quisessem;

(II) a suposta conspiração fascista baseia-se em sua própria declaração, apesar de todas as evidências apontarem em outra direção. Foi dito que o plano era tornar possível aos governos alemão e italiano desembarcarem tropas na Catalunha, mas nenhum navio de tropas alemão ou italiano se aproximou da costa. Quanto ao "Congresso da Quarta Internacional" e aos "agentes alemães e italianos", eles nunca existiram. Que eu saiba, nunca houve nenhuma menção a um "Congresso da Quarta Internacional". Havia planos vagos para um Congresso do Poum e de seus partidos irmãos (o ILP inglês, o SAP alemão etc. etc.), que tinha sido provisoriamente marcado para algum momento em julho – dois meses mais tarde – e nem um único delegado tinha chegado em Barcelona. Os "agentes alemães e italianos" existem apenas nas páginas do *Daily Worker*. Quem tentou atravessar a fronteira naquela época sabe que não era tão fácil "aportar" na Espanha; ou em qualquer outro país, diga-se de passagem;

(III) nada aconteceu nem em Lérida – principal reduto do POUM – nem no front. É óbvio que, se os líderes do POUM quisessem ajudar os fascistas, teriam ordenado que sua milícia saísse do front, deixando os fascistas passarem. Mas nada do tipo foi executado nem sequer sugerido. Tampouco trouxeram homens extras do front antecipadamente, embora fosse bastante fácil enviar, digamos, mil ou 2 mil homens de volta a Barcelona sob vários pretextos diferentes. E não houve nenhuma tentativa de sabotagem indireta do front. O transporte de alimentos, munições e coisas do gênero continuou como de costume: verifiquei pessoalmente isso mais tarde. Acima de tudo, um levante planejado do tipo que se sugeriu precisaria de meses de preparação, de propaganda subversiva entre os milicianos e muito mais. Mas não existia nenhum sinal ou rumor de que isso acontecera. O fato de as milícias no front não terem desempenhado nenhum papel no "levante" deveria ser, por si só, conclusivo. Se o POUM estivesse realmente planejando um *coup d'état*, é inconcebível que não tivesse usado os cerca de 10 mil homens armados, que constituíam a única força ofensiva de que dispunham.

Com base no que foi dito, fica bastante claro que a tese comunista de um POUM organizando um "levante" sob ordens fascistas não tem nenhuma evidência que a sustente. Acrescentarei mais alguns excertos da imprensa comunista. Os relatos acerca do incidente que deu início aos conflitos – a tomada da Central Telefônica – são bastante esclarecedores: não têm nenhum nexo, além do fato de colocarem a culpa no outro lado. É perceptível que, nos jornais comunistas ingleses, a responsabilidade recai primeiro nos anarquistas e, só depois, no POUM. Há uma razão bastante óbvia para isso. Nem todos na Inglaterra ouviram falar de "trotskismo", ao passo que todo falante de inglês estremece ao ouvir a palavra "anarquista". Basta saber que há "anarquistas" implicados em qualquer situação, e a atmosfera de preconceito se estabelece; depois disso, a culpa pode ser transferida tranquilamente para os "trotskistas". O *Daily Worker* do dia 6 de maio começa assim:

> *Segunda e terça-feira, um grupo minoritário de anarquistas tomou e tentou manter sob seu controle os prédios dos telefones e telégrafos, atirando contra o povo nas ruas.*

Não há nada comparável a um início em que se invertem os papéis. A Guarda Civil ataca um prédio da CNT e, então, a CNT é retratada atacando seu próprio prédio – atacando a si mesma, na verdade. Por outro lado, o *Daily Worker* de 11 de maio afirma:

O Ministro da Segurança Pública da Catalunha de Esquerda, Aiguader[55], e o Comissário Geral da Ordem Pública Socialista Unida, Rodríguez Salas, enviaram a polícia republicana armada ao prédio da Telefônica para desarmar os funcionários, em sua maioria membros dos sindicatos da CNT.

Tal afirmação não parece estar muito conforme com a primeira; no entanto, o *Daily Worker* não admite ter se enganado na primeira declaração. O *Daily Worker* de 11 de maio afirma que os panfletos dos *Amigos de Durruti*, renegados pela CNT, apareceram nos dias 4 e 5 de maio, em meio aos combates. A *Inprecor* de 22 de maio afirma que eles surgiram em 3 de maio, *antes* dos combates, e acrescenta que "em vista desses fatos" (o aparecimento de diversos panfletos):

A polícia, chefiada pessoalmente pelo delegado encarregado, ocupou a Central Telefônica na tarde de 3 de maio. Foram recebidos a tiros durante o cumprimento do dever. Bastou este sinal para que os provocadores começassem a suscitar tumultos por toda a cidade.

E eis o que diz a *Inprecor* do dia 29 de maio:

Às 3 da tarde, o Comissário da Segurança Pública, o camarada Salas, dirigiu-se à Central Telefônica, que na noite anterior fora ocupada por 50 membros do Poum e vários elementos descontrolados.

Tudo isso parece bastante curioso. A ocupação da Central Telefônica por 50 membros do Poum é o que se poderia chamar de uma circunstância pitoresca, e seria de se esperar que alguém notasse algo assim no mesmo instante. No entanto, parece ter sido descoberto apenas três ou quatro semanas depois. Em outra edição da *Inprecor*, os 50 membros do Poum já eram chamados de 50 milicianos do Poum. Seria difícil reunir mais contradições do que as contidas nesses poucos excertos. A um dado momento, a CNT está atacando a Central Telefônica; no outro, está sendo atacada no mesmo local; um panfleto aparece antes da tomada da Central Telefônica

---

55 Jaume Aiguader i Miró (1882-1943) foi um médico, escritor, ativista, político e nacionalista catalão. (N. do T.)

e é tido como motivo da ocupação; de outra feita, aparece depois e torna-se resultado da invasão; as pessoas que ocuparam o prédio são, alternadamente, membros da CNT e membros do Poum – e assim por diante. E, em uma edição posterior do *Daily Worker*, de 3 de junho, o sr. J. R. Campbell[56] nos informa que o governo só tomou o edifício porque as barricadas já estavam erguidas!

Por questões de espaço, citei apenas os relatos de um único incidente, mas as mesmas discrepâncias podem ser vistas em todas as narrativas da imprensa comunista. Além disso, existem várias declarações que são obviamente pura invenção. Como exemplo, eis o que diz o *Daily Worker* de 7 de maio, supostamente anunciado pela Embaixada da Espanha em Paris:

> *Um traço significativo da insurreição foi o fato de a velha bandeira monárquica ter sido hasteada na sacada de várias casas de Barcelona, sem dúvida na crença de que os participantes do levante já haviam dominado a situação.*

O *Daily Worker* muito provavelmente publicou essa declaração com boa-fé, mas os responsáveis por ela na Embaixada da Espanha devem ter mentido deliberadamente. Qualquer espanhol teria um melhor entendimento da situação do país. Uma bandeira monarquista hasteada em Barcelona! O sentimento antimonárquico era provavelmente a única coisa capaz de unir imediatamente as facções em guerra. Até mesmo os comunistas presentes foram obrigados a sorrir quando leram tal notícia. E o mesmo tipo de coisa se repete nos relatos dos vários jornais comunistas sobre as armas supostamente usadas pelo Poum durante a "insurreição". Só acreditaria no que haviam escrito quem não soubesse absolutamente nada dos fatos. No *Daily Worker* de 17 de maio, Frank Pitcairn[57] afirma:

> *Na verdade, foram usados inúmeros tipos de armas naquela ação infame. Armas que vinham roubando – e escondendo – por meses, armamentos como tanques de guerra, roubados do quartel logo no*

---

56 John Ross Campbell (1894-1969) foi um editor de jornais e ativista comunista britânico. (N. do T.)
57 Francis Claud Cockburn (1904-1981), conhecido pelo pseudônimo Frank Pitcairn, foi um famoso correspondente de guerra sino-britânico. (N. do T.)

início do levante. É claro que dezenas de metralhadoras e vários milhares de fuzis continuam em seu poder.

A *Inprecor* de 29 de maio também afirma:

No dia 3 de maio, o Poum tinha à sua disposição algumas dezenas de metralhadoras e vários milhares de fuzis... Na Plaza de España, os trotskistas colocaram em ação baterias de canhões "75", que se destinavam ao front de Aragão, e que a milícia cuidadosamente escondera em suas instalações.

O sr. Pitcairn não nos diz como e quando ficou claro que o Poum possuía dezenas de metralhadoras e vários milhares de fuzis. Já apresentei uma estimativa das armas que estavam em três dos principais prédios do Poum – cerca de 80 rifles, algumas bombas e nenhuma metralhadora, ou seja, apenas o suficiente para os guardas armados, que, à época, todos os partidos políticos haviam posicionado em seus prédios. Parece estranho que, mais tarde, quando o Poum foi banido e todos os seus prédios apreendidos, essas milhares de armas nunca tenham vindo à tona; especialmente os tanques e canhões de campanha, que não são o tipo de coisa que poderia ser escondido em uma chaminé. Mas o que é revelador nas duas declarações acima é a completa ignorância que se demonstra acerca das circunstâncias locais. Segundo o sr. Pitcairn, o Poum roubou tanques "do quartel". Ele não nos diz que quartel é esse. Os milicianos do Poum que estavam em Barcelona (agora comparativamente poucos, pois o recrutamento para as milícias do partido havia cessado) compartilhavam o Quartel Lênin com um número consideravelmente maior de soldados do Exército Popular. O sr. Pitcairn espera, portanto, que acreditemos que o Poum tenha roubado tanques com a conivência do Exército Popular. É o mesmo que acontece com as "instalações" em que os canhões de 75 milímetros foram escondidos. Não há menção de onde seriam tais "instalações". Essas mesmas baterias de canhões, disparando na Plaza de España, apareceram em muitas reportagens de jornal, mas acho que se pode afirmar com toda a certeza que nunca existiram. Como mencionei anteriormente, não ouvi disparos de artilharia durante os combates, embora a Plaza de España estivesse a apenas 1 quilômetro e meio de distância. Alguns dias depois, examinei a Plaza de España e não encontrei nenhum prédio que mostrasse marcas de artilharia. E uma testemunha ocular que estava no bairro durante a totalidade dos combates declara que nenhum canhão apareceu por ali. (Aliás, essa história das armas roubadas pode ter se originado com Antonov-Ovseenko[58], o cônsul-geral russo. De qualquer forma, foi ele quem a repassou para um conhecido jornalista inglês, que depois repetiu o que ouvira com toda a boa vontade, para um semanário. Desde aquela época, Antonov-Ovseenko foi "expurgado". Como isso afetaria sua credibilidade, não tenho como saber.) Certamente, essas histórias sobre tanques, canhões de campanha e coisas do gênero só foram inventadas porque seria difícil justificar a proporção dos combates de Barcelona com os números ínfimos do Poum. Precisavam afirmar que o Poum era o único responsável pela luta; também tinham de declarar que se tratava de um partido insignificante, sem seguidores e com "apenas alguns milhares de membros", segundo a *Inprecor*. A única esperança de tornar ambas as declarações verossímeis era fingir que o Poum tinha todas as armas de um exército mecanizado moderno.

É impossível ler os relatos da imprensa comunista sem perceber que eles são conscientemente dirigidos a um público ignorante dos fatos e que não têm outro propósito senão o de fomentar o preconceito. Daí, por exemplo, declarações como a do sr. Pitcairn no *Daily Worker* de 11 de maio dizendo que o "levante" foi reprimido pelo Exército Popular. A ideia aqui é dar a impressão de que toda a Catalunha estava absolutamente contra os "trotskistas". Mas o Exército Popular permaneceu neutro durante a luta – todos em Barcelona sabiam disso – e é difícil acreditar que o sr. Pitcairn não o soubesse. Também deve-se atentar ao malabarismo na imprensa comunista com os números de mortos e feridos, objetivando unicamente exagerar na proporção dos conflitos. Diaz, o secretário-geral do Partido Comunista Espanhol, amplamente citado na imprensa comunista, falava em 900 mortos e 2 mil e 500 feridos. O ministro da Propaganda catalão, que dificilmente subestimaria as cifras, afirmou terem sido 400 mortos e mil feridos. O Partido Comunista dobra a aposta e adiciona mais algumas centenas para dar sorte.

---

58 Vladimir Antonov-Ovseenko (1883-1938) foi um jornalista, militar e diplomático soviético, originário da Ucrânia. Dirigiu a tomada do Palácio de Inverno que culminou na vitória bolchevique durante a Revolução de Outubro mas, como lembra o autor, foi expurgado (e, consequentemente, executado) pelo governo de Stalin. (N. do T.)

Os jornais capitalistas estrangeiros, em geral, culpavam os anarquistas pela luta, mas havia alguns que seguiam a linha comunista. Um deles foi o inglês *News Chronicle*, cujo correspondente, o sr. John Langdon-Davies[59], estava em Barcelona na época. Cito trechos de seu artigo aqui:

UMA REVOLTA TROTSKISTA

(...) Esse não foi um levante anarquista. Trata-se de um putsch[60] frustrado do Poum "trotskista", agindo através de organizações sob seu controle, os Amigos de Durruti e a Juventude Libertária. (...) A tragédia começou na tarde de segunda-feira, quando o governo enviou homens armados ao edifício da Telefônica para desarmar os trabalhadores que lá se encontravam, em sua maioria homens da CNT. Graves irregularidades no serviço já ganhavam ares absurdos havia algum tempo. Uma grande multidão se aglomerou na Plaza de Cataluña, enquanto os homens da CNT resistiam, recuando andar por andar até alcançar o topo do prédio. (...) O incidente era bastante obscuro, mas circularam boatos de que o governo estava contra os anarquistas. As ruas se encheram de homens armados. (...) Ao anoitecer, todos os centros operários e prédios do governo estavam barricados e, às 10 horas, começaram as rajadas de balas, e as primeiras ambulâncias começaram a circular pelas ruas. Ao amanhecer, toda Barcelona estava sob fogo. (...) À medida que o dia passava, e com mais de cem mortos, podia-se adivinhar o que estava acontecendo. A CNT anarquista e a UGT socialista não estavam, tecnicamente, "nas ruas". Enquanto eles permaneciam atrás das barricadas, simplesmente aguardavam, vigilantes, uma atitude que incluía o direito de atirar em qualquer coisa armada que aparecesse na rua. (...) Os tiros a esmo eram invariavelmente agravados pelos pacos – homens solitários às escondidas, geralmente fascistas, que atiravam dos telhados em qualquer coisa que se movesse, fazendo todo o possível para aumentar o pânico geral. (...) Na noite de quarta-feira, no entanto, começou a ficar claro quem estava por trás da revolta. Todas as paredes haviam sido cobertas por um cartaz inflamatório que pedia uma revolução imediata e o fuzilamento

---

59 John Eric Langdon-Davies (1897-1971) foi um escritor e correspondente de guerra britânico. (N. do T.)
60 "Golpe" em alemão. (N. do T.)

> dos líderes republicanos e socialistas. Fora assinado pelos Amigos de Durruti. Na manhã de quinta-feira, os anarquistas negaram ter qualquer conhecimento – ou simpatia – pelos cartazes, mas o La Batalla, o jornal do Poum, reimprimiu o documento, tecendo-lhe os maiores elogios. Barcelona, a maior cidade da Espanha, fora mergulhada em sangue pelos agents provocateurs pertencentes a esta organização subversiva.

Essa narrativa não concorda totalmente com as versões comunistas que citei acima, mas pode-se ver que, ainda assim, é bastante contraditória. Primeiro, os combates são descritos como "uma revolta trotskista", depois são mostrados como resultado de um ataque ao prédio da Telefônica, e o artigo menciona a crença geral de que o governo estava "contra" os anarquistas. A cidade está entrincheirada e tanto a CNT quanto a UGT estão atrás das barricadas. Dois dias depois, o cartaz inflamatório (na verdade, um panfleto) aparece, e isso é declarado implicitamente como o estopim de toda aquela situação – o efeito precede a causa. Mas há um trecho do texto em que a distorção dos fatos é muito grave. O sr. Langdon-Davies descreve os *Amigos de Durruti* e a Juventude Libertária como organizações "controladas" pelo Poum. Ambas tratavam-se de organizações anarquistas e não possuíam absolutamente nenhuma relação com o Poum. A Juventude Libertária era a liga da juventude anarquista, correspondente à JSU do PSUC. Os *Amigos de Durruti* eram uma pequena organização que pertencia à FAI e, em geral, mostrava-se completamente hostil ao Poum. Até onde pude descobrir, não havia ninguém que fosse membro de ambos. Seria igualmente verdade dizer que a Liga Socialista é uma "organização controlada" pelo Partido Liberal Inglês. O sr. Langdon-Davies não sabia disso? Se fosse o caso, devia ter escrito com mais cautela sobre esse assunto tão complexo.

Não estou atacando a boa-fé do sr. Langdon-Davies; mas é certo que ele deixou Barcelona assim que os combates terminaram, ou seja, no momento em que poderia ter iniciado investigações sérias e, ao longo de seu relato, há sinais claros de que tenha aceito a versão oficial de uma "revolta trotskista" sem uma investigação mais apurada. Isso é óbvio até mesmo no trecho que citei acima. "Ao anoitecer" as barricadas foram erguidas; "às 10 horas" começaram as rajadas de balas. Essas não são as palavras de uma testemunha ocular. Do que foi dito, pode-se concluir que é comum esperar que seu inimigo construa uma barricada antes de começar a atirar nele. A impressão que se dá é que decorreram algumas horas entre a construção das barricadas e o disparo dos primeiros tiros; ao passo que, naturalmente, ocorreu o contrário. Muitas pessoas, eu incluído, viram os primeiros tiros sendo disparados no início da tarde. Além disso, são citados certos homens solitários, "geralmente fascistas", que disparavam dos telhados. O sr. Langdon-Davies não explica como ele sabia que tais homens eram fascistas. Presumivelmente, ele não subiu até os telhados para perguntar-lhes de que partido eram. Simplesmente repete o que lhe foi dito e, como se encaixa na versão oficial, não questiona nada. A bem da verdade, ele indica uma provável fonte de muitas de suas informações ao fazer uma referência, bastante imprudente, ao ministro da Propaganda no início de seu artigo. Os jornalistas estrangeiros na Espanha ficavam irremediavelmente à mercê do Ministério da Propaganda, embora fosse de se esperar que o próprio nome do ministério seria advertência suficiente. O ministro da Propaganda, é claro, estava tão propenso a dar um relato objetivo dos combates de Barcelona quanto (digamos) o falecido Lorde Carson[61] teria dado um relato objetivo do levante de Dublin em 1916.

Expus motivos suficientes para provar que a versão comunista dos combates de Barcelona não deve ser levada a sério. Além disso, devo dizer algo sobre a acusação geral de que o Poum era uma organização fascista secreta a mando de Franco e Hitler.

Essa acusação foi repetida inúmeras vezes na imprensa comunista, especialmente a partir do início de 1937. Ela fazia parte da campanha mundial oficial do Partido Comunista contra o "trotskismo", do qual se supunha que o Poum fosse o representante na Espanha. O "trotskismo", de acordo com o *Frente Roja* (o jornal comunista de Valência), "não é uma doutrina política, mas uma organização capitalista oficial, uma quadrilha terrorista fascista envolvida em crimes e preocupada em destruir o povo". O Poum era uma organização "trotskista" aliada aos fascistas e parte da "Quinta Coluna de Franco". O que se nota desde o início é que não se apresentou nenhuma prova para corroborar tal acusação; simplesmente proclamou-se tal coisa com ares de autoridade. E o ataque era desferido acompanhado de extremos de difamação pessoal e total irresponsabilidade quanto aos efeitos

---

61 Edward Henry Carson (1854-1935) foi um advogado, juiz e político irlandês, favorável à anexação da Irlanda ao Reino Unido. (N. do T.)

que pudesse ter sobre a guerra. Em comparação ao trabalho de difamar o Poum, muitos escritores comunistas parecem ter considerado a divulgação de segredos militares aos inimigos como algo sem importância. Em uma edição de fevereiro do *Daily Worker*, por exemplo, uma escritora (Winifred Bates[62]) viu-se no direito de afirmar que o POUM mantinha em sua seção no front apenas metade das tropas que dizia ter. Isso não era verdade, mas, presumivelmente, a jornalista não pensava assim. Tanto ela quanto o *Daily Worker* estavam perfeitamente dispostos, portanto, a entregar ao inimigo uma das informações mais importantes que poderiam ser divulgadas nas colunas de um jornal. No *New Republic*, o sr. Ralph Bates[63] afirmou que as tropas do Poum "jogavam futebol com os fascistas nos territórios desocupados", em uma época em que, na verdade, as tropas do Poum sofriam pesadas baixas e alguns de meus amigos pessoais eram mortos ou feridos. Mais uma vez, a caricatura perversa mencionada anteriormente circulava amplamente, primeiro em Madri e depois em Barcelona, representando o Poum tirando uma máscara em que se viam a foice e o martelo, e revelando um rosto hediondo com o símbolo da suástica. Se o governo não estivesse virtualmente sob controle comunista, nunca teria permitido que algo desse tipo circulasse em tempos de guerra. Tratava-se de um golpe deliberado contra a moral não só das milícias do Poum, mas de quaisquer outros que por acaso estivessem próximos a elas, pois não é nada encorajador saber que as tropas ao seu lado no front possam ser traidoras. Na verdade, duvido que as calúnias que lhes foram perpetradas pelas costas tenham tido o efeito de desmoralizar as milícias do Poum. Mas certamente visavam fazê-lo, e os responsáveis por semelhante coisa devem ser considerados como gente que coloca as divergências políticas acima da união contra o fascismo.

A acusação contra o Poum era a seguinte: um agrupamento de algumas dezenas de milhares de pessoas – quase inteiramente da classe trabalhadora –, além de numerosos ajudantes e simpatizantes estrangeiros – a maioria composta por refugiados de países fascistas – e milhares de milicianos não passava de uma vasta organização de espionagem a mando dos fascistas.

---

62 Winifred Bates (1898-1996) foi uma jornalista e ativista comunista britânica. (N. do T.)
63 Ralph Bates (1899-2000) foi um romancista, escritor, jornalista e ativista político inglês. Adquiriu notoriedade ao escrever sobre a Guerra Civil Espanhola. Foi também marido de Winifred Bates. (N. do T.)

Tal afirmação ia contra qualquer bom senso, e a própria história do Poum era suficiente para torná-la inconcebível. Todos os líderes do Poum tinham um passado revolucionário. Alguns deles haviam participado da Revolta de 1934[64], e a maioria tinha sido presa por atividades socialistas pelo governo de Lerroux[65] ou pela monarquia. Em 1936, seu então líder, Joaquín Maurín[66], foi um dos deputados que advertiu as *Cortes*[67] quanto à iminente revolta de Franco. Algum tempo depois da eclosão da guerra, ele foi feito prisioneiro pelos fascistas enquanto tentava organizar a oposição a Franco. Quando a revolta eclodiu, o Poum desempenhou um papel notável na resistência e, em Madri especialmente, muitos de seus membros foram mortos nos combates de rua. Foi um dos primeiros grupos a formar colunas de milícias na Catalunha e em Madri. Parece quase impossível explicar tudo isso como ações de um partido contratado pelos fascistas. Um partido a mando fascista simplesmente teria se juntado ao outro lado.

Tampouco houve qualquer sinal de atividades pró-fascistas durante a guerra. Era discutível – embora, por fim, eu acabe não concordando – que, ao pressionar por uma política mais revolucionária, o Poum dividisse as forças do governo e, assim, ajudasse os fascistas. Acredito que qualquer governo reformista teria razão em considerar um partido como o Poum como um incômodo. Mas essa é uma questão muito diferente de uma traição direta. Não há como explicar de que forma – se o POUM era realmente um órgão fascista – suas milícias permaneceram leais. Havia ali 8 ou 10 mil homens mantendo posições importantes do front, mesmo durante as condições intoleráveis do inverno de 1936-1937. Muitos deles permaneceram nas trincheiras por quatro ou cinco meses seguidos. É difícil explicar os motivos de não terem simplesmente abandonado o front ou se bandeado para o inimigo. Poderiam fazê-lo a qualquer momento, e o efeito que isso acarretaria na guerra poderia ter sido decisivo. No entanto, continuaram lutando, e foi logo após o banimento do Poum como partido político – quando o evento estava bem

---

64 A Revolta de 1934 da Espanha foi um movimento grevista e revolucionário que ocorreu entre 5 e 19 de outubro de 1934. (N. do T.)

65 Alejandro Lerroux García (1864-1949) foi um político espanhol, que ocupou a presidência do Conselho de Ministros (equivalente ao cargo de primeiro-ministro) entre 1933 e 1935. (N. do T.)

66 Joaquín Maurín (1896-1973) foi um político espanhol e presidente do Poum entre 1931 e 1936. (N. do T.)

67 *Cortes Generales*, nome do Parlamento espanhol. (N. do T.)

fresco na memória de todos – que as milícias, antes da redistribuição dentro do Exército Popular, participaram da desastrosa ofensiva à parte oriental de Huesca, quando muitos milhares de homens foram mortos em um dia ou dois. No mínimo, seria de se esperar uma confraternização com o inimigo e um fluxo constante de desertores. Mas, como já mencionei anteriormente, o número de deserções foi excepcionalmente pequeno. Também seriam previsíveis propagandas pró-fascismo, "derrotismo" e coisas do tipo. No entanto, não havia nenhum sinal de nada disso. Obviamente, devem ter existido espiões fascistas e *agents provocateurs* no Poum – eles estão em todos os partidos de esquerda –, mas não há evidência de que ali existisse um maior número deles do que nos outros partidos.

É verdade que alguns dos ataques na imprensa comunista diziam, com certa relutância, que apenas os líderes do Poum eram pagos pelos fascistas, e não as bases. Mas essa foi apenas uma tentativa de separar a base de seus líderes. A natureza da acusação implicava que membros comuns, milicianos e outros estavam todos envolvidos na trama, pois era óbvio que, se Nin[68], Gorkin e os demais fossem realmente pagos pelos fascistas, seria muito mais provável que seus seguidores soubessem – já que estavam em contato com eles – do que jornalistas em Londres, Paris e Nova Iorque. E, de qualquer forma, quando o Poum foi banido, a polícia secreta controlada pelos comunistas agiu com base na suposição de que todos eram igualmente culpados e prendeu qualquer um ligado ao partido em quem pudesse colocar as mãos – incluindo feridos, enfermeiras, esposas de membros do Poum e, em alguns casos, até mesmo crianças.

Finalmente, nos dias 15 e 16 de junho, o Poum foi banido e declarado ilegal. Esse foi um dos primeiros atos do governo Negrín, que tomara posse em maio. Quando o Comitê Executivo do Poum foi preso, a imprensa comunista revelou o que pretendia ser a descoberta de uma enorme conspiração fascista. Por um tempo, a imprensa comunista de todo o mundo ficou alvoroçada com essa história. O *Daily Worker* de 21 de junho resumiu o que vários jornais comunistas espanhóis noticiavam:

---

68 Andreu Nin (1892-1937) foi um político espanhol e uma das personagens mais importantes do marxismo revolucionário na Península Ibérica na primeira metade do século XX. (N. do T.)

TROTSKISTAS ESPANHÓIS CONSPIRAM COM FRANCO

Após a prisão de um grande número de líderes trotskistas em Barcelona e em outras cidades da Espanha (...), tornaram-se conhecidos, no último fim de semana, detalhes de uma das tramas de espionagem mais medonhas já conhecidas em tempos de guerra e a revelação mais horrenda da traição trotskista surgida até hoje. (...) Documentos em poder da polícia, juntamente com a confissão integral de mais de 200 pessoas presas, provam etc. etc.

O que essas revelações "provaram" foi que os líderes do Poum transmitiam segredos militares ao general Franco pelo rádio, mantinham contato com Berlim e agiam em colaboração com a organização fascista secreta de Madri. Além disso, havia detalhes sensacionais sobre mensagens secretas em tinta invisível, um documento misterioso assinado com a letra N (de Nin) e muito mais.

Mas o resultado final foi o seguinte: seis meses após a descoberta, no momento em que escrevo estas linhas, a maioria dos líderes do Poum ainda está na prisão, sem nunca terem sido levados a julgamento, e as acusações de que se comunicavam com Franco por rádio, além das outras, nunca foram postas no papel. Se realmente fossem culpados de espionagem, teriam sido julgados e fuzilados em uma semana – como aconteceu com inúmeros espiões fascistas no passado. Mas nenhuma evidência foi apresentada, a não ser as declarações, sem o menor respaldo, na imprensa comunista. Quanto às 200 "confissões integrais", que, se realmente existissem, bastariam para condenar qualquer um, nunca mais foram mencionadas novamente. Eram, na verdade, 200 arroubos da imaginação de alguém.

Além disso, a maioria dos membros do governo espanhol negou-se a acreditar nas acusações contra o Poum. Recentemente, o gabinete decidiu, por cinco votos a dois, a favor da libertação dos presos políticos antifascistas – os dois votos dissidentes foram dados pelos ministros comunistas. Em agosto, uma delegação internacional chefiada por James Maxton[69] foi à Espanha para averiguar as acusações contra o Poum e o desaparecimento de Andreu Nin. Prieto, o ministro da Defesa Nacional, Irujo, o ministro da

---

69 James Maxton (1885-1946) foi um político britânico filiado ao Partido Trabalhista Independente e membro do Parlamento do Reino Unido de 1922 a 1946, ano de sua morte. (N. do T.)

Justiça, Zugazagoitia, o ministro do Interior, Ortega y Gasset, o procurador-geral da República, o senador Prat Garcia e muitos outros repudiaram unanimemente qualquer crença de que os líderes do Poum fossem culpados de espionagem. Irujo acrescentou que ele próprio lera o dossiê do caso, que nenhuma das chamadas provas teria sido analisada e que o documento supostamente assinado por Nin era "sem valor" – ou seja, uma falsificação. Prieto considerou os líderes do POUM como responsáveis pelos combates de maio em Barcelona, mas descartou a ideia de que fossem espiões fascistas.

— O mais grave – acrescentou ele – é que a prisão dos líderes do Poum não foi decidida pelo governo, e a polícia realizou tais prisões por sua própria conta. Os responsáveis não são os chefes da polícia, mas sua comitiva, infiltrada por comunistas, algo que já se tornara um hábito. – Ele citou outros casos de prisões ilegais feitas pela polícia. Irujo também declarou que a polícia havia se tornado "praticamente independente" e, na verdade, encontrava-se sob o controle de elementos comunistas estrangeiros. Prieto insinuou amplamente à delegação que o governo não podia se dar ao luxo de ofender o Partido Comunista enquanto os russos lhe forneciam armas. Quando outra delegação, chefiada por John McGovern[70], foi à Espanha em dezembro, obteve as mesmas respostas de antes, e Zugazagoitia, o ministro do Interior, repetiu a sugestão de Prieto em termos ainda mais claros:

— Recebemos ajuda da Rússia e tivemos de permitir certas ações de que não gostamos. – Como exemplo da autonomia da polícia, é interessante saber que, mesmo com uma ordem assinada pelo diretor de Prisões e pelo ministro da Justiça, McGovern e seus delegados não conseguiram permissão para entrar em uma das "prisões secretas" mantidas pelo Partido Comunista em Barcelona[71].

Acho que isso deve ser suficiente para esclarecer o assunto. A acusação de espionagem contra o Poum baseava-se apenas em artigos da imprensa comunista e nas atividades da polícia secreta, controlada pelos comunistas.

---

70 John McGovern (1887-1968) foi um político socialista escocês. (N. do T.)
71 Para um relato completo sobre o trabalho das duas delegações, consultar o *Le Populaire* de 7 de setembro, o *La Flèche* de 18 de setembro, o artigo sobre a Delegação Maxton, publicado pelo *Independent News*, situado à Rue Saint-Denis, 219, em Paris, e o folheto de McGovern intitulado "Terror na Espanha". (N. do A.)

Os líderes do Poum, e centenas ou milhares de seus seguidores, ainda estão na prisão, e há seis meses a imprensa comunista continua pedindo a execução dos "traidores". Mas Negrín, e os outros citados, conseguiram manter a cabeça no lugar e se recusaram a encenar um massacre em massa de "trotskistas". Considerando a pressão a que foram submetidos, deve-se dar-lhes o devido crédito por sua atitude. Enquanto isso, diante de tudo que já expus, fica muito difícil acreditar que o Poum fosse realmente uma organização de espionagem fascista, a menos que se acredite também que Maxton, McGovern, Prieto, Irujo, Zugazagoitia e os demais tenham todos sido igualmente pagos pelos fascistas.

Por fim, falemos da acusação de que o Poum era "trotskista". Essa palavra é agora usada com cada vez mais liberdade, de uma maneira extremamente enganosa e muitas vezes com a intenção clara de ludibriar o povo. Vale a pena parar um instante para melhor defini-la. A palavra trotskista é usada para designar três coisas distintas:

(I) sujeitos que, como Trotsky, defendem a "revolução mundial" em oposição ao "socialismo em um único país". De forma mais vaga, os revolucionários extremistas;

(II) membros da organização que tem, efetivamente, Trotsky como líder;

(III) fascistas disfarçados, posando de revolucionários, que agem principalmente através de sabotagens dentro da União Soviética e que, de um modo geral, simplesmente dividem e arruínam as forças de esquerda.

Tomando-se a definição (I), o Poum provavelmente poderia ser descrito como trotskista. Assim como o ILP inglês, o SAP alemão, os socialistas de esquerda na França e muitos outros. Mas o Poum não tinha nenhuma ligação com Trotsky ou com a organização trotskista ("bolchevique-leninista"). Quando a guerra estourou, os trotskistas estrangeiros que vieram para a Espanha (15 ou 20, no total) trabalharam primeiro para o Poum – por acharem que era o partido mais próximo de sua ideologia –, mas nunca se tornaram membros do partido. Mais tarde, Trotsky ordenou que seus seguidores atacassem a política do Poum, e os trotskistas foram expurgados dos escritórios do partido, embora alguns permanecessem nas milícias. Nin, o líder do Poum após a captura de Maurín pelos fascistas, chegou a ser secretário de Trotsky, mas abandonara o cargo alguns anos antes e formara o Poum ao fundir vários comunistas da oposição com um partido anterior, o Bloco dos Trabalhadores e Camponeses. A antiga associação de Nin com Trotsky foi usada na imprensa comunista para mostrar que o Poum era realmente trotskista. Pela mesma linha de argumentação, pode-se demonstrar que o Partido Comunista Inglês é realmente uma organização fascista, por causa da antiga associação de John Strachey[72] com Sir Oswald Mosley[73].

Ao se usar a definição (II), a única que traz a acepção correta da palavra, o Poum certamente não era trotskista. É importante fazer essa distinção, porque é dado como certo pela maioria dos comunistas que um trotskista definido por (II) é invariavelmente um trotskista com o mesmo sentido da definição (III) – ou seja, toda organização trotskista é simplesmente uma máquina de espionagem fascista. O "trotskismo" só veio a público na época dos julgamentos por espionagem russos e, hoje em dia, chamar um homem de trotskista é praticamente o mesmo que chamá-lo de assassino, *agent provocateur* etc. Ao mesmo tempo, qualquer um que criticar as políticas comunistas de um ponto de vista à esquerda é passível de ser denunciado como trotskista. Assim, seria correto afirmar que todos os que pregam o extremismo revolucionário agem sob ordens fascistas?

Na prática, sim e não, de acordo com a conveniência local. Quando Maxton foi para a Espanha com a delegação que mencionei acima, o *Verdad*, o *Frente Rojo* e outros jornais comunistas espanhóis o denunciaram instantaneamente como sendo um "trotskista-fascista", espião da Gestapo e muito mais. No entanto, os comunistas ingleses tiveram o cuidado de não repetir tal acusação. Na imprensa comunista inglesa, Maxton tornou-se simplesmente um "inimigo reacionário da classe trabalhadora", o que é convenientemente vago. Obviamente, a razão pura e simples é que inúmeras lições extremamente amargas provocaram um pavor bastante sadio da Lei da Difamação na imprensa comunista inglesa. O fato de uma acusação não ter sido repetida em um país onde deveria ser provada é suficiente para revelar que se tratava de uma mentira.

Pode parecer que eu tenha analisado as acusações contra o Poum com mais profundidade do que seria necessário. Comparado às enormes misérias

---

72 Evelyn John St Loe Strachey (1901-1963) foi um escritor e político trabalhista britânico. (N. do T.)
73 Sir Oswald Ernald Mosley (1896-1980) foi um político britânico. Ficou conhecido como um dos principais líderes da extrema-direita fascista da Inglaterra. (N. do T.)

de uma guerra civil, esse tipo de disputa interna entre partidos, com suas inevitáveis injustiças e falsas acusações, pode parecer trivial. Na verdade, não é bem assim. Acredito que calúnias e campanhas da imprensa desse tipo – e os hábitos mentais que as originaram – são capazes de causar danos extremamente fatais à causa antifascista.

Qualquer um que já tenha analisado o assunto sabe que a tática comunista de lidar com opositores políticos por meio de acusações forjadas não é novidade. Hoje a palavra-chave é "trotski-fascista". Há pouco tempo era "social-fascista". Passaram-se apenas seis ou sete anos desde que os julgamentos perpetrados pelo Estado russo "provaram" que os líderes da Segunda Internacional, incluindo, por exemplo, Léon Blum[74] e membros proeminentes do Partido Trabalhista Britânico, estavam tramando um enorme complô para a invasão militar da União Soviética. No entanto, ainda hoje os comunistas franceses estão satisfeitos o suficiente com Blum para continuar a aceitá-lo como líder, e os comunistas ingleses têm tentado de tudo para fazer parte do Partido Trabalhista. Duvido que esse tipo de coisa valha a pena, mesmo do ponto de vista sectário. Entretanto, não restam dúvidas quanto ao ódio e às divisões que a acusação de "trotski-fascista" tem causado. Em todos os países, os comunistas da base são levados a uma caça às bruxas sem sentido, à busca dos tais "trotskistas", e partidos afins ao Poum são arrastados de volta à posição terrivelmente estéril de serem meros partidos anticomunistas. Já se vê o início de uma perigosa divisão no movimento da classe trabalhadora mundial. Mais algumas calúnias contra membros que foram socialistas por toda a vida e mais algumas tramas como as acusações contra o Poum, e a divisão pode se tornar irreconciliável. A única esperança é manter a controvérsia política em um plano em que a discussão exaustiva seja possível.

Entre os comunistas e aqueles que estão – ou afirmam estar – à sua esquerda, há uma diferença real. Os comunistas sustentam que o fascismo pode ser derrotado pela aliança com setores da classe capitalista (a Frente Popular); seus oponentes sustentam que essa manobra simplesmente dá ao fascismo novos terrenos para expansão. A questão tem de ser resolvida; tomar a decisão errada pode significar cair em séculos de semiescravidão.

---

74 Léon Blum (1872-1950) foi um líder político socialista francês e chegou a ocupar o cargo de primeiro-ministro da França, em 1948. (N. do T.)

Mas enquanto nenhum contra-argumento for apresentado, além de um grito de "trotski-fascista!", a discussão nem sequer pode começar. Para mim, por exemplo, seria impossível debater os acertos e erros dos combates de Barcelona com um membro do Partido Comunista, porque nenhum comunista – isto é, nenhum "bom" comunista – seria capaz de admitir que eu tenha exposto um relato verídico dos fatos. Se ele seguisse sua linha partidária à risca, teria de declarar que estou mentindo ou, na melhor das hipóteses, que estou irremediavelmente enganado e que qualquer um que olhasse para as manchetes do *Daily Worker* estando a milhares de quilômetros do palco dos eventos saberia mais do que estava acontecendo em Barcelona do que eu. Em tais circunstâncias, não pode haver discussão, já que não se alcançaria nem o mínimo necessário de entendimento. Para que serve dizer que homens como Maxton são pagos pelos fascistas? Simplesmente para tornar impossível uma discussão séria. É como se no meio de um torneio de xadrez um competidor subitamente começasse a gritar que o outro é culpado de algum incêndio criminoso ou de bigamia. O ponto que está realmente em questão permanece intocado. A difamação não resolve nada.

12

Provavelmente regressamos ao front cerca de três dias depois do término dos combates em Barcelona. Terminada a luta – mais precisamente, terminado o jogo de calúnias nos jornais – era difícil pensar na guerra da mesma maneira idealista e ingênua de antes. Suponho que não haja ninguém que tenha passado mais do que algumas semanas na Espanha sem se desiludir em algum grau. Minha mente voltou a lembrar-se do correspondente de guerra que eu conheci no meu primeiro dia em Barcelona, que me dissera:

— Esta guerra é um embuste como todas as outras. – A observação me chocou profundamente, e naquela época (em dezembro) não acreditei que fosse verdade. Continuava a não sê-lo, mesmo agora, em maio; mas estava se tornando cada vez mais real. O fato é que toda guerra sofre uma espécie de degradação progressiva a cada mês que continua, porque certas coisas como as liberdades individuais e uma imprensa honesta simplesmente não são compatíveis com a eficiência militar.

Agora, já era possível começar a prever o que provavelmente aconteceria. Era muito fácil ver que o governo Caballero cairia e seria substituído por um governo mais à direita e com forte influência comunista (o que efetivamente aconteceu uma ou duas semanas depois), que, então, acabaria com o poder dos sindicatos de uma vez por todas. Depois, quando Franco fosse derrotado – e deixando de lado os enormes problemas criados pela reorganização da Espanha –, a perspectiva não era nada animadora. Quanto às alegações dos jornais, de que aquela era uma "guerra pela democracia", tudo não passava de pura fantasia. Ninguém em seu juízo perfeito acreditaria que houvesse qualquer esperança de democracia, como a entendemos na Inglaterra ou na França, em um país tão dividido e extenuado quanto a Espanha ao término da guerra. Ela passaria certamente a uma ditadura, e estava claro que a chance de uma ditadura operária não mais existia. O que significava que o movimento geral ia na direção de algum tipo de fascismo. Um fascismo chamado, sem dúvida nenhuma, por algum nome mais polido, e – já que estamos falando da Espanha – mais humano e menos eficiente do que as variedades alemã ou italiana. As únicas alternativas eram uma ditadura infinitamente pior sob o comando de Franco ou (sempre uma possibilidade) que a guerra terminasse com a Espanha dividida, seja por fronteiras reais, seja por zonas econômicas.

Não importava o resultado, a expectativa mostrava-se deprimente. Mas isso não significava que não valesse a pena lutar a favor do governo, contra o fascismo mais austero e elaborado de Franco e Hitler. Quaisquer que sejam as falhas que o governo do pós-guerra possa ter, o regime de Franco certamente seria pior. No final, para os trabalhadores – o proletariado das cidades – pode fazer pouquíssima diferença quem ganhou, mas a Espanha é principalmente um país agrícola, e os camponeses quase certamente se beneficiariam com uma vitória do governo. Pelo menos algumas das terras apreendidas permaneceriam com eles, além de também haver uma melhor distribuição de terras no território que fora ocupado por Franco, e a servidão latente que existia em algumas partes da Espanha provavelmente não seria restaurada. Se o governo continuar com o controle no final da guerra, teria de adotar, de qualquer forma, uma política anticlerical e antifeudal. Manteria a Igreja sob controle, pelo menos por um tempo, e modernizaria o país, construindo estradas, por exemplo, e promovendo educação e saúde pública (algo nesse sentido já tem sido feito, mesmo durante a guerra). Franco, por outro lado, considerando que não é simplesmente um fantoche da Itália e da Alemanha, sempre esteve ligado aos grandes latifundiários feudais e defendeu uma rígida reação clérico-militar. A Frente Popular podia ser uma fraude, mas Franco era um anacronismo. Apenas milionários ou românticos poderiam querer que ele ganhasse.

Além disso, havia a questão do prestígio internacional do fascismo, que há um ou dois anos vem me assombrando como um pesadelo. Desde 1930, os fascistas vinham conquistando todas as vitórias e era hora de eles levarem uma surra, pouco importava de quem. Se pudéssemos jogar Franco e seus mercenários estrangeiros no mar, isso poderia melhorar imensamente a situação mundial, mesmo que a própria Espanha ressurgisse com uma ditadura sufocante, com todos os seus melhores homens na prisão. Só por isso, já valeria a pena vencer a guerra.

Era assim que eu via as coisas à época. Posso dizer que agora tenho muito mais consideração pelo governo Negrín do que quando ele assumiu o cargo. Manteve a difícil luta com esplêndida coragem e mostrou mais tolerância política do que se esperava. Mas ainda acredito que – a menos que a Espanha se fragmente, com consequências imprevisíveis – a tendência do governo do pós-guerra está fadada ao fascismo. Mais uma vez, apresento aqui minha opinião e corro o risco de que o tempo faça comigo o que faz com a maioria dos profetas.

Tínhamos acabado de chegar ao front quando soubemos que Bob Smillie, ao voltar para a Inglaterra, havia sido preso na fronteira, levado para Valência e jogado na prisão. Smillie chegara à Espanha em outubro do ano anterior. Trabalhara por vários meses no escritório do Poum e depois se juntou à milícia quando os outros membros do ILP chegaram, sob o acordo de que ficaria três meses no front antes de voltar à Inglaterra, para participar de uma campanha política. Demorou algum tempo até que pudéssemos descobrir por que ele fora preso. Ele foi mantido *incommunicado*, de forma que nem mesmo um advogado poderia vê-lo. Na Espanha, não há – pelo menos na prática – nenhuma espécie de habeas corpus, e qualquer um pode ser mantido na prisão por meses a fio sem uma acusação formal, e menos ainda um julgamento. Finalmente, soubemos por um prisioneiro libertado que Smillie tinha sido preso por "porte de armas". Eu sabia que as tais "armas" eram duas granadas de mão obsoletas, usadas no início da guerra, que ele levava para casa para exibir em suas conferências, juntamente com fragmentos de granadas e outros suvenires. As cargas explosivas e os detonadores haviam sido removidos, restando meros cilindros de aço, completamente inofensivos. Era óbvio que isso era apenas um pretexto e que ele havia sido preso por causa de sua conhecida ligação com o Poum. Os combates de Barcelona haviam terminado fazia pouco tempo e as autoridades, naquele momento, estavam extremamente apreensivas em deixar qualquer um que pudesse contradizer as versões oficiais do conflito sair do país. Como resultado, todos estavam sujeitos a serem presos na fronteira, sob os pretextos mais ridículos. Muito possivelmente a intenção, no início, era apenas deter Smillie por alguns dias. Mas o problema é que, na Espanha, uma vez que alguém é preso, geralmente é mantido encarcerado, com ou sem julgamento.

Ainda estávamos em Huesca, mas nos posicionaram mais à direita, diante do reduto fascista que havíamos capturado temporariamente algumas semanas antes. Agora, eu atuava como *teniente* – o que, acredito eu, corresponde a segundo-tenente no Exército Britânico – no comando de cerca de trinta homens, ingleses e espanhóis. Indicaram meu nome para receber uma comissão regular. Se vou conseguir ou não, é bastante incerto. Anteriormente, os oficiais da milícia se recusavam a aceitar comissões regulares, pois isso significaria um pagamento maior, o que entra em conflito com as ideias igualitárias da milícia, mas, agora, eram obrigados a fazê-lo. Benjamin já havia sido nomeado capitão e Kopp estava para ser nomeado major. O governo não poderia, é claro, dispensar os oficiais da milícia, mas não os promoveria a nenhuma patente superior à de major, presumivelmente para manter os comandos superiores com os oficiais do Exército Regular e os novos oficiais da Escola de Guerra. Como resultado, em nossa divisão, a 29a – e sem dúvida em muitas outras – tínhamos a bizarra situação, mesmo que temporária, em que o comandante da divisão, os comandantes de brigada e os comandantes de batalhão eram todos majores.

Não havia muita coisa acontecendo no front. A batalha ao redor da Estrada de Jaca terminara, e só recomeçaria em meados de junho. Em nossa posição, o principal problema eram os franco-atiradores. As trincheiras fascistas se encontravam a mais de 150 metros de distância, mas em terreno mais alto, e nos cercavam em dois lados distintos, já que nossa linha formava um ângulo reto, entrando em seu território. O ângulo que invadia o terreno inimigo era um local perigoso, e sempre houve um certo número de baixas ali, por causa dos franco-atiradores. De vez em quando, os fascistas nos atacavam com uma granada de fuzil ou alguma arma parecida. Ela fazia um estrondo terrível – e amedrontador, já que não era possível ouvi-lo a tempo de se esquivar – mas não era realmente perigosa: o buraco que abria no chão não era maior do que uma banheira. As noites estavam agradáveis e os dias escaldantes, os mosquitos começavam a se tornar um incômodo e, apesar das roupas limpas que trouxemos de Barcelona, fomos quase que imediatamente infestados por piolhos. Nos pomares desertos do território desconhecido, as cerejas apodreciam nas árvores. Durante dois dias houve chuvas torrenciais, os abrigos inundaram e as barricadas afundaram cerca de 30 centímetros; depois disso, tivemos de ficar mais dias escavando o barro pegajoso com as terríveis pás espanholas que não têm cabo e se dobram como colheres de latão.

Prometeram um morteiro de trincheira para a companhia e eu aguardava com muita ansiedade. À noite, fazíamos as patrulhas de costume – que se tornaram mais perigosas do que antes, já que as trincheiras fascistas tinham mais homens e, por isso, eles estavam mais alertas; também haviam espalhado latas do lado externo do arame farpado e, ao ouvirem qualquer ruído, já abriam fogo com as metralhadoras. Durante o dia, atirávamos do território desocupado, na direção deles. Rastejando cerca de 100 metros, conseguíamos chegar a uma vala, escondida pela grama alta, que ficava um nível acima de uma lacuna na barricada fascista. Nós armamos um apoio para o fuzil na vala. Esperando tempo suficiente, era possível ver uma figura com uniforme cáqui deslizando às pressas pela abertura. Fiz diversos disparos assim. Não sei se cheguei a acertar alguém – o que é muito improvável, já que minha mira com o fuzil é péssima. Mas era bastante divertido, pois os fascistas não sabiam de onde vinham os tiros e eu tinha certeza de que pegaria um deles mais cedo ou mais tarde. No entanto, o feitiço virou contra o feiticeiro – um franco-atirador fascista me acertou. Eu estava há cerca de dez dias no front quando aconteceu. Toda a experiência de ser atingido por uma bala é muito interessante, e acho que vale a pena descrevê-la em detalhes.

Eu me encontrava em um canto da barricada, às cinco horas da manhã. Esse era um horário sempre perigoso, pois o sol surgia atrás de nós e, se qualquer um levantasse a cabeça acima da barricada, seu contorno apareceria nitidamente contra o céu. Eu conversava com as sentinelas, preparando-me para trocar a guarda. De repente, bem no meio de uma frase, senti... É muito difícil descrever o que senti, embora eu me lembre com absoluta clareza.

Grosso modo, era a sensação de estar no centro de uma explosão. Parecia ter ocorrido um estrondo alto e um clarão ofuscante de luz ao meu redor, e senti um choque tremendo – nenhuma dor, apenas um choque violento, como o que se recebe de um terminal elétrico – e, com ele, uma sensação de fraqueza absoluta, de ter sido atingido e reduzido a nada. Os sacos de areia à minha frente recuaram para muito longe. Imagino que deve ser a mesma sensação de ser atingido por um raio. Soube imediatamente que tinha sido alvejado, mas, talvez por causa do que me parecera um estrondo e um clarão, pensei que um fuzil ao meu lado havia disparado acidentalmente e me acertado. Tudo isso aconteceu em um espaço de tempo muito inferior a um segundo. No instante seguinte, meus joelhos cederam e eu caí, batendo com a cabeça no chão com uma força violenta e, para meu alívio, não senti dor. Senti-me entorpecido, atordoado, com a consciência de ter sido seriamente ferido, mas não havia dor, no sentido mais ordinário.

A sentinela americana com quem eu estava falando deu um salto na minha direção.

— Puxa! Você foi atingido? – As pessoas se reuniram ao meu redor. A confusão de sempre se formou. – Levantem-no! Onde ele foi atingido? Abram sua camisa! – Etc. etc. O americano pediu uma faca para cortar minha camisa. Eu sabia que tinha uma no meu bolso e tentei pegá-la, mas descobri que meu braço direito estava paralisado. Como não sentia nenhuma dor, fui tomado por uma vaga satisfação. "Minha esposa deve ficar contente", pensei; ela sempre quis que eu fosse ferido, o que impediria que eu fosse morto quando a grande batalha chegasse. Foi só nesse instante que me ocorreu perguntar onde fora atingido, e com que gravidade; eu não conseguia sentir nada, mas estava consciente de que a bala havia me atingido em algum lugar na frente do corpo. Quando tentei falar, descobri que não tinha voz, apenas um leve chiado saía da minha boca, mas, na segunda tentativa, consegui finalmente perguntar onde fora baleado.

— Na garganta – responderam. Harry Webb, nosso padioleiro, trouxera uma bandagem e uma das garrafinhas de álcool que nos haviam fornecido para fazer curativos. Enquanto me levantavam, muito sangue jorrou da minha boca, e ouvi um espanhol atrás de mim dizer que a bala tinha atravessado meu pescoço. Senti o álcool, que geralmente ardia como o diabo, espirrar na ferida com um frescor agradável.

Deitaram-me novamente enquanto alguém buscava uma maca. Assim que soube que a bala tinha atravessado meu pescoço, dei como certo que iria morrer. Nunca ouvira falar de um homem ou um animal que levasse uma bala que lhe furasse o pescoço e sobrevivesse. Tinha sangue pingando do canto da minha boca. "Lá se foi minha artéria!", pensei. Fiquei imaginando quanto tempo se tem depois que a carótida é perfurada – uma questão de alguns minutos, presumivelmente. Tudo estava muito confuso. Devem ter se passado cerca de dois minutos em que imaginara já estar morto. E até mesmo isso foi bastante interessante – quer dizer, é interessante saber quais seriam seus pensamentos em um momento desses. Meu primeiro pensamento, algo bastante convencional, foi dedicado à minha esposa. O segundo foi um violento ressentimento por ter que deixar este mundo que – no fim das contas – para mim era muito agradável. Tive tempo para sentir isso com muita intensidade. A estupidez do que me acontecera me deixou furioso. Como aquilo tudo carecia de sentido! Nem ao menos fora derrubado em batalha, mas naquele canto obscuro das trincheiras, graças a um descuido momentâneo! Pensei também no homem que atirara em mim – perguntei-me como ele seria, se era espanhol ou estrangeiro, se sabia que tinha me acertado, coisas assim. Não consegui sentir nenhum ressentimento contra ele. Imaginei que, já que ele era fascista, eu o teria matado se pudesse, mas se, em vez disso, tivessem-no aprisionado e trazido até minha presença naquele exato momento, eu simplesmente o teria parabenizado por sua boa pontaria. No entanto, se eu estivesse realmente morrendo, meus pensamentos teriam sido bem diferentes.

Tinham acabado de me colocar na maca quando meu braço direito paralisado voltou à vida e começou a doer terrivelmente. Na hora imaginei que devia tê-lo quebrado ao cair, mas a dor me tranquilizou, pois sabia que nossos sentidos não se tornam mais aguçados quando se está morrendo. Comecei a me sentir mais normal e a ter pena dos quatro pobres-diabos que suavam e escorregavam, carregando a padiola nos ombros. Era um trajeto de mais de 2 quilômetros até a ambulância, por um caminho terrível, em meio a trilhas irregulares e escorregadias. Tendo ajudado a carregar um homem ferido um ou dois dias antes, eu sabia quão difícil era. As folhas dos álamos prateados que, em alguns pontos, beiravam nossas trincheiras, roçavam em meu rosto. Achei bom estar vivo em um mundo onde crescem álamos prateados. Mas o tempo todo a dor no meu braço era infernal, fazendo-me praguejar e, depois, tentar parar com aquilo, já que toda vez que eu respirava com muita força o sangue saía pela minha boca borbulhando.

O médico refez as bandagens no meu ferimento, aplicou-me uma injeção de morfina e me mandou para Sietamo. Os hospitais de Sietamo eram cabanas de madeira construídas às pressas onde os feridos eram, via de regra, mantidos apenas por algumas horas antes de serem enviados para Barbastro ou Lérida. Eu ficara tonto por causa da morfina, mas ainda sentia muita dor, permanecia praticamente incapaz de me mover e engolindo sangue constantemente. Mesmo eu estando nesse estado, a enfermeira inexperiente tentava me forçar a comer a refeição regulamentar do hospital – um enorme prato de sopa, ovos, um ensopado gorduroso e outras coisas mais – e parecia surpresa por eu não aceitar, pois tratava-se de um procedimento típico dos hospitais espanhóis. Pedi um cigarro, mas estávamos em meio a um período de falta absoluta de tabaco e não havia nada para fumar no local. Logo depois, dois camaradas que tinham permissão para sair do front por algumas horas surgiram ao lado da minha cama.

— Olá! Continua vivo, não é? Que bom! Queremos seu relógio, seu revólver e sua lanterna. E sua faca, se você tiver uma.

Partiram com todos os meus pertences que podiam carregar. Isso sempre acontecia quando alguém era ferido – tudo o que se possuía era prontamente dividido. Nada mais justo, pois relógios, revólveres e coisas afins eram muito valiosos no front e, se fossem inventariados como pertences de um ferido no front, certamente seriam roubados em algum momento.

À noite, já havia doentes e feridos suficientes para lotar algumas ambulâncias, então nos mandaram para Barbastro. Que viagem! Costumava-se dizer que naquela guerra você teria jeito se fosse ferido nas extremidades, mas certamente morreria de um ferimento no abdômen. Agora entendia o porquê. Ninguém que estivesse sujeito a um sangramento interno poderia sobreviver aos quilômetros de solavancos sobre estradas destroçadas por caminhões pesados e sem um único reparo desde o início da guerra. Bang, bum, plac! Todo aquele chacoalhar fez-me voltar à infância e a um brinquedo assustador chamado *Wiggle-Woggle*[75] na Exposição Franco-Britânica[76]. Haviam esquecido de nos amarrar nas macas. Eu tinha força suficiente no meu braço esquerdo para me segurar, mas um pobre coitado caiu no chão e sabe lá Deus que tipo de dores sentiu. Um outro, que conseguia andar e fora posto sentado em um dos cantos da ambulância, vomitou o veículo todo. O hospital de Barbastro estava abarrotado, com as camas tão juntas que quase se tocavam. Na manhã seguinte, colocaram alguns de nós no trem-hospital e nos enviaram para Lérida.

Fiquei cinco ou seis dias em Lérida. Era um hospital enorme, com doentes, feridos e pacientes civis comuns mais ou menos amontoados. Alguns dos homens na enfermaria em que eu estava tinham ferimentos terríveis. Na cama ao lado, havia um jovem de cabelos pretos que sofria de uma doença qualquer, e tomava remédios que deixavam sua urina verde-esmeralda. Seu urinol era um dos pontos turísticos da enfermaria. Um comunista holandês que falava inglês, ao saber que havia um britânico no hospital, veio fazer amizade comigo e me trouxe jornais da Inglaterra. Ele fora terrivelmente ferido nos combates de outubro e, sabe-se lá como, conseguiu se estabelecer no hospital de Lérida e casou-se com uma das enfermeiras. Por causa de seu ferimento, uma de suas pernas havia murchado a ponto de ser mais fina que meu braço. Dois milicianos de licença, que conhecera na minha primeira semana no front, entraram para ver um amigo ferido e me reconheceram. Eram jovenzinhos de cerca de dezoito anos. Ficaram parados desajeitadamente ao lado da minha cama, tentando pensar em algo para dizer e, então, como forma de demonstrar que sentiam muito por eu ter sido ferido, de repente tiraram todo o tabaco de seus bolsos, colocaram-no na minha cama e partiram antes que eu pudesse devolvê-lo. Que atitude tipicamente

---

75 "Sacode e agita", em inglês. (N. do T.)
76 A Exposição Franco-Britânica (*White City Exhibition*, no original) foi uma grande feira pública realizada em Londres entre 14 de maio e 31 de outubro de 1908, atraindo 8 milhões de visitantes. (N. do T.)

espanhola! Descobri depois que não se podia comprar tabaco em nenhum lugar da cidade e o que me deram era sua ração de uma semana inteira.

Depois de alguns dias, consegui me levantar e andar com o braço na tipoia. Por alguma razão, doía muito mais quando eu o abaixava. Por algum tempo, também sentia bastante dor no corpo, devido aos ferimentos causados por minha queda, e minha voz desaparecera quase completamente, mas nunca senti, nem por um só instante, dor no ponto onde a bala me atingira. Parece que isso é muito comum. O choque absurdo de uma bala interrompe qualquer sensação local; um fragmento de um projétil ou de uma bomba, que é desigual e geralmente atinge com menos força, deve doer como o diabo. Havia um jardim bastante agradável no terreno do hospital, e ele continha um tanque com alguns peixinhos dourados e outros cinza-escuros – acho que eram alburnos. Eu costumava ficar sentado por horas olhando para eles. A forma como tudo era feito em Lérida proporcionou-me uma visão do sistema hospitalar no front de Aragão – se era igual em outros fronts, não cheguei a saber. De certa forma, os hospitais eram muito bons. Os médicos eram homens capazes e parecia não haver escassez de medicamentos e equipamentos. Porém, houve duas falhas graves que causaram, não tenho dúvida, a morte de centenas ou milhares de homens que poderiam ter sido salvos.

Uma delas era o fato de que todos os hospitais próximos ao front eram usados mais ou menos como pontos de triagem das baixas. Como resultado, não se recebia tratamento ali, à exceção dos que estavam feridos demais para serem movidos. Em teoria, a maioria dos pacientes era enviada diretamente para Barcelona ou Tarragona, mas, devido à falta de transporte, muitas vezes demoravam uma semana ou até mesmo dez dias para chegar lá. Os feridos eram mantidos em Sietamo, Barbastro, Monzon, Lérida e outros lugares e, nesse meio tempo, não recebiam nenhum tratamento, a não ser um novo curativo ocasional, às vezes nem isso. Homens com terríveis ferimentos de bala, ossos quebrados e coisas do tipo ficavam envoltos em uma espécie de invólucro feito de bandagens e gesso, sobre o qual escreviam uma descrição do ferimento; via de regra, o invólucro não era removido até que o homem chegasse a Barcelona ou Tarragona, dez dias depois. Era quase impossível examinar o ferimento no caminho; os poucos médicos do local não podiam dar conta de tanto trabalho e simplesmente passavam apressados por sua cama, dizendo:

— Sim, sim, vão cuidar de você em Barcelona. – Sempre havia rumores de que o trem-hospital estava de partida para Barcelona *mañana*. A outra falha era a falta de enfermeiras competentes. Aparentemente não havia enfermeiras treinadas na Espanha talvez porque, antes da guerra, esse trabalho era feito principalmente por freiras. Não tenho queixas das enfermeiras espanholas, sempre me trataram com a maior gentileza, mas não há dúvida de que eram terrivelmente ignorantes. Todas sabiam medir a temperatura, e algumas também sabiam fazer um curativo, mas nada mais. Como resultado, os homens que estavam doentes demais para cuidar de si mesmos viam-se muitas vezes vergonhosamente negligenciados. As enfermeiras deixavam homens constipados por uma semana completa e raramente lavavam os que estavam fracos demais para fazê-lo. Lembro-me de um pobre-diabo com o braço estilhaçado ter-me dito que estava há três semanas sem lavar o rosto. Até as camas ficavam sem fazer por dias a fio. A comida em todos os hospitais era muito boa – boa demais, na verdade. Ainda mais na Espanha do que em outros lugares, parecia ser uma tradição empanturrar os doentes com comida pesada. Em Lérida, as refeições eram fantásticas. O café da manhã, por volta das seis horas, consistia em sopa, omelete, ensopado, pão, vinho branco e café, e o almoço era ainda maior – e isso numa época em que a maioria da população civil se encontrava seriamente subnutrida. Os espanhóis parecem não saber o que é uma dieta leve. Oferecem a mesma comida aos doentes e aos sãos – sempre a mesma comida forte e gordurosa, com tudo embebido em azeite.

Certa manhã, anunciaram que os homens da minha enfermaria seriam enviados a Barcelona naquele mesmo dia. Consegui enviar um telegrama para minha esposa, dizendo-lhe que estava para chegar, e logo depois nos colocaram em um ônibus que nos levaria à estação. Foi só quando o trem já estava em marcha que o enfermeiro que viajaria conosco falou casualmente que não iríamos para Barcelona, mas para Tarragona. Imagino que o maquinista tenha mudado de ideia. "Tipicamente espanhol!", pensei. Mas também foi tipicamente espanhol terem concordado em parar o trem e aguardar até que eu enviasse outro telegrama – e mais tipicamente espanhol ainda o fato de o telegrama nunca ter chegado ao destino.

Colocaram-nos em vagões comuns de terceira classe com assentos de madeira, e muitos dos homens gravemente feridos saíram da cama pela primeira vez naquela manhã. Em pouco tempo, com o calor e os solavancos, metade deles já estava a ponto de entrar em colapso e vários vomitaram no chão. O enfermeiro do hospital abria caminho entre as formas cadavéricas espalhadas por toda parte, carregando um grande cantil de pele de cabra cheio d'água e esguichando-o em uma ou outra boca. Era uma água horrível, ainda me lembro do sabor. Entramos em Tarragona quando o sol estava se pondo. A linha férrea corre ao longo da costa a poucos passos do mar. Quando nosso trem chegou à estação, outro, abarrotado de homens da Coluna Internacional se aproximava, e um grupo de pessoas na plataforma acenava para eles. Era um trem muito comprido, completamente lotado, com canhões de campanha amarrados aos vagões abertos e homens agrupados em volta dos canhões. Lembro-me com especial nitidez do espetáculo que foi ver aquele trem passando à luz amarelada do entardecer: uma janela após a outra repleta de rostos morenos e sorridentes, os longos canos das armas, os cachecóis vermelhos ao vento – tudo isso deslizando lentamente por nós com um mar azul-turquesa ao fundo.

— *Extranjeros* – alguém disse. – São italianos.

Obviamente eram italianos. Nenhum outro povo poderia ter se agrupado de forma tão distinta nem respondido às saudações da multidão com tanta graça – graça que não era minimizada pelo fato de cerca de metade dos homens no trem estar bebendo diretamente das garrafas de vinho. Soubemos depois que essas eram parte das tropas que conquistaram a grande vitória em Guadalajara em março. Estavam de licença e acabavam de ser transferidos para o front de Aragão. Receio que a maioria deles acabou morta em Huesca apenas algumas semanas depois. Os homens que estavam bem o suficiente para ficar de pé atravessaram o vagão para aplaudir os italianos que passavam. Uma muleta acenava para fora da janela. Antebraços enfaixados faziam a Saudação Vermelha. Era como uma imagem alegórica da guerra: o trem carregado de homens renovados avançando orgulhosamente para o front, os homens mutilados regressando lentamente e, o tempo todo, as armas nos vagões abertos fazendo o coração bater mais forte – como sempre fazem – revivendo aquele sentimento nefasto, tão difícil de se livrar, de que a guerra é gloriosa, apesar dos pesares.

O hospital de Tarragona era imenso, e estava cheio de feridos de todos os fronts. Via-se cada tipo de ferimentos ali! Tinham uma maneira de tratar certos ferimentos que, suponho, estava de acordo com a prática médica mais recente, mas que era particularmente horrível de se ver. Deixava-se a ferida completamente aberta, sem curativos, apenas protegida das moscas por uma gaze de musseline fino, esticada sobre uma rede de arames. Sob o tecido, via-se uma espécie de gelatina vermelha, que era a ferida em processo de cicatrização. Havia um homem ferido no rosto e na garganta, cuja cabeça fora colocada dentro de uma espécie de capacete coberto de musseline; sua boca estava fechada e ele respirava por um pequeno tubo preso entre seus lábios. Pobre-diabo, ele parecia tão solitário, vagando de um lado para o outro, olhando-nos através de sua gaiola de tecido e incapaz de falar. Fiquei três ou quatro dias em Tarragona. Minhas forças estavam voltando e, um dia, andando devagar, consegui descer até a praia. Era estranho ver a vida praticamente normal à beira-mar: os cafés elegantes ao longo da orla e a gorda burguesia local tomando banhos de mar e se bronzeando em espreguiçadeiras como se não houvesse uma guerra acontecendo a pouco mais de mil quilômetros dali. Ainda assim, vi um banhista se afogando, algo que parecia impossível naquele mar raso e quente.

Finalmente, oito ou nove dias depois de deixar o front, meu ferimento foi examinado. Na sala de cirurgia onde os casos recém-chegados eram examinados, médicos com enormes tesouras cortavam os peitorais de gesso em que, nos postos de primeiros socorros perto da linha de combate, haviam enclausurado os homens com costelas, clavículas e outros ossos quebrados. Das golas das enormes gaiolas, via-se sair rostos aflitos e sujos, com a barba de uma semana por fazer. O médico, um belo e vigoroso homem de cerca de trinta anos, colocou-me em uma cadeira, apertou a ponta da minha língua com um pedaço de gaze áspera, puxou-a o máximo que pôde, enfiou um espelhinho de dentista na minha garganta e ordenou-me que dissesse "Aaaah!". Depois de fazer isso até minha língua sangrar e meus olhos lacrimejarem, declarou que uma de minhas cordas vocais estava paralisada.

— E quando vou recuperar minha voz? - perguntei.

— Sua voz? Ah, sua voz nunca mais vai voltar – ele respondeu, animado.

No entanto, ele se enganara, como pude verificar mais tarde. Por cerca de dois meses, não consegui fazer outra coisa além de sussurrar, mas, depois, minha voz se normalizou subitamente: a outra corda vocal teria "compensado" a perda de sua congênere. A dor no meu braço era causada pela perfuração de um monte de nervos na minha nuca. Tratava-se de uma dor aguda, como uma nevralgia, e continuou a doer continuamente por cerca de um mês – especialmente à noite, de modo que não conseguia dormir muito. Os dedos da minha mão direita também ficaram semiparalisados. Mesmo agora, cinco meses depois, meu dedo indicador ainda está dormente – um efeito bastante curioso para um ferimento no pescoço.

Meu ferimento tornou-se uma curiosidade local, e vários médicos vinham examiná-lo e, com um estalar de línguas, afirmavam: "*Qué suerte! Qué suerte!*" Um deles me disse, com ar de autoridade, que a bala não acertara a artéria por "cerca de um milímetro". Não sei como ele poderia saber. Todos que conheci naquela época – médicos, enfermeiros, *practicantes*[77] ou outros pacientes – me garantiram que qualquer pessoa que tenha sido atingida por uma bala no pescoço e sobreviveu para contar a história é a criatura mais sortuda do mundo. Não conseguia deixar de pensar que seria ainda mais sortudo se não tivesse sido atingido.

13

Durante as últimas semanas que passei em Barcelona, reinava uma atmosfera distinta de perversidade – um misto de desconfiança, medo, incerteza e ódio velado. Os combates de maio haviam deixado sequelas indeléveis. Com a queda do governo Caballero, os comunistas chegaram definitivamente ao poder, a manutenção da ordem interna fora entregue aos ministros comunistas, e ninguém duvidava que eles destroçariam seus rivais políticos assim que tivessem uma chance. Nada acontecera ainda, e eu não fazia a mínima ideia do que iria ocorrer; no entanto, havia uma sensação indefinida e constante de perigo no ar, a consciência de que estávamos na iminência de algum evento muito funesto. Por menos que estivéssemos realmente fazendo parte de uma conspiração, a própria atmosfera nos fazia ter a sensação de que

---

77 "Auxiliares de enfermagem", em espanhol. (N. do T.)

éramos conspiradores. Parecíamos estar o tempo todo sussurrando nos cantos dos cafés, imaginando se o sujeito na mesa ao lado era um espião da polícia.

Rumores sinistros de todos os tipos circulavam, por causa da censura à imprensa. Um deles afirmava que o governo Negrín-Prieto planejava fazer concessões aos fascistas para acabar com a guerra. Na época, tudo me fazia crer nisso, pois os fascistas estavam se aproximando de Bilbao e o governo visivelmente não fazia nada para salvar a cidade. Bandeiras bascas estavam espalhadas por toda a cidade, garotinhas chacoalhavam as latinhas de coleta de dinheiro nos cafés, e ouvíamos as costumeiras transmissões sobre os "heroicos defensores" – mas não se via nenhuma ajuda real aos bascos. Era tentador acreditar que o governo estava fazendo um jogo duplo. Acontecimentos posteriores provaram que, nesse ponto, eu estava totalmente enganado, mas parece provável que Bilbao poderia ter sido salva se o governo tivesse se empenhado mais. Uma ofensiva no front de Aragão, mesmo malsucedida, teria forçado Franco a desviar parte de seu exército; na verdade, as tropas governistas não tomaram nenhuma ação ofensiva até que fosse tarde demais – ou seja, até o momento em que Bilbao caiu. A CNT começou a distribuir inúmeros panfletos que diziam: – Fiquem atentos! – insinuando que "um certo partido" (ou seja, os comunistas) estava tramando um *coup d'état*. Imperava um medo generalizado de que a Catalunha fosse invadida. Mais cedo, quando havíamos voltado ao front, eu vira as poderosas defesas que eram construídas dezenas de quilômetros atrás da linha de frente, além dos novos abrigos à prova de bombas que estavam sendo cavados por toda Barcelona. O medo de ataques aéreos e marítimos era constante. Na maioria das vezes não passavam de alarmes falsos, mas, sempre que as sirenes tocavam, as luzes de toda a cidade ficavam apagadas por horas a fio e as pessoas mais temerosas corriam aos porões. Espiões da polícia estavam por toda parte. As cadeias continuavam abarrotadas com os prisioneiros detidos nos combates de maio, e outros – sempre, é claro, anarquistas e membros do Poum – sumiam das ruas aos pares, ou um a um – indo parar na prisão. Até onde se sabia, ninguém era julgado, ou mesmo acusado – nem mesmo de algo tão definitivo quanto "trotskismo"; eram todos simplesmente jogados na cadeia e mantidos lá, geralmente *incommunicados*. Bob Smillie continuava preso em Valência. Não pudemos descobrir nada, a não ser que nem o representante local do ILP nem o advogado que havia sido contratado tiveram permissão para vê-lo. Estrangeiros da Coluna Internacional e outras milícias iam para a prisão em número cada vez maior, geralmente presos como desertores. Tornara-se comum para qualquer miliciano não saber ao certo se era um voluntário ou um soldado regular. Alguns meses antes, qualquer um que se alistasse nas milícias tinha certeza de seu status de voluntário, podendo, caso desejasse, obter seus papéis de dispensa em qualquer momento em que estivesse de licença. Agora o governo parecia ter mudado de ideia: um miliciano era um soldado regular e seria considerado um desertor se tentasse voltar para casa. No entanto, até mesmo esse ponto era incerto. Em algumas partes do front, as autoridades ainda continuavam a emitir dispensas. Na fronteira, ora tais documentos eram reconhecidos, ora não; se não o fossem, imediatamente jogavam-no na cadeia. Mais tarde, o número de "desertores" estrangeiros na prisão chegou às centenas, mas a maioria deles foi repatriada depois que seus próprios países começaram a fazer algum barulho.

Grupos armados das Forças de Segurança percorriam as ruas, os guardas civis ainda mantinham cafés e outros prédios em pontos estratégicos, e muitos dos prédios do PSUC ainda estavam barricados. Em vários locais da cidade, postos ocupados pelos *carabineros* paravam os transeuntes e exigiam seus documentos. Todos me avisaram para não mostrar meu cartão de miliciano do Poum, apenas meu passaporte e minha carteirinha do hospital. Até o fato de ter servido na milícia do Poum era perigoso. Os milicianos do Poum que estavam feridos ou de licença eram castigados das formas mais mesquinhas – fazendo-lhes ter dificuldades parar receber seu soldo, por exemplo. O *La Batalla* ainda era editado, mas foi censurado até praticamente desaparecer; o *Solidaridad* e outros jornais anarquistas também foram fortemente censurados. Havia uma nova lei que exigia que as partes censuradas de um jornal não poderiam ser deixadas em branco, mas preenchidas com outros assuntos; por isso, muitas vezes era impossível dizer quando algo havia sido cortado.

A escassez de alimentos, que oscilou no decorrer da guerra, atingiu uma de suas fases mais calamitosas. O pão era tão escasso que mesmo os filões mais baratos eram adulterados com arroz. Os pães que os soldados recebiam no quartel eram horríveis, parecendo massa de vidraceiro. Leite e açúcar eram difíceis de encontrar, e praticamente não havia mais tabaco, a não ser cigarros contrabandeados, caríssimos. Havia uma escassez crônica de azeite, que os espanhóis usam para meia dúzia de propósitos diferentes. As filas de mulheres à espera para comprar azeite eram controladas por guardas civis montados que, às vezes, divertiam-se avançando os cavalos sobre quem estivesse na fila. Outra chateação menor daquela época era a falta de troco. Não havia prata disponível; consequentemente, nenhuma nova moeda era cunhada, de modo que não se encontrava nenhum valor entre dez centavos e duas pesetas e meia e, além disso, notas abaixo de dez pesetas também se tornara raras[78]. Para os mais pobres, isso significava ainda maior escassez de alimentos. Uma mulher com apenas uma nota de dez pesetas poderia ter que esperar horas na fila de uma mercearia e, no fim, não conseguir comprar nada porque não havia troco.

Não é fácil transmitir o ambiente de pesadelo daquela época – a inquietação peculiar produzida por rumores sempre mudando, pelos jornais censurados e pela presença constante de homens armados. Não é fácil dar uma ideia de tudo aquilo porque, atualmente, não há na Inglaterra o elemento essencial para esse tipo de sensação. Aqui, a intolerância política ainda não é encarada com naturalidade. A perseguição política se dá de formas mais mesquinhas: se eu fosse um mineiro de carvão, não gostaria que meu patrão soubesse que sou comunista; mas o "bom partidário", o subversivo com megafone na mão que se encontra no continente é raridade na Inglaterra, e a ideia de "liquidar" ou "eliminar" todos os que discordam de seus ideais ainda não parece natural. Em Barcelona, no entanto, era excessivamente natural. Os "stalinistas" estavam no poder e, portanto, era previsível que todo "trotskista" estivesse em perigo. O que todos temiam, no fim, não aconteceu – uma nova eclosão de combates, que, como antes, seriam atribuídas ao Poum e aos anarquistas. Houve momentos em que cheguei mesmo a me surpreender ouvindo os primeiros tiros. Era como se uma enorme e malévola conspiração pairasse inerte sobre a cidade. Todo mundo percebia – e comentava – a respeito. E era curioso como todos falavam sobre o assunto com praticamente as mesmas palavras:

— A atmosfera desse lugar é horrível. Parecemos estar em um manicômio. — Mas talvez eu não deva dizer *todos*. Alguns dos visitantes ingleses que estiveram de passagem pela Espanha, mudando de um hotel para outro, parecem não ter notado que havia algo de errado com a atmosfera geral. A Duquesa de Atholl[79] escreveu o seguinte (no *Sunday Express* de 17 de outubro de 1937):

---

78 Uma peseta, à época, equivalia a quatro centavos de libra esterlina. (Nota do próprio autor)
79 Katharine Stewart-Murray, a Duquesa de Atholl (1874-1960) foi uma nobre escocesa, membro do Partido Unionista Escocês. (N. do T.)

> *Estive em Valência, Madri e Barcelona. (...) Prevalecia uma perfeita ordem nas três cidades, sem que fosse necessária nenhuma demonstração de força. Todos os hotéis em que fiquei não eram apenas "normais" e "decentes", mas extremamente confortáveis, apesar da escassez de manteiga e de café.*

É típico dos viajantes ingleses não acreditarem na existência de qualquer vida fora dos hotéis elegantes em que se hospedavam. Espero realmente que tenham encontrado manteiga para a Duquesa de Atholl.

Estive no Sanatório Maurín, uma das instituições administradas pelo POUM. Situava-se nos arredores de Tibidabo, uma montanha de formato esquisito que se ergue abruptamente atrás de Barcelona, e que acredita-se ter sido a colina de onde Satanás mostrou a Jesus os domínios da terra (daí seu nome[80]). A propriedade pertencera a algum rico burguês e havia sido tomada na época da revolução. A maioria dos pacientes do lugar ficara inválida ou tinha algum tipo de ferimento que os incapacitara permanentemente – seja por membros amputados ou coisas do gênero. Havia vários outros ingleses lá: Williams, com uma perna ferida, Stafford Cottman, um garoto de dezoito anos que voltara das trincheiras com suspeita de tuberculose, e Arthur Clinton, cujo braço esquerdo estraçalhado ainda estava preso a uma daquelas enormes engenhocas de arame – apelidadas de aeroplanos – que os hospitais espanhóis usavam. Minha esposa continuava hospedada no Hotel Continental e geralmente eu ia para Barcelona durante o dia. De manhã, costumava ir ao Hospital Geral para receber um tratamento elétrico no meu braço. Era um procedimento curioso – uma série de choques elétricos doloridos que faziam meus grupos musculares pularem de um lado para o outro – mas parecia me fazer bem; voltei a conseguir usar meus dedos e a dor diminuiu um pouco. Minha mulher e eu tínhamos decidido que a melhor coisa a fazer era voltar para a Inglaterra o mais rápido possível. Eu estava extremamente fraco, minha voz havia sumido – aparentemente para sempre – e os médicos me disseram que, na melhor das hipóteses, levaria vários meses até que eu estivesse apto a voltar aos combates. Eu tinha que começar a ganhar algum

---

80 "*Tibi dabo*" significa literalmente "te darei", em latim. Supostamente, parte da sentença proferida a Jesus pelo demônio quando ambos contemplavam o mundo de cima de uma montanha. (N. do T.)

dinheiro mais cedo ou mais tarde, e não parecia fazer muito sentido ficar na Espanha, consumindo alimentos que poderiam fazer falta a outras pessoas. Mas meus motivos eram, na maior parte, egoístas. Eu desejava ardentemente ficar longe de tudo aquilo; longe da terrível atmosfera de desconfiança política e ódio, das ruas cheias de homens armados, dos ataques aéreos, das trincheiras, das metralhadoras, dos bondes barulhentos, do chá sem leite, da comida cheia de azeite e da escassez de cigarros – ou seja, de quase tudo que eu aprendera a associar à Espanha.

Os médicos do Hospital Geral declararam-me incapacitado fisicamente mas, para ter alta, tive que passar por uma junta médica em um dos hospitais perto do front e, depois, ir a Sietamo para carimbar meus papéis no quartel-general da milícia do Poum. Kopp acabara de voltar do front, extremamente eufórico. Ele tinha acabado de voltar de uma ação militar e disse que Huesca seria finalmente tomada. O governo trouxera tropas do front de Madri e contava com 30 mil homens e grande número de aviões. Os italianos que eu vira a caminho da linha de frente de Tarragona atacaram a Estrada de Jaca, mas sofreram pesadas baixas e perderam dois tanques. No entanto, a cidade estava prestes a cair, disse-me Kopp (o que, infelizmente, não aconteceu: o ataque foi uma tremenda confusão e resultou simplesmente em uma onda de mentiras nos jornais). Nesse meio tempo, Kopp tinha que ir para Valência fazer uma entrevista no Ministério da Guerra. Ele levaria uma carta do General Pozas[81], então Comandante do Exército do Leste – uma carta corriqueira, que descrevia Kopp como uma "pessoa de confiança" e recomendava-o para uma nomeação especial na seção de engenharia (Kopp era engenheiro). Ele partiu para Valência no mesmo dia em que fui para Sietamo – 15 de junho.

Levei cinco dias para voltar a Barcelona. Um caminhão carregado de soldados chegou a Sietamo por volta da meia-noite e, assim que nos encontramos no quartel-general do Poum, fomos colocados em uma fila e começaram a distribuir fuzis e cartuchos, antes mesmo de anotar nossos nomes. Parecia que o ataque estava começando e eles provavelmente chamariam reservas a qualquer momento. Eu carregava no bolso a carteirinha do hospital, mas não podia recusar-me a ir com os outros. Deitei-me no chão, usando uma caixa de cartuchos como travesseiro, tomado por uma sensação

---

81 Sebastián Pozas Perea (1876-1946) foi um oficial militar espanhol. (N. do T.)

de profundo desânimo. Depois que eu me ferira, meu ânimo se acabara por completo – acredito que seja algo comum – e a perspectiva de estar de volta à linha de fogo me assustava terrivelmente. No entanto, como de costume, ouvimos muito a palavra *mañana* e, por fim, não fomos convocados. Na manhã seguinte, apresentei minha carteirinha do hospital e saí em busca da minha baixa, o que acarretaria uma série de jornadas confusas e cansativas. Como sempre, mandavam-me de um hospital a outro – Sietamo, Barbastro, Monzón, então de volta a Sietamo para carimbar minha alta, depois voltando à fila em Barbastro e Lérida – e, como a convergência de tropas em Huesca monopolizara todo o transporte, tudo se encontrava em uma desorganização generalizada. Lembro-me de ter que dormir em lugares estranhos – certa vez em uma cama de hospital, em outra em uma vala, depois em um banco muito estreito – do qual caí no meio da noite – e, por fim, em uma espécie de pensão municipal em Barbastro. Sempre que nos afastássemos das linhas férreas, a única forma de viajar era apanhar uma carona nos caminhões que encontrávamos ocasionalmente. Era preciso esperar eternamente na beira da estrada, às vezes por três ou quatro horas seguidas, ao lado de grupos de camponeses desconsolados que carregavam trouxas cheias de patos e coelhos, acenando para todo caminhão que passasse. Quando finalmente se avistava um caminhão que não estivesse abarrotado de homens, pães ou caixas de munição, os solavancos naquelas estradas péssimas nos transformavam em uma massa disforme. Nenhum cavalo me fez pular tanto quanto aqueles caminhões. A única maneira de viajar era aglomerar-se e agarrar-se uns aos outros. Para minha humilhação, descobri ainda estar fraco demais para subir em um caminhão sem ajuda.

Dormi uma noite no Hospital de Monzón, onde fui ver minha junta médica. Na cama ao lado havia um membro das Forças de Segurança, ferido no olho esquerdo. Ele foi amigável e me deu cigarros. Eu disse:

— Em Barcelona, estaríamos atirando um no outro – e rimos. Era estranho como o ambiente parecia mudar quando se chegava perto do front. Todo – ou quase todo – aquele ódio perverso dos partidos políticos praticamente desaparecia. Durante o tempo em que estive no front, não me lembro de nenhum membro do PSUC sendo hostil comigo simplesmente por ser filiado ao Poum. Esse tipo de atitude só se via em Barcelona ou em lugares ainda mais afastados da guerra. Havia muitos membros das Forças de

Segurança em Sietamo. Eles tinham sido convocados a sair de Barcelona para participar do ataque a Huesca. As Forças de Segurança não eram treinadas para atuar no front, e muitos deles nunca haviam estado sob fogo inimigo. Em Barcelona, eram os donos da rua, mas, ali, eram apenas *quintos* (novatos) e acabavam pedindo ajuda a pobres garotos de quinze anos pertencentes à milícia, que já estavam há meses atuando no front.

No Hospital de Monzón, o médico repetiu sua rotina de puxar minha língua e enfiar-me o espelhinho goela abaixo, garantindo-me com a mesma alegria de antes que eu nunca mais falaria e, por fim, assinando meu atestado. Enquanto eu esperava para ser examinado, dentro da sala de cirurgia alguém era operado sem anestesia – o porquê, nunca cheguei a saber. A operação pavorosa seguia interminavelmente aos gritos e, quando entrei na sala, havia cadeiras jogadas para todo lado e, no chão, poças de sangue e urina.

Os detalhes dessa jornada final evidenciam-se em minha mente com uma estranha nitidez. Eu já apresentava um humor diferente dos meses anteriores, mais observador. Recebi minha alta – carimbada com o selo da 29a Divisão – e o atestado médico em que fui declarado "inútil". Estava livre para voltar à Inglaterra. Consequentemente, senti-me capaz, praticamente pela primeira vez, de olhar para a Espanha. Precisava esperar mais um dia para voltar a Barbastro, pois havia apenas um trem diário. Anteriormente, eu só conseguira ter impressões superficiais de como era Barbastro, pois ela simplesmente me parecia parte da guerra – um lugar cinzento, lamacento e frio, cheio de caminhões rugindo e tropas esfarrapadas. A cidade parecia-me curiosamente diferente agora. Perambulando por ela, notei agradáveis ruas tortuosas, velhas pontes de pedra, lojas de vinho com grandes barris da altura de um homem e intrigantes lojas semissubterrâneas onde os homens fabricavam rodas de carroças, punhais, colheres de pau e cantis de pele de cabra. Observei um homem confeccionando um desses cantis e descobri, com grande interesse, que são feitos sem que seja removido o pelo – que fica na parte interna – o que significa que bebemos, na verdade, pelo de cabra destilado. Eu bebera água neles por meses sem tomar conhecimento daquilo. Na parte de trás da cidade havia um rio raso, de águas esverdeadas, de onde emergia um penhasco, com casas incrustadas na rocha, e de suas janelas era possível cuspir diretamente na água, 30 metros abaixo. Inúmeras pombas se aninhavam nos buracos da falésia. Em Lérida, havia velhos edifícios em ruínas em cujas cornijas milhares de andorinhas haviam feito seus ninhos, de modo que, a certa distância, suas formas assemelhavam-se a ornamentos floridos do período rococó. Era estranho como nos seis meses anteriores eu não notara essas coisas. Com meus documentos da dispensa no bolso, sentia-me como um ser humano novamente e até mesmo como um turista, de certa forma. Praticamente era a primeira vez em que me sentia realmente na Espanha, um país que desejara visitar por toda a minha vida. Nas pacatas ruelas de Lérida e Barbastro, tive a impressão de vislumbrar, momentaneamente, uma espécie de rumor longínquo da Espanha que habita na imaginação de todos. Serras brancas, pastores de cabras, masmorras da Inquisição, palácios mouros, negras carruagens sinuosas de mulas, oliveiras cinzentas, limoeiros, moças de mantilhas negras, os vinhos de Málaga e Alicante, catedrais, cardeais, touradas, ciganos e serenatas – em suma, a Espanha. De toda a Europa, era o país que mais se apoderara de minha imaginação. Era uma pena que – quando finalmente consegui visitá-lo – eu só tivesse visto aquela região a nordeste do país, no meio de uma guerra confusa e, na maior parte do tempo, durante o inverno.

Já era tarde quando voltei a Barcelona, e não havia táxis. Não adiantava tentar chegar ao Sanatório Maurín, que ficava fora da cidade, então me dirigi ao Hotel Continental, parando para jantar no caminho. Lembro-me da conversa que tive com um garçom muito paternal sobre os garrafões de carvalho, cobertos de cobre, onde era servido o vinho. Disse-lhe que gostaria de comprar um conjunto para levar para a Inglaterra. O garçom foi simpático. – Sim, são lindos, não? Mas é impossível comprá-los hoje em dia. Ninguém os fabrica mais... Ninguém fabrica mais nada. Essa guerra... Que lástima! – Concordamos que a guerra era uma lástima e, mais uma vez, senti-me como turista. O garçom me perguntou gentilmente se eu gostava da Espanha, se eu voltaria à Espanha. – Ah, sim, certamente voltarei à Espanha. – O tom tranquilo dessa conversa ficou na minha memória, por causa do que aconteceu logo depois.

Quando cheguei ao hotel, minha esposa estava sentada no saguão. Ela se levantou e veio em minha direção, parecendo muito despreocupada; então, colocou um braço em volta do meu pescoço e, com um sorriso doce para as outras pessoas presentes, sussurrou em meu ouvido:

— Vá embora!

— O quê?

— Vá embora agora mesmo!

— O quê?

— Não fique aí parado! Você tem que sair agora!

— O quê? Por quê? O que você está dizendo?

Ela me pegou pelo braço e já me guiava de volta às escadas. No meio do caminho, encontramos um francês – não vou citar seu nome pois, embora não tivesse nenhuma ligação com o POUM, foi um bom amigo para nós todos durante a confusão. Ele olhou para mim com uma cara preocupada.

— Ouça bem! Você não deve vir aqui. Saia rápido e se esconda antes que chamem a polícia.

E eis que surge, ao pé da escada, um dos funcionários do hotel, que era membro do Poum (sem que a gerência o soubesse, imagino), saiu furtivamente do elevador e me disse, em um inglês ruim, para sair dali. Até então, eu não estava entendendo o que tinha acontecido.

— De que diabos estão falando? – perguntei, assim que chegamos à calçada.

— Você não soube?

— Não. Soube o quê? Não sei de nada.

— O Poum foi banido. Tomaram todos os prédios. Praticamente todo mundo está na prisão. E dizem que já estão fuzilando algumas pessoas.

Então era isso. Tínhamos de encontrar um lugar para conversar. Todos os grandes cafés das Ramblas estavam lotados de policiais, mas encontramos um café tranquilo em uma rua lateral. Minha esposa me explicou o que havia acontecido enquanto eu estava fora.

Em 15 de junho, a polícia subitamente prendeu Andreu Nin em seu gabinete e, na mesma noite, invadiu o Hotel Falcón e prendeu todas as pessoas presentes, na maioria milicianos de licença. O lugar foi imediatamente convertido em uma prisão e, em pouco tempo, estava lotado de prisioneiros de todos os tipos. No dia seguinte, o Poum foi declarado ilegal e todos os seus escritórios, livrarias, sanatórios, centros de Ajuda Vermelha e tudo o mais foi tomado. Enquanto isso, a polícia prendia todos que fossem conhecidos por ter qualquer ligação com o Poum em quem pudesse pôr as mãos. Em um ou dois dias, praticamente todos os 40 membros do Comitê Executivo estavam na prisão. Possivelmente um ou dois tinham conseguido escapar para um esconderijo, mas a polícia começou a adotar a tática (amplamente usada por ambos os lados dessa guerra) de fazer as esposas de reféns caso os maridos desaparecessem. Não havia como descobrir quantas pessoas foram colocadas na cadeia. Minha mulher ouvira falar em 400 presos só em Barcelona. Mais tarde, calculei que, mesmo naquela época, os números deviam ter sido maiores. E começaram a efetuar prisões das mais extraordinárias. Em alguns casos, a polícia chegou a arrastar milicianos feridos para fora dos hospitais.

Era tudo profundamente desanimador. O que diabos estava acontecendo? Eu até podia entender o porquê de banir o Poum, mas para que prender aquelas pessoas? Até onde podia-se descobrir, sem motivo nenhum. Aparentemente, o banimento do Poum teve um efeito retrospecto: como agora o Poum era ilegal quem pertencera a ele teria infringido a lei. Como de costume, nenhuma das pessoas presas fora acusada. Entretanto, os jornais comunistas de Valência fervilhavam com histórias de uma enorme "conspiração fascista", comunicações por rádio com os inimigos, documentos assinados com tinta invisível etc. etc. Já tratei desses fatos anteriormente. É bastante significativo isso só ter aparecido nos jornais de Valência. Acredito estar certo ao dizer que não houve uma única palavra sobre tais histórias – ou mesmo sobre o banimento do Poum – em nenhum jornal de Barcelona, fosse ele comunista, anarquista ou republicano. Não tomamos conhecimento da natureza precisa das acusações contra os líderes do Poum pelos jornais espanhóis, mas por jornais ingleses, que chegaram a Barcelona um ou dois dias depois. O que não conseguimos saber naquele momento era que o governo não era responsável pelas acusações de traição e espionagem, e que seus membros iriam repudiá-las mais tarde. Sabíamos apenas vagamente que os líderes do Poum – e, presumivelmente, todos nós – eram acusados de ter sido contratados pelos fascistas. E já corriam rumores de que havia pessoas sendo fuziladas secretamente na prisão. Exagerava-se muito a respeito, mas certamente aconteceram alguns casos, e não há dúvida de que foi o que ocorreu com Nin. Após sua prisão, ele foi transferido para Valência e depois para Madri e, em 21 de junho, já corria em Barcelona o boato de que havia sido fuzilado. Mais tarde, os rumores tomaram uma forma mais definida: Nin fora baleado na prisão pela polícia secreta e seu corpo havia sido jogado na rua. Tínhamos várias fontes para essa história, incluindo um ex-membro do governo, Federica Montseny[82]. Daquele dia até hoje, nunca mais se ouviu falar de Nin com vida. Quando, mais tarde, o governo foi questionado por delegados de vários países, todos hesitaram, dizendo simplesmente que Nin havia desaparecido e ninguém sabia de seu paradeiro. Alguns jornais publicaram a notícia de que ele fugira para o território fascista. Nenhuma prova foi apresentada para corroborar essa história e Irujo, o ministro da Justiça, declarou mais tarde que a agência de notícias Espagne falsificara seu comunicado oficial[83]. De qualquer forma, é muito improvável que um prisioneiro político do calibre de Nin tivesse podido escapar. A menos que, em algum momento no futuro, ele apareça vivo, deve-se assumir que tenha sido assassinado na prisão.

As histórias de prisões continuaram, se estendendo por meses, até que o número de presos políticos, sem contar os fascistas, aumentara para a casa dos milhares. Um detalhe notável era a autonomia dos escalões inferiores da polícia. Muitas das detenções foram reconhecidamente ilegais, e várias pessoas cuja libertação havia sido ordenada pelo chefe da polícia encontravam-se novamente detidas na porta da cadeia, e levadas para prisões secretas. Um caso típico é o de Kurt Landau[84] e sua esposa. Eles foram presos por volta de 17 de junho, e Landau imediatamente "desapareceu". Cinco meses depois, sua esposa ainda estava na prisão, sem julgamento e sem notícias do marido. Ela iniciou uma greve de fome, fazendo com que o ministro da Justiça lhe enviasse uma mensagem para lhe garantir que seu marido estava morto. Pouco depois, ela foi libertada e detida quase imediatamente, sendo lançada de volta à prisão mais uma vez. Era perceptível que a polícia, pelo menos a princípio, parecia completamente indiferente a qualquer efeito que suas ações pudessem ter sobre a guerra. Viam-se dispostos a prender oficiais militares em cargos importantes sem obter permissão prévia. No final de junho, José Rovira, o general comandante da 29a Divisão, foi preso em algum lugar perto do front por um grupo de policiais que viera de Barcelona. Seus homens enviaram uma delegação para protestar no Ministério

---

82 Frederica Montseny i Mañé (1905-1994) foi uma política, escritora e líder anarquista espanhola. (N. do T.)
83 Vide os relatórios da delegação Maxton aos quais me referi no Capítulo 11. (N. do A.)
84 Kurt Landau (1903-1937) foi um autor comunista austríaco. (N. do T.)

da Guerra. Constatou-se que nem o Ministério da Guerra, nem Ortega, o chefe da polícia, tinham sequer sido informados da prisão de Rovira. Em toda essa questão, o detalhe que mais fica atravessado em minha garganta, embora talvez não seja de grande importância, é que todas as notícias do que vinha acontecendo foram ocultadas das tropas no front. Como devem ter percebido, nem eu nem ninguém no front tinha ouvido nada a respeito do banimento do Poum. Todas as sedes milicianas do Poum, os centros de Ajuda Vermelha e demais órgãos estavam funcionando como sempre e, até o dia 20 de junho, ninguém no front – a cerca de 160 quilômetros de Barcelona, sabia o que estava acontecendo. Todas as notícias eram mantidas fora dos jornais de Barcelona (os jornais de Valência, que veiculavam as tais histórias de espionagem, não chegavam ao front de Aragão) e, sem dúvida, uma razão para prender todos os milicianos do Poum em licença em Barcelona era impedi-los de voltar à frente de batalha com a notícia. A convocação que me levou ao front em 15 de junho deve ter sido a última. Ainda não sei como a coisa toda foi mantida em segredo, pois os caminhões de suprimentos e outros veículos ainda circulavam de um lado para o outro; mas não há dúvida de que o segredo foi mantido e, como fiquei sabendo mais tarde, os homens no front só receberam a notícia vários dias depois. O motivo de tudo isso é bastante claro. O ataque a Huesca estava começando, a milícia do Poum ainda era uma unidade separada e, provavelmente, temia-se que, se os homens soubessem o que estava acontecendo, se recusassem a lutar. Na verdade, nada disso aconteceu quando a notícia finalmente chegou. Naqueles dias intermediários, muitos homens possivelmente foram mortos sem nem chegar a saber que os jornais na retaguarda os chamavam de fascistas. Esse tipo de coisa é um pouco difícil de perdoar. Sei que era usual manter as más notícias longe das tropas e, talvez como regra, isso seja justificado. Mas uma coisa bem diferente é enviar homens para a batalha sem nem mesmo lhes dizer que, na retaguarda, seu partido foi banido, seus líderes acusados de traição e seus amigos e parentes jogados na prisão.

Minha esposa começou a me contar o que havia acontecido com nossos vários amigos. Alguns dos ingleses e outros estrangeiros haviam atravessado a fronteira. Williams e Stafford Cottman não foram presos quando o Sanatório Maurín foi invadido e mantinham-se escondidos em algum lugar. Assim como John McNair, que estivera na França e voltara à Espanha depois que o

Poum foi declarado ilegal – uma atitude precipitada, mas ele não queria ficar em segurança enquanto seus camaradas estivessem em perigo. Quanto aos outros, era sempre a mesma história: "pegaram fulano", "pegaram sicrano", e por aí vai. Eles pareciam ter "pegado" quase todo mundo. Fiquei surpreso ao saber que eles também haviam "pegado" George Kopp.

— O quê? Kopp? Achei que ele estivesse em Valência.

Ao que parecia, Kopp voltara a Barcelona com uma carta do Ministério da Guerra destinada ao coronel que comandava as operações de engenharia no front do leste. Ele sabia que o Poum fora banido, é claro, mas provavelmente não lhe ocorreu que a polícia poderia ser tão tola a ponto de prendê-lo quando estava a caminho do front em uma missão militar urgente. Ele tinha passado pelo Hotel Continental para pegar suas malas. Minha esposa estava fora na época e o pessoal do hotel conseguiu detê-lo com uma história inventada, enquanto ligavam para a polícia. Admito que fiquei com raiva quando soube da prisão de Kopp. Ele era meu amigo pessoal, servi com ele por meses, estivemos sob fogo juntos e conhecia sua história de vida. Ele havia sacrificado tudo – família, nacionalidade, sustento – simplesmente para vir para a Espanha lutar contra o fascismo. Ao deixar a Bélgica sem permissão, ingressado em um exército estrangeiro sendo membro da reserva do exército belga e, antes disso, ajudado a fabricar munições ilegalmente para o governo espanhol, ele acumulara anos de prisão caso regressasse a seu próprio país. Estava no front desde outubro de 1936, foi promovido de miliciano a major, esteve em ação inúmeras vezes e foi ferido em uma ocasião. Fui testemunha dos seus feitos durante os combates de maio, em que ele evitou combates locais e, por isso, deve ter salvo dez ou vinte vidas. E tudo o que faziam em troca era jogá-lo na cadeia. É perda de tempo ficar com raiva, mas a estupidez perversa desse tipo de coisa testa a paciência de qualquer um.

Nesse meio-tempo, eles não "pegaram" minha esposa. Embora ela tivesse permanecido no Continental, a polícia não fez nenhum movimento para prendê-la. Era bastante óbvio que estava sendo usada como isca. Algumas noites antes, no entanto, nas primeiras horas da manhã, seis policiais à paisana invadiram nosso quarto no hotel e revistaram-no. Eles haviam apreendido todos os documentos que possuíamos, a não ser, felizmente, nossos passaportes e talões de cheques. Levaram meus diários, todos os nossos livros, todos os recortes de jornais que vinham se acumulando nos últimos meses (muitas vezes me perguntei que utilidade esses recortes teriam para eles), todos os objetos que eu guardara como suvenires de guerra e todas as nossas cartas. (Aliás, eles levaram embora várias cartas que eu recebera de leitores. Algumas delas não foram respondidas pois, é claro, eu não tenho seus endereços. Se alguém que tenha me escrito a respeito de meu último livro e não obteve resposta chegar a ler estas linhas, por favor, aceite minhas sinceras desculpas.) Soube depois que a polícia também apreendeu vários pertences que eu deixara no Sanatório Maurín. Levaram inclusive uma trouxa de roupas sujas. Talvez tivessem pensado haver nelas alguma mensagem escrita com tinta invisível.

Era óbvio que seria mais seguro para minha esposa ficar no hotel, pelo menos por enquanto. Se ela tentasse se esconder, iriam atrás dela imediatamente. Quanto a mim, deveria ter de achar um esconderijo o mais rápido possível. Aquilo tudo me revoltou. Apesar das inúmeras prisões, não conseguia acreditar que corresse realmente perigo. Nada parecia fazer sentido. Mas foi a mesma recusa em levar a situação a sério que levou Kopp à prisão. Eu ficava repetindo, mas por que alguém iria querer me prender? O que eu tinha feito? Nem era membro do Poum. Certamente, eu carregara armas durante os combates de maio, mas fiz o mesmo que (suponho) quarenta ou cinquenta mil outras pessoas tinham feito. Além disso, eu precisava muito de uma boa noite de sono. Queria assumir o risco e voltar para o hotel, mas minha esposa não admitiu. Pacientemente, ela explicou a situação. Não importava em nada o que eu fizera ou deixara de fazer. Não se tratava de uma apreensão de criminosos, era simplesmente um reinado de terror. Eu não era culpado de nenhuma ação efetiva, era culpado de "trotskismo". O fato de eu ter servido na milícia do Poum seria o bastante para me colocar na prisão. Não adiantava me apegar à noção inglesa de que se está seguro desde que se cumpra a lei. Na prática, a lei era o que a polícia escolhesse fazer. A única coisa a fazer era ficar calado e esconder o fato de que eu tinha qualquer ligação com o Poum. Examinamos os documentos em meus bolsos. Minha esposa me fez rasgar meu cartão de miliciano – onde estava escrito Poum em letras garrafais – e uma foto de um grupo de milicianos com a bandeira do Poum ao fundo; esse tipo de coisa levaria qualquer um à prisão naqueles dias. No entanto, tive que manter meus papéis de dispensa. Era um risco, já que traziam o carimbo da 29a Divisão, e a polícia provavelmente sabia que se tratava de uma divisão do Poum, mas sem eles eu poderia ser preso como desertor.

A única coisa em que tínhamos que pensar, agora, era em sair da Espanha. Não fazia sentido ficar no país com a certeza de que, mais cedo ou mais tarde, seríamos presos. Na verdade, nós dois gostaríamos muito de ficar, só para ver o que iria acontecer. Mas eu previa que as prisões espanholas seriam péssimos lugares (na verdade, eram muito piores do que eu imaginava) já que, uma vez na prisão, era impossível saber se um dia sairíamos e, além de tudo, minha saúde estava deplorável e ainda sentia dores no braço. Combinamos de nos encontrar no dia seguinte no consulado britânico, juntamente com Cottman e McNair. Provavelmente levaria alguns dias para colocar nossos passaportes em ordem. Antes de sair da Espanha, era preciso que o passaporte fosse carimbado por três pessoas diferentes – pelo chefe da polícia, pelo cônsul francês e por alguma autoridade de imigração catalã. Naturalmente, o chefe da polícia representava um perigo. Mas talvez o cônsul britânico pudesse arranjar tudo para que não se soubesse que tínhamos alguma relação com o Poum. Obviamente deve haver uma lista de estrangeiros "trotskistas" suspeitos e, muito provavelmente, nossos nomes estavam nela mas, com sorte, poderíamos chegar à fronteira antes da divulgação da lista. Com certeza, haveria muita confusão e muitas *mañanas*. Felizmente, estávamos na Espanha, não na Alemanha. A polícia secreta espanhola tinha um pouco do espírito da Gestapo, mas não sua competência.

Então, nos separamos. Minha esposa voltou para o hotel e eu vaguei pela noite, à procura de um lugar para dormir. Lembro-me de me sentir mal-humorado e entediado. Queria tanto dormir em uma cama! Não havia nenhum lugar onde eu pudesse ir, nenhuma casa onde pudesse me refugiar. O Poum praticamente não tinha uma organização clandestina. Sem dúvida, os líderes sempre perceberam que o partido provavelmente seria banido, mas nunca esperaram uma caça às bruxas desse tamanho. Esperavam tão pouco, aliás, que continuaram as reformas nos prédios do Poum (entre outras coisas, estavam construindo um cinema no prédio executivo, que fora um banco anteriormente) até o fatídico dia em que o partido deixou de existir. Consequentemente, não havia pontos de encontro nem esconderijos que todo partido revolucionário deveria possuir. Sabe lá Deus quanta gente – pessoas cujas casas foram invadidas pela polícia – estava dormindo nas ruas naquela noite. Eu viajara durante cinco dias, dormindo em lugares impossíveis, com meu braço doendo terrivelmente e, agora, aqueles idiotas estavam à minha caça e eu precisaria dormir no chão novamente. Minha mente só chegou até aí. Não cheguei a fazer nenhuma reflexão política pertinente, o que nunca faço no momento em que as coisas acontecem. Parece ser sempre assim, seja quando me envolvo na guerra ou na política – não tenho consciência de nada, a não ser do desconforto físico e de um profundo desejo de que essa maldita imbecilidade acabe. Depois, até consigo pensar no sentido dos eventos, mas, à medida que acontecem, apenas quero me ver livre deles – talvez uma de minhas características mais desprezíveis.

Andei por um bom tempo e acabei indo parar perto do Hospital Geral. Queria um lugar onde pudesse me deitar sem que algum policial intrometido me encontrasse e pedisse meus documentos. Achei um abrigo antiaéreo, mas haviam acabado de cavá-lo recentemente e estava gotejando de tanta umidade. Então, deparei-me com as ruínas de uma igreja que fora destruída e queimada na revolução. Não passava de uma casca: quatro paredes sem teto cercadas de pilhas de escombros. Na penumbra, fui tateando e encontrei uma espécie de cavidade onde poderia me deitar. Pedaços de alvenaria quebrada não são bons lugares para dormir, mas, felizmente, a noite estava quente e consegui descansar por várias horas.

14

O pior de ser procurado pela polícia em uma cidade como Barcelona é que tudo abre muito tarde. Quando se dorme ao ar livre, acorda-se de madrugada, e nenhum dos cafés de Barcelona abre antes das 9 da manhã. Passaram-se horas antes que eu pudesse tomar uma xícara de café ou me barbear. Na barbearia, parecia muito estranho ver o anúncio anarquista ainda na parede, explicando que as gorjetas eram proibidas. "A Revolução rompeu nossos grilhões", dizia o aviso. Tive vontade de dizer aos barbeiros que seus grilhões logo estariam de volta se não tomassem cuidado.

Voltei ao centro da cidade. Sobre os prédios do Poum, as bandeiras vermelhas haviam sido derrubadas e bandeiras republicanas tremulavam em seu lugar, enquanto grupos de guardas civis armados guardavam as portas. No centro de Ajuda Vermelha, na esquina da Plaza de Cataluña, a polícia se divertia quebrando a maioria das janelas. As livrarias do Poum tinham sido esvaziadas e o quadro de avisos do partido na parte baixa das Ramblas havia sido coberto com uma caricatura contra o Poum – a que representava a máscara com o rosto fascista por baixo. Na extremidade das Ramblas, perto do cais, deparei-me com uma visão bizarra: uma fila de milicianos, recém-chegados do front e ainda maltrapilhos e enlameados, esparramados exaustos nas cadeiras colocadas ali para os engraxates. Eu sabia quem eram – na verdade, reconheci um deles. Eram milicianos do Poum que chegaram no dia anterior e descobriram que o partido havia sido banido, tendo que passar a noite nas ruas porque suas casas foram invadidas. Qualquer miliciano do Poum que retornasse a Barcelona nessa época tinha a opção de ir direto para o esconderijo ou para a cadeia – não era uma recepção agradável depois de três ou quatro meses na frente de batalha.

Encontrávamo-nos em uma situação inusitada. À noite, éramos fugitivos caçados, mas durante o dia podíamos viver uma vida praticamente normal. Todas as casas conhecidas por abrigar partidários do Poum estavam – ou deveriam estar – sob vigilância, e era impossível hospedar-se em um hotel ou pensão, pois fora decretado que, na chegada de um estranho, o proprietário deveria informar a polícia imediatamente. Na prática, isso significava ter que passar a noite ao relento. Durante o dia, por outro lado, em uma cidade do tamanho de Barcelona, estava-se razoavelmente seguro. As ruas estavam apinhadas de guardas civis, membros das Forças de Segurança, *carabineros* e policiais comuns, além de sabe lá Deus quantos espiões à paisana; ainda assim, eles não podiam deter todos que passassem, e quem conseguisse agir normalmente poderia passar despercebido. O melhor a fazer era evitar circular pelos prédios do Poum e por cafés e restaurantes onde os garçons o conheciam de vista. Passei muito tempo naquele dia, e no seguinte, tomando banho em um dos banheiros públicos. Isso me pareceu uma boa maneira de passar o tempo e ficar fora de circulação. Infelizmente, a mesma ideia ocorreu a muitas pessoas, e alguns dias depois – quando eu já saíra de Barcelona – a polícia invadiu um dos banheiros públicos e prendeu vários "trotskistas" como vieram ao mundo.

Ao subir as Ramblas, encontrei um dos feridos do Sanatório Maurín. Trocamos o tipo de piscadela invisível que as pessoas trocavam àquela época e conseguimos, discretamente, nos encontrar em um café mais adiante na mesma rua. Ele escapara da prisão quando o Maurín foi invadido, mas, como os outros, foi parar na rua. Estava em mangas de camisa – teve de fugir sem seu casaco – e não tinha dinheiro. Descreveu-me como um dos guardas civis havia arrancado o grande retrato colorido de Maurín da parede e reduzido-o a pedaços aos pontapés. Maurín (um dos fundadores do Poum) era prisioneiro dos fascistas e naquela época acreditava-se que já havia sido fuzilado.

Encontrei minha esposa no consulado britânico às 10 horas. McNair e Cottman apareceram pouco depois. A primeira coisa que me disseram foi que Bob Smillie estava morto. Morrera na prisão em Valência – do que, ninguém sabia ao certo. Foi enterrado imediatamente, e o representante do ILP local, David Murray, teve sua permissão negada para ver o corpo.

Claro que, no mesmo instante, concluí que Smillie tinha sido fuzilado. Era o que todos acreditavam à época, mas, desde então, penso se não podia estar errado. Mais tarde, a causa de sua morte foi dada como apendicite, e ouvimos de outro prisioneiro que fora libertado que Smillie certamente estava doente na prisão. Talvez, então, a história da apendicite fosse verdadeira. A recusa em deixar Murray ver seu corpo pode ter sido por pura maldade. No entanto, devo dizer que Bob Smillie tinha apenas 22 anos e, fisicamente, era uma das pessoas mais fortes que já vi. Acredito que ele tenha sido o único homem que eu conhecera, inglês ou espanhol, que havia passado três meses nas trincheiras sem ficar doente. Pessoas tão rígidas não costumam morrer de apendicite se tiverem cuidados. Mas quem já viu como eram as prisões espanholas – as prisões improvisadas, usadas para presos políticos – notou quais as chances reais de um homem doente receber o tratamento devido. Só se podia descrever tais lugares como masmorras. Na Inglaterra, seria preciso voltar ao século XVIII para encontrar algo comparável. As pessoas ficavam encurraladas em pequenas celas, onde mal havia espaço para se deitarem e, muitas vezes, eram mantidas em porões e outros lugares escuros. Não se tratava de uma medida temporária – houve casos de pessoas que ficaram praticamente quatro ou cinco meses sem ver a luz do dia. E todos eram alimentados com uma dieta imunda e insuficiente, composta de dois pratos de sopa e dois pedaços de pão por dia. (Alguns meses depois, no entanto, a comida parece ter melhorado um pouco.) Não estou exagerando, basta perguntar a qualquer um que tenha sido preso por questões políticas na Espanha. Ouvi relatos das prisões espanholas de várias fontes diferentes, e todos são extremamente similares para serem mentira; além disso, eu mesmo tive alguns vislumbres de uma prisão espanhola. Mais tarde, um outro amigo inglês preso escreveu que suas experiências na prisão "tornam o caso de Smillie muito simples de entender". A morte de Smillie não é algo que eu possa perdoar facilmente. Tratava-se de um menino bravo e talentoso que havia abandonado sua carreira na Universidade de Glasgow para vir lutar contra o fascismo e que – como eu mesmo tivera a oportunidade de testemunhar – fizera um trabalho no front com coragem e disposição irrepreensíveis; e tudo o que teve em troca foi sua prisão, onde foi abandonado como um animal, até morrer. Sei que no meio de uma guerra enorme e sangrenta não adianta fazer tanta algazarra por uma morte individual. Um avião-bomba em uma rua movimentada causa mais sofrimento do que muitas perseguições políticas. Porém, o que irrita em uma morte como essa é o seu completo despropósito. Ser morto em batalha – isso é esperado; entretanto, ser jogado na prisão, nem mesmo por um crime imaginário, mas simplesmente por causa de um capricho cego e estúpido e, depois, ser abandonado para morrer na solidão – isso é muito diferente. Não consigo ver como esse tipo de coisa – e não acho que o caso de Smillie fosse excepcional – pudesse contribuir para a vitória na guerra.

Minha esposa e eu visitamos Kopp naquela tarde. Tínhamos permissão para visitar prisioneiros que não eram *incommunicados*, embora não fosse seguro fazê-lo mais de uma ou duas vezes. A polícia vigiava as pessoas que iam e vinham, e se alguém visitava as prisões com muita frequência, era marcado como amigo dos "trotskistas" e, muito provavelmente, acabaria na prisão. Isso já havia acontecido com muita gente.

Kopp não estava *incommunicado* e conseguimos permissão para vê-lo sem grandes dificuldades. Enquanto nos conduziam pelas portas de aço da prisão, um miliciano espanhol que eu conhecera no front era conduzido por dois guardas civis. Seu olhar encontrou o meu e, uma vez mais, trocamos as piscadelas invisíveis. A primeira pessoa que vimos lá dentro foi um miliciano americano que havia voltado para casa alguns dias antes. Seus documentos estavam em ordem, mas, mesmo assim, prenderam-no na fronteira, provavelmente porque ainda estava usando as calças de veludo do front e, por isso, identificaram-no como miliciano. Tivemos que passar um pelo outro como se fôssemos estranhos, algo terrível. Eu o conhecia há meses, dividi um abrigo com ele, ele ajudara a me carregar quando fui ferido; no entanto, era a única coisa que se podia fazer. Os guardas com uniforme azul estavam de olho em tudo que era lugar. Seria fatal reconhecer muita gente ali.

O que chamavam de prisão era, na verdade, o andar térreo de uma loja. Em duas salas, cada uma medindo cerca de seis metros quadrados, havia por volta de 100 pessoas presas. O lugar parecia-se com as prisões do século XVIII do *Newgate Calendar*[85], com sua sujeira latente, o amontoado de corpos, a falta de móveis – consistindo simplesmente de um banco e alguns cobertores esfarrapados sobre o chão de pedra – e sua luz opaca, pois haviam coberto as janelas com chapas de aço corrugado. Nas paredes encardidas, os slogans revolucionários – "*Visca POUM!*", "*Viva la Revolución!*" e outros – tinham sido rabiscados. Já usavam aquele local como depósito de prisioneiros políticos havia meses. Ouvia-se um barulho ensurdecedor de vozes. Era a hora das visitas, e o prédio estava tão lotado de gente que era difícil se locomover. Quase todos os presentes faziam parte da parcela mais pobre da classe trabalhadora. Viam-se mulheres desembrulhando trouxas de comida que davam dó, destinadas aos seus homens presos. Entre os prisioneiros, estavam vários feridos do Sanatório Maurín. Dois deles possuíam pernas amputadas, e um fora levado para a prisão sem a muleta, tendo de saltitar com um pé só. Havia também um menino de nao mais de 12 anos: aparentemente, até mesmo crianças eram presas. Sentia-se o fedor animalesco que sempre se forma quando muita gente é encurralada em um lugar sem as devidas providências sanitárias.

Kopp abriu caminho na multidão para nos encontrar. Seu rosto rechonchudo e corado parecia igual e, mesmo naquele lugar imundo, ele mantinha seu uniforme limpo, e até conseguira se barbear. Um outro oficial com o

---

85 O *Newgate Calendar* foi uma obra literária famosa na Inglaterra, nos séculos XVIII e XIX, que originalmente aparecera como um boletim mensal de execuções criminais. (N. do T.)

uniforme do Exército Popular estava entre os prisioneiros. Ele e Kopp bateram continência ao passarem lado a lado; de certa forma, foi um gesto patético. Kopp parecia bastante contente:

— Bom, suponho que seremos todos fuzilados – disse ele, animado. A palavra "fuzilados" fez-me estremecer internamente. Uma bala entrara em meu próprio corpo havia pouquíssimo tempo e a sensação ainda permanecia fresca em minha memória. Não é bom pensar nisso acontecendo com alguém que conhecemos bem. Naquela época, eu tinha certeza de que todos os principais membros do Poum – e Kopp era um deles – seriam fuzilados. Os primeiros rumores da morte de Nin começavam a surgir, e sabíamos que o Poum estava sendo acusado de traição e espionagem. Tudo apontava para um enorme julgamento forjado, seguido de um massacre dos principais "trotskistas". É terrível ver um amigo na prisão e saber que não pode fazer nada para ajudá-lo. E não havia nada que se pudesse fazer. Seria inútil até mesmo apelar para as autoridades belgas, pois Kopp havia infringido a lei de seu próprio país ao vir para a Espanha.

Tive de reservar a maior parte da conversa à minha esposa: com minha voz ainda fraca, não conseguia me fazer ouvir no meio do barulho. Kopp nos falou sobre os amigos que fizera entre os outros prisioneiros, sobre os guardas – havia alguns bons sujeitos, ao passo que outros abusavam e surravam os prisioneiros mais tímidos – e sobre a comida, uma "lavagem de porcos". Felizmente, havíamos pensado em trazer um embrulho de comida, e também cigarros. Em seguida, Kopp começou a nos falar dos documentos que lhe foram tomados quando de sua prisão. Entre eles, estava sua carta do Ministério da Guerra, endereçada ao coronel a cargo das operações de engenharia do Exército do Leste. A polícia confiscou-a e recusou-se a devolvê-la; e diziam que fora levada para o escritório do chefe da polícia. Faria uma grande diferença se conseguíssemos recuperá-la.

Percebi em um instante quanto aquilo poderia ser importante. Uma carta oficial desse tipo, com a recomendação do Ministério da Guerra e do general Pozas, estabeleceria a idoneidade de Kopp. Mas o problema era provar que a carta existia. Se a abrissem no escritório do chefe da polícia, era praticamente certo que algum dedo-duro a destruiria. Só havia uma pessoa que poderia recuperá-la, o oficial a quem ela estava endereçada. Kopp já pensara nisso e escrevera uma carta, que eu deveria levar comigo sem que ninguém soubesse e postá-la no correio. Mas, obviamente, seria mais rápido e seguro entregá-la pessoalmente. Deixei minha esposa com Kopp, saí correndo e, depois de uma longa busca, encontrei um táxi. Eu sabia que o tempo urgia. Já era por volta de cinco e meia da tarde, o coronel provavelmente sairia de seu escritório às seis e, no dia seguinte, sabe lá Deus onde a carta já teria parado – talvez já tivesse sido destruída, ou perdida em meio a um caos de documentos que, presumivelmente, começavam a se acumular com tantos suspeitos presos. O escritório do coronel ficava no Departamento de Guerra, perto do cais. Enquanto eu subia apressadamente os degraus, o membro das Forças de Segurança de plantão na porta barrava o caminho de todos com sua longa baioneta, exigindo "documentos". Acenei-lhe minha declaração de dispensa. Evidentemente, ele não sabia ler e me deixou passar, impressionado pelo vago mistério dos "documentos". No interior do edifício, havia um enorme e complicado labirinto ao redor de um pátio central, com centenas de escritórios em cada andar e, como estávamos na Espanha, ninguém tinha a menor ideia de onde ficava o lugar que eu procurava. Eu repetia a todos que encontrava:

— *El coronel..., jefe de ingenieros, Ejercito de Este!* – As pessoas sorriam e davam de ombros graciosamente. Todo mundo que tinha um palpite me mandava em uma direção diferente, subindo estas escadas, descendo aquelas outras, ao longo de corredores intermináveis que acabavam em becos sem saída. E o tempo se esvaía. Tive a estranha sensação de estar em um pesadelo: os lances de escada iam para cima e para baixo, pessoas misteriosas surgindo e desaparecendo, olhadelas através das portas abertas de caóticos escritórios, com papéis espalhados por toda parte e máquinas de escrever a toda velocidade; e o tempo passava, com uma vida em jogo.

No entanto, cheguei a tempo e, para minha surpresa, consegui uma audiência. Não vi o coronel..., mas seu ajudante de campo ou secretário, um oficial baixinho de uniforme elegante, com olhos grandes e vesgos, veio falar comigo na antessala. Comecei a contar minha história. Vinha em nome do meu oficial superior. O major Jorge Kopp, que estava em missão urgente no front, fora preso por engano. A carta ao coronel... era de natureza confidencial e deveria ser recuperada sem demora. Eu servira com Kopp por meses, tratava-se de um oficial do mais alto caráter, obviamente sua prisão fora um erro, a polícia confundiu-o com outra pessoa etc. etc. etc. Continuei a citar a urgência da missão de Kopp no front, sabendo que este era o ponto mais importante. Mas toda aquela história deve ter soado muito bizarra no meu espanhol sofrível, que se misturava ao francês em todos os momentos críticos. Ainda pior, minha voz sumira logo no início e só conseguia produzir uma série de ruídos, fazendo um violento esforço. Fiquei com medo de que o que restava da minha voz desaparecesse completamente e o oficial baixinho se cansasse de tentar me ouvir. Muitas vezes me perguntei o que ele achava que havia de errado com minha voz – se acreditava que eu estava bêbado ou se meu nervosismo fosse fruto de uma consciência pesada.

No entanto, ele me ouviu pacientemente, acenando com a cabeça várias vezes e assentindo com cautela ao que eu dizia. Sim, parecia ter havido um engano. Claramente, o assunto deveria ser analisado.

— *Mañana*... – Protestei. Não, *mañana* não! O caso era urgente, Kopp já deveria estar no front. Mais uma vez o oficial pareceu concordar. Então, veio a pergunta que eu temia:

— Esse major Kopp... Em que força ele estava servindo?

A terrível palavra teve que ser dita:

— Na milícia do Poum.

— Poum?

Eu gostaria de poder transmitir o choque em sua voz. Devemos nos lembrar como o Poum era visto naquela época. O medo de espiões atingira seu auge; provavelmente, qualquer bom republicano chegou a acreditar, por um ou dois dias, que o Poum era uma enorme organização de espionagem a mando dos alemães. Ter de dizer uma coisa dessas a um oficial do Exército Popular era como entrar em um Clube de Cavaleiros inglês logo depois da Revolução Russa e se declarar comunista. Seus olhos escuros examinaram meu rosto obliquamente. Seguiu-se outra longa pausa e, então, ele disse bem devagar:

— E você me disse que serviu com ele no front. Então também fazia parte da milícia do Poum?

— Sim.

Ele se virou e entrou na sala do coronel. Podia ouvi-los conversando agitadamente. "Acabou tudo", pensei. Nunca veremos novamente a carta de Kopp. Além disso, tive de confessar que também estava no Poum e, sem dúvida, eles chamariam a polícia e me prenderiam, só para acrescentar mais um trotskista a seu acervo. No entanto, pouco depois o oficial reapareceu, ajustando o quepe, e fez-me um sinal muito austero para que o seguisse. Íamos ao escritório do chefe da polícia. Era uma longa distância, 20 minutos de caminhada. O oficial baixinho marchava completamente rígido à minha frente, como em um desfile militar. Não trocamos uma única palavra durante o caminho. Quando chegamos ao escritório do chefe da polícia, uma multidão de sujeitos com uma aparência repugnante, obviamente policiais, informantes e espiões de todos os tipos, rondava a porta. O oficial baixinho entrou; mais uma longa e acalorada conversa. Podiam-se ouvir vozes que se elevavam com fúria e imaginava-se que eram acompanhadas por gestos violentos, ombros se encolhendo, murros na mesa. Evidentemente, a polícia se recusava a entregar a carta. Por fim, porém, o oficial saiu, corado, mas carregando um enorme envelope oficial. Era a carta de Kopp. Tínhamos conquistado uma pequena vitória – que, como se veria mais tarde, não fez a menor diferença. A carta foi devidamente entregue; no entanto, os superiores militares de Kopp não conseguiram tirá-lo da prisão.

O oficial me prometeu que a carta seria entregue.

— Mas e Kopp? – perguntei. – Não podemos libertá-lo? – Ele encolheu os ombros. Isso era outro assunto. Ninguém sabia por que Kopp havia sido preso. Ele apenas me disse que as investigações apropriadas seriam feitas. Não havia mais nada a ser dito, era hora de partir. Nós dois nos curvamos ligeiramente. E, então, aconteceu uma coisa estranha e comovente. O oficial baixinho hesitou por um momento e, depois, avançou na minha direção e apertou-me a mão.

Não sei se conseguirei mostrar quanto essa ação me tocou. Parece algo pequeno, mas não foi. Deve-se atentar ao sentimento predominante à época – à atmosfera horrível de desconfiança e ódio, às mentiras e rumores circulando por toda parte, aos cartazes gritando que meus companheiros e eu éramos espiões fascistas. E é sempre bom lembrar que estávamos diante do escritório do chefe da polícia, na frente daquele bando imundo de informantes e *agents provocateurs*, e eles poderiam muito bem saber que eu era "procurado" pela polícia. A sensação era de ter apertado a mão de um alemão publicamente no meio da Grande Guerra. Suponho que, de alguma forma, ele se convencera de que eu não era realmente um espião fascista; ainda assim, foi muito bom apertar sua mão.

Registro aqui tal acontecimento, por mais trivial que ele possa parecer, porque é algo típico da Espanha – dos repentes de magnanimidade que se recebe dos espanhóis em meio às piores circunstâncias. Tenho péssimas lembranças da Espanha, mas pouquíssimas lembranças ruins do povo espanhol. Lembro-me de ter ficado realmente zangado com os espanhóis apenas duas vezes e, ao lembrar de cada uma dessas ocasiões, acredito que era eu o errado. Eles têm, sem dúvida nenhuma, uma generosidade – uma espécie de nobreza – que realmente não pertence ao século XX. É isso que nos faz acreditar que o fascismo na Espanha possa tomar uma forma relativamente branda e suportável. Poucos espanhóis apresentam a maldita eficiência e a consistência necessária a um Estado totalitário moderno. Presenciamos um pequeno e estranho exemplo desse fato algumas noites antes, quando a polícia vasculhou o quarto de minha esposa. Na verdade, essa busca foi muito interessante; e gostaria de ter estado presente, embora seja bom que não estivesse, pois não seria capaz de manter minha paciência.

A polícia conduziu a busca ao reconhecido estilo da OGPU ou da Gestapo. No meio da madrugada, bateram à porta; seis homens entraram, acenderam a luz e imediatamente tomaram várias posições ao redor da sala, obviamente combinadas de antemão. Então, revistaram os dois quartos (havia um banheiro anexo) com uma meticulosidade incrível. Auscultaram as paredes, removeram os tapetes, examinaram o chão, reviraram as cortinas, auscultaram também debaixo da banheira e do radiador, esvaziaram todas as gavetas e malas, revolveram todas as roupas, colocando-as contra a luz. Confiscaram todos os papéis, incluindo o conteúdo da cesta de lixo, e levaram todos os nossos livros. Ficaram extasiados ao descobrir que possuíamos uma tradução francesa do *Mein Kampf* de Hitler. Se esse tivesse sido o único livro que haviam encontrado, nosso destino estaria selado. É óbvio que uma pessoa que lê *Mein Kampf* deve ser um fascista. No entanto, no instante seguinte, encontraram uma cópia do panfleto de Stalin intitulado *Formas de Liquidar Trotskistas e Outros Traidores*, o que os tranquilizou um pouco. Em uma gaveta havia vários maços de papel de enrolar de cigarro. Examinaram cada folha separadamente, para o caso de haver mensagens escritas nelas. Ao todo, demoraram duas horas para finalizar a batida. No entanto, durante todo esse tempo nunca mexeram na cama. Minha esposa permaneceu deitada o tempo todo; obviamente, podia haver meia dúzia de submetralhadoras debaixo do colchão, e até mesmo uma biblioteca inteira de documentos trotskistas debaixo do travesseiro. No entanto, os detetives não fizeram nenhum movimento para tocar a cama, nem sequer olharam embaixo dela. Não sou capaz de acreditar que seja um procedimento regular da OGPU. Deve-se lembrar que a polícia estava quase inteiramente sob controle comunista, e esses homens provavelmente eram membros do Partido Comunista. Mas também eram espanhóis, e expulsar uma mulher da cama era um pouco demais para eles. Essa parte do trabalho foi silenciosamente deixada de lado, tornando toda a busca sem sentido.

Naquela noite, McNair, Cottman e eu dormimos no limite de um terreno baldio, sob uma relva alta. Fazia relativamente frio para aquela época do ano e ninguém conseguiu dormir muito. Lembro-me das longas e sombrias horas de tédio até que pudéssemos tomar uma xícara de café. Pela primeira vez desde que estivera em Barcelona, fui dar uma olhada na catedral – uma catedral moderna e um dos edifícios mais hediondos do mundo. Tem quatro torres com ameias, praticamente similares a garrafas de vinho. Ao contrário da maioria das igrejas em Barcelona, ela não foi danificada durante a revolução, poupada por conta de seu "valor artístico", diziam as pessoas. Acho que os anarquistas demonstraram muito mau gosto por não a explodir quando tiveram a chance, embora tenham pendurado uma bandeira vermelha e preta entre suas torres. Naquela tarde, minha esposa e eu fomos ver Kopp pela última vez. Não havia absolutamente nada que pudéssemos fazer por ele, além de dizer adeus e deixar algum dinheiro com amigos espanhóis que lhe levariam comida e cigarros. Entretanto, pouco tempo depois que saímos de Barcelona, seu status mudou para *incommunicado* e nem mesmo podiam enviar-lhe comida. Naquela noite, descendo as Ramblas, passamos pelo Café Moka, que a Guarda Civil ainda mantinha sob seu poder. Num impulso, entrei e falei com dois dos guardas que estavam encostados no guichê da entrada, com seus fuzis pendurados nos ombros. Perguntei-lhes se sabiam quais de seus camaradas estavam de serviço no edifício na época dos combates de maio. Não sabiam e, muito de acordo com a habitual confusão espanhola, nem sequer sabiam como conseguir tal informação. Disse-lhes que meu amigo Jorge Kopp estava preso e talvez fosse julgado por algo relacionado aos combates de maio, que os homens que estavam de serviço sabiam que ele havia interrompido os combates e salvado as vidas de alguns deles; deveriam apresentar-se e testemunhar a seu favor. Um dos homens com quem falava era um sujeito atarracado e gordo que não parava de balançar a cabeça, pois não conseguia ouvir minha voz em meio ao barulho do trânsito. Mas o outro era diferente. Disse que tinha ouvido falar da ação de Kopp por alguns de seus camaradas; Kopp era *buen chico* (um "bom sujeito"). Mas, mesmo naquela época, eu sabia que tudo seria inútil. Se Kopp fosse julgado, apresentariam provas falsas, como acontece em todos esses julgamentos. Se ele for fuzilado (e temo que seja bem provável), esse será seu epitáfio: o *buen chico* da pobre Guarda Civil, que fazia parte de um sistema sujo, mas que continuou suficientemente humano para saber quando agir de forma decente.

Era uma existência extraordinária e insana que estávamos levando. À noite, éramos criminosos, mas, de dia, éramos prósperos turistas ingleses – era assim que nos mostrávamos, de qualquer forma. Mesmo depois de uma noite ao relento, fazer a barba, tomar banho e engraxar os sapatos fazem maravilhas com a aparência. O mais seguro no momento era parecer o mais burguês possível. Frequentávamos o bairro da moda na cidade – onde nossos rostos não eram conhecidos – íamos a restaurantes caros e nos portávamos como perfeitos ingleses com os garçons. Pela primeira vez na minha vida, comecei a pixar paredes. Os corredores de vários restaurantes elegantes ganharam os dizeres *Visca Poum!* em letras tão grandes quanto me era possível escrever. Durante todo esse período, embora estivesse tecnicamente escondido, não conseguia me sentir em perigo. A coisa toda parecia absurda demais. Eu mantinha a inalterada crença inglesa de que "eles" não poderiam prender quem quer que fosse, a menos que se tenha infringido a lei. É uma crença muito perigosa de se ter em tempos de perseguição política. Havia um mandado de prisão contra McNair, e o mais provável era que todos nós estivéssemos na mesma lista. As prisões, batidas e buscas continuavam, sem parar; a essa altura, praticamente todo mundo que conhecíamos, exceto aqueles que ainda estavam no front, estava na cadeia. A polícia começara até a embarcar nos navios franceses que, de tempos em tempos, partiam com refugiados a bordo, detendo todos os suspeitos de "trotskismo".

Graças à gentileza do cônsul britânico, que deve ter passado por momentos muito penosos durante aquela semana, conseguimos colocar nossos passaportes em ordem. Quanto mais cedo saíssemos, melhor. Havia um trem que deveria partir para Port Bou às 7 e meia da noite – e normalmente saía por volta das oito e meia. Combinamos que minha esposa pediria um táxi com antecedência e, depois, faria as malas, pagaria a conta e sairia do hotel no último instante. Se a equipe do hotel começasse a prestar muita atenção às suas ações, certamente chamaria a polícia. Desci para a estação por volta das sete e descobri que o trem já havia partido – tinha saído às dez para as sete. O maquinista mudara de ideia, como sempre. Felizmente conseguimos avisar minha esposa a tempo. Havia outro na manhã seguinte, bem cedo. McNair, Cottman e eu jantamos em um pequeno restaurante perto da estação e, fazendo perguntas com muita cautela, descobrimos que o dono do restaurante era um amigável membro da CNT. Ele nos alugou um quarto com três camas e esqueceu de avisar a polícia. Foi a primeira vez em cinco noites que consegui dormir sem roupa.

Na manhã seguinte, minha esposa conseguiu sair do hotel. O trem atrasou cerca de uma hora. Preenchi o tempo escrevendo uma longa carta ao Ministério da Guerra, contando sobre o caso de Kopp – que não havia dúvidas de que ele fora preso por engano, que era urgentemente necessário no front, que inúmeras pessoas testemunhariam sua inocência etc. etc. etc. Eu me pergunto se alguém leu aquela carta, escrita em páginas arrancadas de um caderno com uma caligrafia péssima (meus dedos ainda estavam parcialmente paralisados) e um espanhol ainda pior. De qualquer forma, nem essa carta nem qualquer outra coisa surtiu efeito. Enquanto escrevo, seis meses depois daquele dia, Kopp (se já não foi fuzilado) continua na prisão, sem julgamento ou acusação formais. No início, recebemos duas ou três cartas dele, contrabandeadas por prisioneiros libertados e postadas na França. Todas contavam a mesma história – confinamento em antros imundos e escuros, comida ruim e insuficiente, graves doenças por conta das condições das prisões e recusa de atendimento médico. Várias outras fontes, inglesas e francesas, me confirmaram as mesmas informações. Mais recentemente, ele desapareceu em uma das "prisões secretas" – com as quais parece impossível trocar qualquer tipo de comunicação. Seu caso é o mesmo de dezenas, ou centenas, de estrangeiros e milhares de espanhóis.

Enfim, cruzamos a fronteira sem incidentes. O trem tinha primeira classe e um vagão-restaurante, o primeiro que eu via na Espanha. Até recentemente, havia uma única classe nos trens da Catalunha. Dois detetives circularam por todo o trem, anotando os nomes dos estrangeiros, mas quando nos viram no vagão-restaurante pareceram satisfeitos com nossa aparência respeitável. Era estranho como tudo havia mudado. Apenas seis meses atrás, quando os anarquistas ainda estavam no comando, era a aparência de proletário que tornava alguém respeitável. No caminho entre Perpignan e Cerberes, um viajante a negócios francês, que se encontrava no mesmo vagão que eu, me disse com toda a solenidade:

— Você não deve ir para a Espanha assim. Tire o colarinho e a gravata. Vão acabar arrancando-os em Barcelona. - Ele certamente exagerava, mas é um bom exemplo de como se via a Catalunha. E, na fronteira, os guardas anarquistas barraram um francês elegantemente vestido e sua esposa, apenas – acho eu – porque pareciam burgueses demais. Agora era o contrário: parecer burguês constituía a única salvação. No registro de passaportes, procuraram nossos nomes no fichário de suspeitos, mas, graças à ineficiência da polícia, não estávamos na lista, nem mesmo McNair. Fomos revistados da cabeça aos pés, mas não possuíamos nada de incriminador, exceto meus papéis de dispensa. Porém, os *carabineros* que me revistaram não sabiam que a 29a Divisão era do Poum. Então, passamos pela barreira alfandegária e, apenas seis meses depois de minha chegada, estava em solo francês novamente. Minhas únicas lembranças da Espanha eram um cantil de pele de cabra e uma daquelas minúsculas lâmpadas de ferro onde os camponeses de Aragão queimavam azeite – com quase o mesmo formato das lamparinas de terracota que os romanos usavam há dois mil anos – que eu pegara em um casebre em ruínas e que, de alguma forma, ficara no fundo da minha bagagem.

No fim das contas, descobrimos que saímos da Espanha no momento exato. O primeiro jornal que vimos anunciava a prisão de McNair por espionagem. As autoridades espanholas foram um pouco prematuras ao anunciá-la. Felizmente, o "trotskismo" não era motivo de extradição.

Eu me pergunto qual é a primeira ação apropriada quando se vem de um país em guerra, chegando em solo pacífico. A minha foi correr para uma banca de tabaco e comprar tantos charutos e cigarros que pudesse enfiar nos bolsos. Depois fomos todos a um restaurante e tomamos uma xícara de chá, o primeiro chá com leite fresco que tomávamos em muitos meses. Passaram-se vários dias antes que eu pudesse me acostumar com a ideia de que se podia comprar cigarros sempre que quisesse. Continuava com receio de ver as portas das tabacarias fechadas e o aviso de *No hay tabaco* na vitrine.

McNair e Cottman iriam para Paris. Minha esposa e eu descemos do trem em Banyuls, a primeira estação da linha, achando que seria bom descansar um pouco. Não fomos muito bem recebidos na cidade quando descobriram que tínhamos vindo de Barcelona. Muitas vezes me envolvi na mesma conversa: "Você vem da Espanha? De que lado você estava lutando? Do governo? Ah...", seguida de uma frieza notável. A pequena cidade parecia solidamente franquista, sem dúvida por causa dos vários refugiados fascistas espanhóis que ali chegavam de vez em quando. O garçom do café que eu frequentava era um espanhol franquista e costumava me lançar olhares de desprezo ao me servir um aperitivo. Era diferente em Perpignan, que estava cheio de partidários do governo e onde todas as diferentes facções estavam brigando umas contra as outras, quase como em Barcelona. Havia um certo café em que a palavra *POUM* atraía imediatamente a simpatia dos franceses e sorrisos do garçom.

Acho que ficamos três dias em Banyuls. Foi um período de estranha inquietação. Naquela pacata cidade de pescadores, longe das bombas, metralhadoras, filas de comida, propaganda e intrigas, deveríamos ter nos sentido profundamente aliviados e agradecidos. Foi o contrário do que efetivamente sentimos. As coisas que havíamos visto na Espanha não tinham ficado para trás, vistas sob outra perspectiva, agora que estávamos longe; em vez disso, voltavam às nossas mentes com muito mais vivacidade do que antes. Pensávamos, conversávamos e sonhávamos sem cessar com a Espanha. Há meses que vínhamos dizendo a nós mesmos que, "quando saíssemos da Espanha", iríamos para algum lugar na costa do Mediterrâneo, ficaríamos quietos por um tempo, talvez fôssemos pescar um pouco – mas agora que estávamos aqui sentíamos apenas tédio e frustração. Fazia frio, um vento constante soprava do mar, a água mostrava-se opaca e agitada e, à beira do porto, ondas de cinzas, rolhas e tripas de peixe batiam nas pedras. Parece loucura, mas o que nós dois queríamos era voltar para a Espanha. Embora não nos fosse fazer nenhum bem – na verdade, poderia nos causar sérios danos – nós dois desejávamos ter ficado, para ser presos junto com os outros. Acho que não consegui transmitir grande coisa do que aqueles meses na Espanha significaram para mim. Registrei alguns dos eventos externos, mas não sou capaz de registrar a sensação que tiveram sobre mim. Tudo se mistura a visões, cheiros e sons que não podem ser transmitidos por escrito: o cheiro das trincheiras, as auroras das montanhas – que se estendem a distâncias inconcebíveis – o estalar gélido das balas, o rugido e o clarão das bombas; a luz clara e fria das manhãs de Barcelona e o ecoar das botas no pátio do quartel, em dezembro, quando as pessoas ainda acreditavam na revolução; as filas de comida, as bandeiras vermelhas e pretas e os rostos dos milicianos espanhóis; sobretudo os rostos dos milicianos – homens que conheci no front e que agora estão sabe lá Deus onde, alguns mortos em batalha, alguns mutilados, alguns na prisão – a maioria deles, espero, ainda sãos e salvos. Boa sorte a todos eles! Espero que ganhem a guerra e que expulsem da Espanha todos os estrangeiros, alemães, russos e italianos. Essa guerra, na qual desempenhei um papel tão insignificante, deixou-me lembranças que são principalmente ruins; ainda assim, não gostaria de não ter participado dela. Quando se tem um vislumbre de um desastre de tais dimensões – e, não importa como termine, a guerra espanhola será sempre um desastre inominável, sem falar na carnificina e no sofrimento físico – o resultado não é necessariamente apenas desilusão e cinismo. Curiosamente, toda a experiência não me fez acreditar menos na decência dos seres humanos, mas muito mais. E espero que o relato que transmiti não seja dos mais ilusórios. Acredito que, em um assunto como esse, ninguém é – ou chega a ser – completamente verdadeiro. É difícil ter certeza de qualquer coisa, a não ser do que se viu com os próprios olhos e, consciente ou inconscientemente, todos escrevem de forma parcial. Caso eu não tenha dito isso em algum lugar no livro, direi agora: cuidado com minha parcialidade, meus erros factuais e a distorção inevitavelmente causada por eu ter visto os eventos apenas sob um único ângulo. E cuidado com as mesmíssimas coisas ao ler qualquer outro livro sobre esse período da guerra espanhola.

Por causa da sensação de que deveríamos estar fazendo alguma coisa, embora na verdade não houvesse nada que pudéssemos fazer, deixamos Banyuls mais cedo do que pretendíamos. A cada quilômetro que percorríamos rumo ao norte, a França ficava mais verde e leve. Longe das montanhas e das vinhas, de volta aos prados e aos olmos. Quando passara por Paris a caminho da Espanha, ela me pareceu decadente e sombria, muito diferente da Paris que conhecera oito anos antes, quando a vida era barata e não se ouvia falar de Hitler. Metade dos cafés que eu conhecia estavam fechados por falta de clientes, e todos estavam obcecados com o alto custo de vida e o medo da guerra. Agora, depois da pobre Espanha, até mesmo Paris parecia alegre e próspera. E a Exposição Internacional estava a todo vapor, embora tenhamos conseguido evitá-la.

E, depois, a Inglaterra – o sul da Inglaterra, provavelmente a paisagem mais elegante do mundo. É difícil passar por ali – especialmente quando estamos nos recuperando calmamente do enjoo do mar, sentados em meio às almofadas de pelúcia do vagão do trem – e acreditar que alguma coisa esteja realmente acontecendo em qualquer outro lugar. Terremotos no Japão, fome na China, revoluções no México? Não se preocupe, o leite estará à sua porta amanhã de manhã, e uma nova edição do *New Statesman* sairá na sexta-feira. As cidades industriais ainda estavam muito longe, apenas uma mancha de fumaça e miséria escondida pela curvatura da Terra. Aqui ainda imperava a Inglaterra que eu conhecera na minha infância: as estradas de ferro cobertas de flores do campo, os enormes prados onde cavalos lustrosos pastam e meditam, os riachos lentos margeados por salgueiros, os regaços verdes dos olmos, as esporinhas nos jardins das casas de campo; e, depois de tudo aquilo, as calmas vastidões da periferia de Londres, as barcaças no rio lamacento, as ruas conhecidas, os cartazes falando de partidas de críquete e casamentos reais, os homens com seus chapéus-coco, os pombos da Trafalgar Square, os ônibus vermelhos, os policiais de azul – todos dormindo o sono profundo da Inglaterra, do qual às vezes temo que nunca acordaremos até que sejamos arrancados dele pelo rugido das bombas.

Impressão e Acabamento
Gráfica Oceano